21世纪应用型本科会计系列规划教材

U0791806

JICHU KUAIJIXUE

基础会计学

第五版

贺湘　许东彦　罗忠莲　胡燕　主编

东北财经大学出版社
Dongbei University of Finance & Economics Press
大连

图书在版编目（CIP）数据

基础会计学 / 贺湘等主编．—5版．—大连：东北财经大学出版社，2023.12
（21世纪应用型本科会计系列规划教材）
ISBN 978-7-5654-5084-6

Ⅰ．基…　Ⅱ．贺…　Ⅲ．会计学　Ⅳ．F230

中国国家版本馆CIP数据核字（2023）第256000号

东北财经大学出版社出版
（大连市黑石礁尖山街217号　邮政编码　116025）
网　　址：http://www.dufep.cn
读者信箱：dufep@dufe.edu.cn
大连图腾彩色印刷有限公司印刷　东北财经大学出版社发行

幅面尺寸：185mm×260mm　　字数：386千字　　印张：16.25
2023年12月第5版　　2023年12月第1次印刷
责任编辑：孙　平　章北蓓　　责任校对：吴　奂
封面设计：原　皓　　版式设计：原　皓

定价：48.00元

教学支持　售后服务　联系电话：（0411）84710309
版权所有　侵权必究　举报电话：（0411）84710523
如有印装质量问题，请联系营销部：（0411）84710711

第五版前言

为了深入学习贯彻党的二十大精神，积极推进习近平新时代中国特色社会主义思想进教材、进课堂、进头脑，同时基于经济全球化趋势加强，会计标准日趋国际化和规范化之大背景，我们对本教材进行了修订。近年来我国会计改革的步伐明显加快，会计规范体系逐步完善和成熟。《中华人民共和国会计法》于1985年1月21日颁布，全国人大常委会于1993年12月、1999年10月、2017年11月对其进行了三次修订；2000年12月，财政部发布《企业会计制度》；2006年2月，财政部在对原基本会计准则进行重大修订的基础上发布了《企业会计准则——基本准则》和38项具体会计准则；2014年1月至7月，财政部修订了基本会计准则及5项具体准则，并颁布了3项具体准则，2017年4月又颁布了1项具体准则；2016年3月，财政部、国家税务总局向社会公布了《营业税改征增值税试点实施办法》，并于2018年5月1日起执行《关于调整增值税税率的通知》。上述相关法律及会计规范的颁布、实施及修订，标志着我国会计规范的不断发展与完善。

为了保证本教材与时俱进、求真务实，我们从实际出发，着眼于解决新时代会计实际问题，结合国内外先进的教育理念和课程改革新趋势，执行教育部关于“三教”（教师、教材、教法）改革精神推出第五版。本教材主要依据财政部近几年修订和新发布的企业会计、税收、财务管理、管理会计等方面的法规，并吸收国内外近几年优秀会计学教材的精华，结合中国国情编写而成。本教材详细介绍了我国新会计准则的基本规定，又不拘泥于简单地解释会计准则，而是比较全面、系统地阐释会计学的基本理论与基本核算方法，注重汲取当前企业会计前沿的一些新知识和新方法，将会计理论和会计实践有机地结合起来，旨在培养学生运用基本的会计学理论和方法分析问题和解决问题的能力，为后续相关专业课程的学习奠定学科基础。

本教材在《新编基础会计》（第四版）的基础上进行修订。修订之后，本教材内容新颖、结构严谨、理论适度，力争做到内容体系完整、前后各章节协调、由浅入深，更注重基本的会计理论和方法应用，增强实务性和可操作性。

本教材具有以下基本特点：

1. 突出课程思政元素。本教材遵循习近平总书记在全国高校思想政治工作会议上的重要讲话精神，践行社会主义核心价值观，坚持以德树人，将专业教育与思想政治教育紧密结合起来。本教材在各章节中安排了“思政案例”，强化课程思政元素，夯实本教材的正确政治导向，实现专业育人与思政育人的有机融合。

2. 内容新颖，易于接受。作为教科书，本教材在内容上特别注重汲取最新企业会计准则和相关会计法律法规的新规定，根据理论与实务兼顾的原则设置内容。为满足会计初学者的学习需求，本教材各章节设置了学习目标、思考与练习题，以帮助会计初学者系统地理解会计基本知识、掌握会计基本技能，从而顺利迈入会计学学习之门。

3. 体系完整，重点突出。本教材既考虑体系的完整性，又做到了突出重点内容。作为教科书，虽无法面面俱到，但能基本涵盖基础会计的全部内容，其中七种会计核算方法是本教材的重点内容，从第二章到第八章对每一种会计核算方法进行了详细介绍，且每章均配有适量的思考与练习题，有助于读者及时巩固和强化所学内容。

4.强化基础，兼顾提高。本教材能满足读者对基础会计学习的基本需要，重点放在基础会计的基础部分——会计的基本理论和会计核算的基本方法上，但为了满足较高层次读者的学习需要，适当增加了基础会计的理论和方法部分——账务处理程序、会计工作的组织等内容。

5.立足创新，关注前沿。伴随着计算机算力的提升，数字技术和人工智能技术的发展和应用，企业财务转型迎来了新的空间。为推动数智化会计人才培养方案落地，引领会计初学者学习数智化会计知识，辅助他们了解数智化时代对会计人才的新要求，本教材新增了“数智会计概述”这章内容，介绍我国会计信息化的发展历程、数智化会计面临的主要挑战及发展前景，从而彰显出本教材的内容设计与时俱进。

本教材可作为经济管理类相关专业的基础课教材，也可作为会计学专业的入门教材，同时也可供企业经济管理人员，尤其是会计人员培训和自学之用。

本教材是集体智慧和劳动的结晶，由长期从事会计专业教学和研究的专家、老师共同编写而成。本教材由贺湘、许东彦、罗忠莲、胡燕担任主编，负责全书编写的组织工作、写作大纲的拟定等；查慧园、朱清贞、熊薇、李诗琪、胡心岛担任副主编。各章撰写分工情况如下：第一章由贺湘撰写；第二章、第六章、第九章由罗忠莲撰写；第三章、第四章、第十一章由许东彦撰写；第五章由胡心岛撰写；第七章由李诗琪撰写；第八章、第十章由胡燕撰写；附录由许东彦、罗忠莲、胡燕撰写。全书由许东彦、贺湘、查慧园、朱清贞、熊薇总纂定稿。

在各位作者的通力合作下，本教材顺利与读者见面了。当然，读者的认同才会使本教材真正有其存在的价值。本教材的编写不仅得到了江西师范大学的大力支持，还得到了东北财经大学出版社孙平编辑的倾力支持，并得到了中国人寿保险股份有限公司深圳分公司财务中心胡心岛的精诚合作。在本教材编写过程中，借鉴参阅了财务、会计等方面的国内外文献以及会计准则、法律法规等资料，在此对相关作者一并表示感谢！

由于时间紧迫，加之水平有限，编者虽倾力投入，不足之处仍在所难免，恳请各位专家与广大读者不吝赐教，以便我们再版时进一步修改完善。

编　者

2023年11月

目　录

第一章　总　论 …… 1

第一节　会计的含义 …… 1

第二节　会计核算的基本假设 …… 6

第三节　权责发生制与收付实现制 …… 8

第四节　会计信息的质量要求 …… 10

第五节　会计的任务与方法 …… 13

思政案例 …… 15

思考与练习题 …… 16

第二章　会计要素与账户 …… 18

第一节　会计要素 …… 18

第二节　会计基本等式 …… 22

第三节　会计科目 …… 25

第四节　账　户 …… 29

思政案例 …… 32

思考与练习题 …… 34

第三章　复式记账 …… 37

第一节　复式记账原理 …… 37

第二节　借贷记账法 …… 39

思政案例 …… 51

思考与练习题 …… 53

第四章　企业基本经济业务的核算 …… 57

第一节　企业的基本经济业务 …… 57

第二节　筹资业务的核算 …… 58

第三节　生产准备业务的核算 …… 61

第四节　产品生产业务的核算 …… 65

第五节　产品销售业务的核算 …… 72

第六节　财务成果的核算 …… 76

思政案例 …… 90

思考与练习题 …… 91

第五章　会计凭证 …… 96

第一节　会计凭证概述 …… 96

第二节　原始凭证 …… 97

第三节　记账凭证 …… 104
第四节　会计凭证的传递与保管 …… 114
思政案例 …… 116
思考与练习题 …… 116
第六章　会计账簿 …… 118
第一节　会计账簿概述 …… 118
第二节　会计账簿的设置与登记 …… 120
第三节　会计账簿的登记规则与错账更正 …… 132
第四节　对账、结账与会计账簿的保管 …… 137
思政案例 …… 141
思考与练习题 …… 142
第七章　财产清查 …… 145
第一节　财产清查概述 …… 145
第二节　财产清查的方法 …… 147
第三节　财产清查结果的账务处理 …… 153
思政案例 …… 157
思考与练习题 …… 159
第八章　财务报告 …… 161
第一节　财务报告概述 …… 161
第二节　资产负债表 …… 164
第三节　利润表 …… 176
第四节　现金流量表 …… 182
第五节　所有者权益变动表 …… 186
思政案例 …… 187
思考与练习题 …… 188
第九章　账务处理程序 …… 191
第一节　账务处理程序概述 …… 191
第二节　记账凭证账务处理程序 …… 192
第三节　科目汇总表账务处理程序 …… 202
第四节　汇总记账凭证账务处理程序 …… 203
第五节　日记总账账务处理程序 …… 206
思政案例 …… 208
思考与练习题 …… 209
第十章　会计工作的组织 …… 214
第一节　组织会计工作的意义与要求 …… 214
第二节　会计机构 …… 216
第三节　会计人员 …… 219
第四节　会计法规制度 …… 222
第五节　会计档案 …… 225

思政案例 …… 230
思考与练习题 …… 231
第十一章　数智会计概述 …… 234
第一节　数智会计的发展和含义 …… 234
第二节　数智会计面临的主要挑战 …… 236
第三节　数智会计的发展前景 …… 237
思政案例 …… 239
思考与练习题 …… 239
主要参考文献 …… 241
附录　思政案例参考答案 …… 242

第一章

总　论

学习目标

◇理解会计的基本含义、会计信息质量要求。

◇掌握会计核算的对象、会计核算的基本前提等内容。

◇了解会计的基本职能、会计的目标、会计的核算方法与程序。

第一节　会计的含义

在现代经济生活中，企业、行政组织、事业单位以及个人等都不可避免地与会计发生千丝万缕的联系。无论物资的采购还是商品的销售，抑或个人的收入与消费，都要直接或间接地与会计机构、会计人员、会计工作发生联系。至于什么是会计，可谓众说纷纭。不少人从会计的表象出发，认为会计就是记账、算账、报账等具体工作而已。一些会计理论工作者从研究会计本质的角度来看待这个问题，认为会计是一种旨在提高经济效益的管理活动，或者是一种旨在提供财务信息的信息系统，或者两者兼而有之。本书认为，会计是以货币为主要计量单位，运用专门的方法对特定单位的经济活动进行完整、系统、连续地反映，同时对其真实性、合法性、合理性及有效性进行必要的监督，以提供客观有用的财务信息的一种管理活动，是经济管理活动的重要组成部分。要完整地把握会计的含义，就必须了解会计的产生与发展、会计的职能、对象和目标等内容。

一、会计的产生与发展

会计在人类社会早期就已经存在了，会计记录、计算、考核的内容以及应遵循的原则、应用的方法和技术等，是经过长期的社会实践逐步发展并日趋完善的。会计经历了一个由简单到复杂、由低级到高级的发展过程。

（一）会计是适应人们管理生产活动的客观需要而产生的

人类要生存，社会要发展，就要进行物质资料的生产。人们进行生产活动时，必然非常关心所创造的物质财富和所发生的劳动耗费，力求以尽可能少的劳动耗费，取得尽可能多的物质财富。为了了解所得与所费，合理地安排生产，就需要对劳动耗费和劳动成果进行记录和计算。

人类很早就有了反映经济活动的记录。原始社会末期，我国就有了“结绳记事”和“刻契记数”等原始的记录与计算方法。虽然这时的生产比较简单，但这种简单的记录和计算可以看成是会计的萌芽。“会计”一词，远在我国西周时代（约公元前1100年到公元前700年）就出现了，它的含义主要是指对收支的记录与计算，也有考核的意思。

（二）古代会计以官厅会计（政府会计）为中心

在奴隶社会和封建社会，农业和手工业分散经营，生产规模较小，而在政治上中央高度集权，在经济上中央严格控制，各级官府通过贡赋租税等多种形式剥夺劳动人民的财富。因此，当时的会计主要用于官厅，中央建立了比较系统的财计机构，配备专职的会计、审计或监督人员，严密地掌握全国的钱粮财物等财政收支。

宋代是我国古代会计的鼎盛时期。宋朝淳化五年（公元994年）创造了“四柱清册”方法。所谓“四柱”，是指“旧管”“新收”“开除”“实在”，分别相当于现代会计中的“上期结存”“本期收入”“本期支出”“本期结存”。“四柱清册”方法通过“旧管+新收=开除+实在”对一定时期的财物收支进行试算平衡，既可以检查日常记账的正确性，又可以系统、全面、综合地反映经济活动的全貌。

（三）借贷记账法的广泛应用标志着近代会计的开端

近代会计产生与发展的重要条件是中世纪意大利商业城市的兴起。11—13世纪意大利城市和东方贸易的发展，使意大利地中海沿岸一带城市成为世界贸易、金融的中心，而商业、金融业的繁荣产生了改进会计方法的需要。大约在1340年前后，意大利热那亚商人开始采用借贷复式记账法。第一部描述复式记账制度的著作是1494年意大利人卢卡·帕乔利（Luca Pacioli）的《算术、几何、比与比例概要》，该书第九篇“簿记论”（簿记相当于会计，编者注）对借贷复式记账作了系统的介绍，并介绍了以日记账、分类账和总账三种账簿为基础的会计制度。随着贸易的扩展，复式记账法逐渐由意大利传播到西欧诸国。

（四）执业会计师的出现、管理会计的形成和会计信息化是现代会计的主要标志

20世纪前后，随着资本主义经济的迅速发展，会计在管理经济方面的作用日益显著。马克思指出，生产“过程越是按社会的规模进行，越是失去纯粹个人的性质，作为对过程的控制和观念总结的簿记就越是必要；因此，簿记对资本主义生产，比对手工业和农民的分散生产更为必要，对公有生产，比对资本主义生产更为必要”（《马克思恩格斯全集》第24卷，第152页，人民出版社1972年版）。但20世纪初期的企业会计仍处于自由放任阶段，主要表现在：企业主管人员可以任意干预财务报告的编制工作，会计人员在选择会计程序和方法方面有相当大的自由，财务报告格式和内容各不相同，从而使不同企业的财务报告无法比较。

20世纪30年代，大多数工业化国家处于经济大萧条时期，许多公司陷入无力偿付债务的窘迫局面，从而促使政府和社会公众迫切要求财务报告能更加真实地反映公司的财务状况。在这种形势下，由会计专业团队建立的会计准则逐步得到社会公认，以查账、审核财务报告为职业的执业会计师得到社会的承认和重视。

第二次世界大战以后，资本主义出现了新的变化。一方面，资本主义企业进一步集中，跨国公司大量涌现，企业规模愈来愈大，生产经营日趋复杂；另一方面，战争中创造的科学技术大量地转移到民用产品上去，新产品层出不穷，产品更新换代加快，竞争日趋激烈。在这种情况下，企业管理者对会计的要求越来越高，不仅要求会计进行事后的记账、算账，更重要的是为了加强对生产过程的控制，需要会计进行事前的预测、参与决策、编制预算、分析差异、评价业绩等。于是在传统的企业会计中逐步形成了管理会计，从而使企业会计形成了财务会计和管理会计两大分支。

随着经济的发展和科学技术的不断进步，会计的手段也在日益更新。20世纪50年代以来，电子计算机技术在会计领域逐步得到广泛应用，带来了会计工作方式的变革，提高了会计工作的效率和会计信息的质量，强化了会计管理，从而推动了会计理论的发展和管理现代化。

（五）我国现代会计的发展

中华人民共和国成立以前，我国经济和管理都比较落后，会计发展长期停滞不前。19世纪末20世纪初，借贷复式记账法才被引入我国，主要用于官僚垄断资本主义企业和大型民族工商业、金融业、邮电业以及政府机关。中华人民共和国成立以后，社会制度发生了根本性变革，国民经济得到迅速恢复和发展，中央政府颁布了一系列文件，建立了比较完善的会计工作制度。但是，在“文化大革命”期间，会计理论、会计教育、会计实务均遭到了严重的破坏。

党的十一届三中全会以后，党的工作重点是以经济建设为中心，会计工作为经济活动服务，逐步进行市场化改革。1985年1月21日第六届全国人民代表大会常务委员会第九次会议通过了《中华人民共和国会计法》（以下简称《会计法》），使我国会计进入法治时期。20世纪90年代以来，我国进行了会计改革，财政部发布了《企业会计准则》和《企业财务通则》以及一系列会计制度，实现了改革会计核算制度和财务管理模式的重要转变。1993年、1999年、2017年我国又先后对《会计法》作了修订。2000年6月21日，国务院以第287号令的形式发布了《企业财务会计报告条例》，2001年《企业会计制度》颁布实施，进一步加快了我国会计的国际化进程。2006年2月15日，财政部发布了《企业会计准则——基本准则》和38项具体准则，并于2007年1月1日起执行。尤其是近年来财政部陆续发布和修订了多项具体准则，真正做到了与国际会计惯例接轨。

进入21世纪，计算机技术、移动互联网、云计算等新技术在会计工作中得到广泛应用，出现了基于云技术的云会计，以及移动终端的移动会计APP。企业资源计划（ERP）软件、财务共享服务中心在企业中普及推广。会计电子化向纵深发展，会计信息系统化成为潮流。尤其是2010年之后，大数据、人工智能、区块链等前沿技术与会计深度融合，推动会计智能化进入新的发展阶段。智能会计软件、智能报表理解和生成等应用加速开发。基于新技术的智能审计、精细化税务管理等也在探索。目前我国在会计理论研究、会计教育、管理会计的应用等方面都取得了突出成就，使会计工作能够更好地适应市场经济发展的需要，能够以崭新的面貌走向未来。

当前，世界正经历百年未有之大变局。外部环境面临深刻而复杂的变化，深刻影响现有国际会计秩序，跨境会计、审计合作及监管面临新的挑战。而我国也已开启了向第二个百年奋斗目标进军的新征程，经济增长已由高速增长阶段转向高质量发展阶段，会计信息在经济发展、营商环境优化和宏观经济决策方面发挥着越来越重要的作用。尤其是随着新一轮科技革命和产业变革深入发展，经济转型升级和创新发展中新的商业模式层出不穷，深刻影响会计政策的发展与走向，会计工作在职能职责、组织方式、处理流程、工具手段等方面发生着重大而深刻的变化，挑战与机遇并存。

面对新情况、新问题、新挑战、新机遇，财政部于2021年11月印发《会计改革与发展"十四五"规划纲要》，对我国会计工作在"十四五"期间的改革和发展提出了总体要求、主要任务和保障措施，指导各单位应用会计数据标准，推进会计数字化转型，支撑会计职能拓展，扎实推动会计信息化工作向更高水平迈进，以期积极推动我国会计事业取得新成绩、实现新跨越，为推进国家治理体系和治理能力现代化，实现社会主义现代化和第二个百年奋斗目标作出新的更大贡献。

从国内外会计发展历程可以看出，会计的产生与发展，是与社会、经济、管理、科技、文化等密切相关的，是和国家、企业、家庭、个人紧密相连的。

二、会计的职能

会计的职能，是指会计在经济管理中所具有的功能，即人们在经济管理中用会计干什么。马克思指出：会计是对生产"过程的控制和观念总结"。一般把"控制"理解为监督，把"观念总结"理解为反映（或核算）。从会计产生与发展的历程来看，会计对任何社会的生产过程都具有反映和监督的职能，也就是说，对生产过程的反映和监督是会计最基本的职能。但是，对会计职能的划分并不是一成不变的，随着生产的发展和科学技术的进步，生产过程日趋完善和复杂，为适应经济管理的需要，会计的职能也在不断地扩展。

（一）会计的反映职能

会计的反映职能，亦称会计核算职能，是指会计通过分析、确认、计量、记录、报告，反映各单位的经济活动，为经济管理者提供经济信息的功能。社会再生产过程由生产、分配、交换和消费四个相联系的环节组成，这些环节都是由各单位通过原材料或商品的购买、物化劳动和活劳动的耗费、产（商）品的销售等经济活动进行的。会计犹如一面镜子，它将各单位经济活动及其结果通过一定的方法和程序再现出来，提供经济信息。会计的反映职能具有如下特点：

1.会计主要反映已经发生的经济业务

各单位在生产经营过程中，必然会发生各种各样的经济业务。会计通过对已发生的经济业务进行分析、确认、计量、记录和报告，为经济管理提供依据。

2.会计以货币为主要计量尺度进行反映

在经济管理中，常用的计量单位有三种：实物量度（如吨、千克、件、米等）、货币量度（如元等）和劳动量度（如工作日、工作小时等）。实物量度主要用于反映财产的实物数量，以提供经营管理所需要的实物指标，但它不能用来汇总不同种类的财产物资，无法综合反映各种不同的经济活动。劳动量度主要用于反映经济活动消耗的工作时间，以确定劳动耗费，也不具备综合性。

由于货币是商品交换的一般等价物，具有价值尺度的职能，可以作为价值的贮藏和债权、债务的清算手段，各种物化劳动消耗和活劳动消耗都可以借助于货币量度进行计量汇总。因此，为了综合反映经济活动的过程和结果，会计主要以货币作为计量尺度反映各单位的经济活动的过程。前述"观念总结"就是指用观念上的货币（货币的价值尺度职能），对各单位的经济活动进行综合反映。

3.会计反映具有连续性、完整性和系统性

所谓连续性，是指对各种经济业务按照其发生的时间顺序，进行不间断的记录。所谓完整性，是指对凡属会计应当反映的内容，应无一遗漏地进行记录。所谓系统性，是指对经济业务进行分类、汇总等加工整理，提供相互联系的信息。会计反映的连续性、完整性和系统性三大特点是相辅相成的，只有相互结合，才能全面地反映各单位的经济活动情况。

（二）会计的监督职能

会计的监督职能，是指会计具有按照一定的目的和要求，利用所提供的经济信息对各单位经济活动的合法性、合理性和有效性进行控制，使之实现预期目标的功能。会计监督既是对本单位在国家有关法律法规、政策制度范围内进行正常经济活动的监督，也是各单位加强内部管理、实现经营目标的需要。会计的监督职能具有如下特点：

1.会计主要利用反映职能提供的经济信息进行监督

会计的反映职能提供了一系列综合反映企业经济活动的信息，会计主要依据这些信息进行监督。例如，通过资产信息，可以了解企业一定日期的资产总额及结构，控制资产的利用情况；利用负债与资产、利润与收入等信息进行计算、对比，可以监督企业的偿债能力、盈利能力、营运能力等。通过会计反映职能所提供的信息进行监督，不仅可以比较全面地控制经济活动，而且还可以对经济活动进行调节。

2.会计既进行事后监督，也进行事前监督和事中监督

事前监督，是指会计依据法律法规、政策制度和经济活动的一般规律，对有关部门拟进行的经济活动进行审查，分析可能出现的问题，设计出相应的预防措施并将其融入日常活动中，以确保经济活动的可行性、合理性、合法性和有效性。事中监督，是指会计在日常会计工作中，对实际经济活动进行监控，对已发现的问题提出建议，促使有关部门采取措施调整经济活动，使其按照预定的目标和要求进行。事后监督，是指以事先制定的目标和要求为标准，通过分析已取得的会计资料，对已完成的经济活动的合理性、合法性和有效性进行考核和评价。

3.会计监督的形式已从单一的内部监督过渡到内部监督与外部监督相结合

20世纪以前的会计监督主要是内部监督，由单位内部的会计人员进行监督，其作用是防范管理者贪污，避免业主财产被侵害。随着企业所有权与经营权的分离，会计监督逐步过渡到内部监督与外部监督相结合。内部监督是由各单位内部会计人员对本单位经济活动的可行性、合理性和有效性进行监控，以实现企业经营目标，其服务对象是管理者；外部监督主要是由政府部门和社会中介组织对各单位经济活动的合法性和会计信息的可靠性进行监控，以维护财经政策、法律法规和所有者权益。

会计的反映职能和监督职能是密切联系、相辅相成的。反映是进行监督的基础，没有会计反映，会计监督就失去了存在的基础；监督是进行反映的保障，没有会计监督，会计也难以反映真实的信息。

（三）会计职能的扩展

随着社会经济的发展、市场规模的扩大和经济活动的日趋复杂，企业不仅要随时了解其经营现状，还要周密地规划未来。这就要求会计不仅要如实地反映、监督已发生的经济业务，还要预测未来，参与决策，为可持续发展提供具有前瞻性的会计信息。因此，会计

的职能已在反映和监督的基础上，逐步扩展到预测、决策、计划、考核等职能。

三、会计的对象

会计的对象是指会计反映和监督的范围与内容。马克思关于会计是对“过程的控制和观念总结”的论述明确指出，“过程”是会计反映和监督的内容，这是对会计对象最概括的表述。这里所说的“过程”，指的是社会再生产过程。作为经济管理重要组成部分的会计，主要是利用货币计量的价值形式，对再生产过程的经济活动进行反映和监督。因此，再生产过程中能够用货币表现的经济活动，就构成了会计的一般对象。财产物资的货币表现就是资金；以货币表现的经济活动就是资金运动。因此，会计的一般对象又可表述为：再生产过程中的资金运动，具体包括资金的来源、资金的现状及资金的去向。

企业、行政、事业等单位是社会再生产过程中的基本单位。虽然这些单位在社会再生产过程中承担不同的责任，完成不同的任务，从事不同的经济活动，采用不同形式的经济管理，从不同角度计算各自的经济效益，但是它们的活动在不同程度上与社会产品的生产、交换、分配和消费有关，都是社会再生产过程的组成部分。因此，从微观上看，这些单位在再生产过程中的资金运动，分别构成了企业、行政、事业等单位会计的对象。

四、会计的目标

会计目标是为信息使用者提供有用的会计信息，即提供会计信息。会计目标主要解决以下三个问题：

第一，向谁提供信息：会计信息的受众主要包括投资者、债权人、国家宏观管理部门、企业管理层、会计师事务所以及相关利益集团。

第二，提供什么信息：向投资者提供企业的盈利能力和未来的现金净流量信息；向债权人提供企业的偿债能力信息；向国家宏观管理部门提供其所需的有关信息；向管理层提供企业的全面信息。

第三，如何提供信息：通过对外报表，向债权人、国家宏观管理部门、会计师事务所、相关利益集团提供信息；通过对外报表和对内报表，向投资者、企业管理层提供信息。

综上所述，会计的目标是为信息使用者提供有用的会计信息，其基本职能是反映和监督，其一般对象是社会再生产过程中的资金运动。只有明确了会计的目标，了解其职能，把握其对象，才能从本质上理解会计的含义，充分发挥会计在经济管理中的作用。

第二节 会计核算的基本假设

会计核算的基本假设，又称基本前提，它是会计人员面对变化不定的社会经济环境，对进行会计工作的先决条件所作的一些合理推断。会计假设不是指会计反映和监督的具体方法或个别规定，而是会计反映和监督赖以存在的前提条件，是最基础的会计观念，它对会计反映和监督的内容、会计数据的取舍及会计处理方法的选择等方面起着决定性作用。目前在会计实务中建立起来的会计基本假设包括会计主体、持续经营、会计分期、货币计量假设。

一、会计主体假设

会计主体是指会计工作为其服务的特定单位或组织，或者说是会计反映和监督的一个特定单位或组织。会计主体假设明确了会计核算对象的空间范围。我国《企业会计准则——基本准则》指出：企业应当对其本身发生的交易或者事项进行会计确认、计量和报告。

会计主体的概念不完全等同于法人的概念。法人是对企业作为法律实体的规范，强调的是企业与各方面的法律关系。会计主体可以是法人，也可以是非法人；可以是一个企业，也可以是企业的内部单位，甚至是几个企业的联合体。因此，企业法人都可形成会计主体，但会计主体并不一定都是企业法人。

二、持续经营假设

持续经营是指企业或会计主体在可以预见的未来不会清算或破产，其经营活动将持续进行下去。由于竞争以及管理不善等原因，企业难免有倒闭、清算的可能。但在正常情形下，企业是有持续经营的能力并在主观上愿意持续经营下去的。因此，我国《企业会计准则——基本准则》规定：企业会计确认、计量和报告应当以持续经营为前提。本教材及现行的《企业会计准则——基本准则》所述的一般会计处理要求与核算方法也都是以会计主体能够持续经营为前提的。

将持续经营作为企业会计确认、计量和报告的前提条件表明，如果企业客观上不存在持续经营的能力或主观上不准备持续经营下去，那本教材所述的一些会计处理要求与核算方法也将不能适用于这种进入非持续经营状态下的企业。

只有会计主体能够持续经营，会计数据的收集和处理所使用的会计方法才能保持一致和稳定，会计记录和会计信息才能真实可靠，并最终符合会计信息质量相关性要求。例如，企业购入生产用设备、建造经营用房屋，目的是在经营中使用。因此，应按资产在购建时的成本入账，并将设备、房屋的价值计入将来经营期间的费用。有些企业在经历一定时期的持续经营之后，可能会因无力偿债等原因不得不宣告破产、清算或进行改组。在这种情况下，就不能采用建立在持续经营假设基础上的会计方法计量设备、房屋的价值，而必须按可变现价值计量。

三、会计分期假设

会计分期是指将企业持续不断的经营过程，人为地分割成一定的期间，据以结算账目和编制财务报告。企业的生产经营活动持续不断地进行，从理论上说，只有等到所有经营活动最终结束时才能准确地计算企业的经营成果。但是，由于投资者、债权人、管理者等有关各方需要及时地了解企业的财务状况和经营成果等信息，以便及时作出投资、管理、借贷等决策。因此，我国《企业会计准则——基本准则》规定：企业应当划分会计期间，分期结算账目和编制财务报告。会计期间分为年度和中期。中期是指短于一个完整的会计年度的报告期间。

划分会计期间对于制定会计原则、确立会计程序和方法具有极为重要的作用。由于有了会计期间，才产生了“本期”、“前期”和“后期”的概念，才使收入和费用的确认有了收付实现制与权责发生制的区别，才能正确地贯彻配比原则，使不同类型的会计主体有了记账的基准，才能准确地反映会计主体不同会计期间的财务状况和经营成果，并及时提供管理决策所需要的信息。

四、货币计量假设

货币计量是指会计以货币作为计量单位反映会计主体的经济活动。尽管会计实务产生于货币之前，但自从货币产生之后，它就成为会计的主要计量工具。要完整地把握货币计量假设，需要明确以下三点：

第一，以货币作为计量单位。它有两层含义：一是指会计核算必须以货币作为计量单位来反映和监督会计主体的经济活动；二是指会计反映和监督的内容仅限于那些能够以货币来计量的经济活动。

第二，以特定的货币作为计量单位。在经济生活中，有些企业的经济活动涉及多种货币，会计必须采用一种特定的货币作为统一尺度对所有经济活动进行计量，以提供全面的财务状况和经营成果信息。因此，明确会计核算以何种货币作为记账本位币是必要的前提。

记账本位币是指会计在确认、计量和报告中统一使用的记账货币，它为会计工作明确了一个统一的计量和报告标准。各国会计实务一般均采用本国货币作为记账本位币，但如果企业在经营活动中主要以某外国货币收支为主，也可以选用该外国货币作为记账本位币。在我国，如果企业选用了某外国货币作为记账本位币，其向国内提供会计报表时，必须将外币报表折算成以人民币计量的报表。

第三，货币本身的价值是相对稳定的。货币本身的价值是否稳定直接关系到计量的准确性和会计信息质量的可比性。货币计量建立在币值稳定这一前提下，在正常的会计处理程序和方法中，并不考虑币值变动的因素。但实际上币值是有可能变动的，按国际会计惯例，当币值波动不大或前后波动能够被抵消时，会计核算可以不考虑这些因素，认为币值是稳定的。

第三节　权责发生制与收付实现制

根据《企业会计准则——基本准则》的规定，企业应当以权责发生制为基础进行会计确认、计量和报告。权责发生制是指企业应以收入的权利与支出的义务是否属于本期为依据来确认收入与费用是否应计入本期。

权责发生制的核算要求不是以款项的收支是否在本期发生进行确认、计量和报告的。凡是本期实现的收入，不论款项是否收到，都应作为本期的收入入账；凡是不属于本期实现的收入，即使款项已在本期收到，也不应作为本期的收入入账。同样，凡是本期发生的费用，不论款项是否付出，都应作为本期的费用入账；凡是不属于本期发生的费用，即使款项已在本期付出，也不应作为本期的费用处理。

与权责发生制相对应的是收付实现制。收付实现制也称现收现付制，是以实际收到或付出款项作为确认收入或费用的依据。

权责发生制与收付实现制都是会计核算的记账基础。由于会计分期，有了本期与非本期的区别。在确认收入或费用时，就产生了上述两种不同的记账基础，基于不同的记账基础所核算出的当期损益也就不完全一致。建立在权责发生制基础之上的会计处理，可以更好地将收入与费用在不同期间合理配比，更科学地确认损益。因此，企业即营利组织一般采用权责发生制，而预算单位等常采用收付实现制。

有时也把权责发生制和收付实现制统称为会计计量基础，两者的主要区别在于计量目的、计量角度、计量标准和计量归属不同（见表1-1）。

表1-1 **权责发生制与收付实现制比较表**

对比项目	权责发生制	收付实现制
计量目的	正确核算各期财务成果	正确核算各期现金流量
计量角度	从权责角度强调发生期	从现金角度强调收付期
计量标准	以应收、应付为标准	以实收、实付为标准
计量归属	将发生期作为归属期	将收付期作为归属期

现举例加以说明：

【例1-1】根据下列经济业务内容分别按权责发生制和收付实现制原则计算企业3月份的收入和费用。

（1）销售产品6 000元，货款存入银行。

（2）销售原材料20 000元，货款尚未收到。

（3）预付4—6月的租金6 000元。

（4）本月应计提银行借款利息2 000元。

（5）收到上个月应收到的销货款5 000元。

（6）收到购货单位预付货款7 000元，下月交货。

解析：分别按权责发生制和收付实现制确认的收入与费用发生额见表1-2。

表1-2 **按权责发生制和收付实现制确认的收入与费用发生额** 单位：元

业务	权责发生制		收付实现制	
	收入	费用	收入	费用
（1）	6 000		6 000	
（2）	20 000			
（3）				6 000
（4）		2 000		
（5）			5 000	
（6）			7 000	
合计	26 000	2 000	18 000	6 000

由上例可知，在收付实现制下，会计核算手续比较简单，也比较好理解。但采用这种方法不能合理计算确定一定会计期间的经营成果。因此，权责发生制是国际公认的会计原则之一，只有根据权责发生制计量收入和费用，才能更真实地反映特定期间的财务成果。

第四节 会计信息的质量要求

会计信息的质量要求是对企业财务报告中所提供的会计信息质量的基本要求，是使财务报告中所提供会计信息对使用者的决策有用所应具备的基本特征。会计工作的基本任务就是向财务会计报告的使用者提供与企业财务状况、经营成果和现金流量等有关的会计信息。会计信息质量的高低是评价会计工作成败的标准。会计信息质量要求主要包括以下内容：可靠性要求、相关性要求、可理解性要求、可比性要求、实质重于形式要求、重要性要求、谨慎性要求和及时性要求等。

一、可靠性要求

可靠性要求是指企业应当以实际发生的交易或者事项为依据进行会计确认、计量和报告，如实反映符合确认和计量要求的各项会计要素及其他相关信息，保证会计信息真实可靠、内容完整。其具体包括：

（1）企业应当以实际发生的交易或者事项为依据进行会计确认、计量和报告，不能以虚拟的交易或者事项为依据进行会计确认、计量和报告。

（2）企业应当如实反映其所发生的交易或者事项，将符合会计要素定义及其确认条件的资产、负债、所有者权益、收入、费用和利润等如实反映在财务报表中，反映企业生产经营及财务活动的真实面貌。

（3）企业应当在符合重要性和成本效益原则的前提下，保证会计信息的完整性，其中包括编报的报表及其附注内容等应当保持完整，不能随意遗漏或者减少应予披露的信息，与使用者决策相关的有用信息都应当充分披露。

二、相关性要求

相关性要求是指企业提供的会计信息应当与财务报告使用者的经济决策需要相关，有助于财务报告使用者对企业过去、现在和未来的情况作出评价或者预测。

会计信息的价值，关键是看其与使用者的决策需要是否相关，是否有助于决策或者提高决策水平。相关的会计信息应当有助于使用者评价企业过去的决策，证实或者修正过去的有关预测，因而具有反馈价值。相关的会计信息还应当具有预测价值，有助于使用者根据财务报告所提供的会计信息预测企业未来的财务状况、经营成果和现金流量。例如，区分收入和利得、费用和损失、流动资产和非流动资产、流动负债和非流动负债等，都可以提高会计信息的预测价值，进而提升会计信息的相关性。

为了满足会计信息质量的相关性要求，企业应当在确认、计量和报告会计信息的过程中，充分考虑使用者的决策模式和信息需要。当然，对于某些特定目的或者用途的信息，财务报告可能无法完全提供，企业可以通过其他形式予以提供。

三、可理解性要求

可理解性要求是指企业提供的会计信息应当清晰明了，便于财务报告使用者理解和使用。

企业编制财务报告、提供会计信息，应当能让使用者了解会计信息的内涵，弄懂会计信息的内容，这就要求财务报告所提供的会计信息应当清晰明了，易于理解。只有这样，才能提高会计信息的有用性，实现财务报告的目标，满足向使用者提供有用信息的要求。

鉴于会计信息是一种专业性较强的信息产品，因此，在强调会计信息的可理解性要求的同时，还应假定使用者具有一定的有关企业生产经营活动和会计核算方面的知识，并且愿意付出努力去研究这些信息。对于某些复杂的信息，例如，交易本身较为复杂或者会计处理较为复杂的一些信息，如与使用者的经济决策是相关的，就应当在财务报告中予以披露，企业不能仅仅以该信息会使某些使用者难以理解而将其排除在财务报告所披露的信息之外。

四、可比性要求

可比性要求是指企业提供的会计信息应当具有可比性，具体包括下列要求：

（一）纵向可比

为了便于使用者了解企业财务状况和经营成果的变化趋势，比较企业在不同时期的财务报告信息，从而全面、客观地评价过去、预测未来，会计信息质量的可比性要求同一企业对于不同时期发生相同或者相似的交易或者事项，应当采用一致的会计政策，不得随意变更。当然，满足会计信息可比性的要求并不表明不允许企业变更会计政策，企业按照规定或者会计政策变更后可以提供更可靠、更相关的会计信息时，就有必要变更会计政策，以向使用者提供更为有用的信息，但是有关会计政策变更的情况，应当在附注中予以说明。

（二）横向可比

为了便于使用者评价不同企业的财务状况、经营成果和现金流量的水平及其变动情况，从而有助于使用者作出科学合理的决策，会计信息质量的可比性还要求不同企业发生相同或者相似的交易或者事项，应当采用规定的会计政策，确保会计信息口径一致、相互可比，即对于相同或者相似的交易或者事项，不同企业应当采用相同的会计政策，以使不同企业按照一致的确认、计量和报告基础提供有关会计信息。

五、实质重于形式要求

实质重于形式要求是指企业应当按照交易或者事项的经济实质进行会计确认、计量和报告，不应仅以交易或者事项的法律形式为依据。如果企业仅仅以交易或者事项的法律形式为依据进行会计确认、计量和报告，那么就容易导致会计信息失真，无法如实反映经济现实。

在实务中，交易或者事项的法律形式并不总能完全真实地反映其实质内容。以售后回购业务为例。销售企业将产品出售给购买者，但同时约定在将来某一时日按约定的价格回购该商品。从形式上看，企业已经将产品出售，但从实质上看，这只是一种融资行为，企业的产品并未真正实现销售。

所以，会计信息要想反映其所反映的交易或者事项，就必须根据交易或者事项的实质和经济现实来进行判断，而不能仅仅根据它们的法律形式。

六、重要性要求

重要性要求是指企业提供的会计信息应当反映与企业财务状况、经营成果和现金流量有关的所有重要交易或者事项。

如果企业会计信息的省略或者错误影响使用者据此作出经济决策，该信息就具有重要性。重要性的应用需要依赖职业判断，企业应当根据其所处环境和实际情况，从项目的性质和金额大小两方面来判断其重要性。

强调重要性，一是为了更好地提供有用的信息，防止会计所提供的信息过多过细，影响会计信息使用者的使用效率；二是为了提高会计核算工作的效率，避免会计工作为核算和披露一些不重要的事项而浪费资源，以提高会计核算工作本身的效率。重要性要求在会计的确认、计量和报告中都有普遍的体现。

七、谨慎性要求

谨慎性要求是指企业对交易或者事项进行会计确认、计量和报告时应当保持应有的谨慎，不应高估资产或者收益、低估负债或者费用。

在市场经济环境下，企业的生产经营活动面临着许多风险和不确定性，例如应收款项的可收回性、固定资产的使用寿命、无形资产的使用寿命、售出存货可能发生的退货或者返修等。会计信息质量的谨慎性要求，需要企业在面临不确定性因素的情况下作职业判断时，保持应有的谨慎，充分估计到各种风险和损失，既不高估资产或者收益，也不低估负债或者费用。

但是，谨慎性的应用并不允许企业设置秘密准备，如果企业故意低估资产或者收益，或者故意高估负债或者费用，将不符合会计信息的可靠性和相关性要求，损害会计信息质量，扭曲企业实际的财务状况和经营成果，从而对使用者的决策产生误导，这是企业会计准则所不允许的。

八、及时性要求

及时性要求是指企业对已经发生的交易或者事项，应当及时进行会计确认、计量和报告，不得提前或者延后。

会计信息的价值在于帮助使用者作出经济决策，因此具有时效性。即使是可靠、相关的会计信息，如果不及时提供，也会失去时效性，对使用者的效用就大大降低，甚至不再具有任何意义。在会计确认、计量和报告过程中贯彻及时性，一是要求及时收集会计信息，即在经济交易或者事项发生后，及时收集整理各种原始单据或者凭证；二是要求及时处理会计信息，即按照企业会计准则的规定，及时对经济交易或者事项进行确认或者计量，并编制财务报告；三是要求及时传递会计信息，即按照国家规定的有关时限，及时地将所编制的财务报告传递给财务报告使用者，便于其及时使用和决策。

第五节　会计的任务与方法

会计的任务是指会计在经济管理中所担负的职责，它是会计目标的具体化，取决于会计的职能和经济管理的要求，并受会计对象的特点制约。会计的方法是用来反映和监督会计对象、完成会计任务的技术和手段，它取决于会计对象的特点、会计原则和任务。

一、会计的任务

会计是经济管理的重要组成部分，其任务同整个经济管理的任务是分不开的，但会计只能完成与其有关的那部分任务，而不能超越这个范围。企业和行政、事业等单位会计的具体任务可以概括为以下三个方面：

（1）反映和监督经济活动，提供会计信息，加强经济管理以制定经济决策。这就要求会计运用专门的方法，对企业的经济活动进行反映和监督，及时提供会计信息。

提高经济效益是经济管理的基本要求。这就要求会计必须正确地反映和监督各种财产物资的增减变化情况，开展对经济活动的分析和检查，揭示经济管理中存在的问题及其产生的原因，协助有关部门加强经济管理，提高经济效益。

（2）反映和监督财经法律法规、政策制度的执行情况，维护财经纪律。

财经法律法规、政策制度体现了国家宏观经济管理的要求，也是各单位进行经济活动的规范。会计在反映经济活动的同时，还应当以有关的财经法律法规、政策制度为依据，对经济活动的合法性、合规性实行必要的监督，以维护财经纪律。

（3）充分利用会计信息及其他有关资料，预测经济前景，参与经济决策。

决策始终是经济管理中的关键问题，科学决策也是现代企业管理的基本要求。会计工作应当从单纯报账型向管理型转变，要充分发挥会计的预测、决策、计划、考核职能，分析经济情况，预测经济前景，参与经济决策，控制经济过程，监督经济活动，考核经济效益，从而使会计工作在规划未来经济活动中发挥更大的作用。

上述各项任务是互相联系、互为补充的。只有全面完成各项任务，才能充分发挥会计在经济管理中的作用。

二、会计的方法

会计要发挥其职能，完成其任务，就必须运用一系列专门的方法。会计方法包括会计核算方法、会计分析方法、会计检查方法和会计预测、决策方法等。在这些方法中，会计核算方法是基础，本书重点介绍会计核算方法（会计的其他方法在相关课程中会有介绍）。

会计核算方法，是对会计对象进行完整、连续和系统的反映和监督，为信息使用者提供有用的会计信息而应用的方法。广义的会计核算方法不仅包括会计核算的基本程序、步骤，还包括对经济业务进行确认、计量的具体方法，如折旧方法、坏账准备计提方法等。在此仅介绍狭义的会计核算方法，即会计核算的基本程序、步骤。会计核算的基本方法主要有以下七种：

（一）设置账户

设置账户，是对会计对象的具体内容进行分类反映和监督的一种方法。设置账户就是事先设置会计科目，然后根据会计科目在账簿中开立户头，分类地、连续地记录各项经济业务。设置账户对于正确运用填制和审核凭证、登记账簿和编制财务报告等核算方法都具有重要的意义。

（二）复式记账

复式记账，是指对每项经济业务都要以相等的金额在两个或两个以上相互联系的账户中登记的一种方法。采用复式记账，可以全面地、系统地反映经济业务的来龙去脉，也可以检查账务处理的正确性。

（三）填制和审核凭证

经济业务的发生，都要按照实际执行和完成情况填制或取得原始凭证，经审核无误后据以填制记账凭证，记账凭证经过审核无误后才能作为记账的依据。填制和审核凭证不仅为账簿记录提供真实、可靠的依据，也是实行会计监督的一个重要方面。

（四）登记账簿

登记账簿，是根据会计凭证，在账簿上连续地、系统地、完整地记录经济业务的一种方法。按照复式记账的方法和程序登记账簿并定期进行对账、结账，既可以为经济管理提供系统的数据资料，又为编制财务报告提供依据。

（五）成本计算

成本计算，是指按照一定的成本对象，对生产经营过程中所发生的成本、费用进行归集和分配，以确定各该对象总成本和单位成本的一种方法。通过成本计算，可以确定存货的采购成本、产品的生产成本和销售成本等，反映和监督生产经营过程中发生的各项费用是否节约或超支，并据以确定企业经营损益。因此，成本计算对于企业经营管理和提高经济效益具有特别重要的意义。

（六）财产清查

财产清查，是对各项财产物资进行盘点核对以及对各项往来款项进行查询、核对，以保证账实、账账相符的一种方法。通过财产清查，可以查明各项财产物资、往来款项的实有情况，可以监督财产物资的安全与合理使用，既可以保证账实、账账相符，也有利于加强经济管理。

（七）编制财务报告

编制财务报告是产生并提供会计信息的一种方法。财务报告是反映特定单位财务状况、经营成果和现金流量的总结性书面文件，包括财务报表及其附注和其他相关信息和资料。它是按照信息使用者的要求和会计制度，对账簿数据进行加工整理编制而成的。企业应当定期向投资者、债权人、有关的政府部门以及其他信息使用者提供财务报告。

上述七种方法互相联系、密切配合，构成了一个完整的会计核算方法体系。在会计核算工作中，综合运用这些方法进行会计处理的基本过程是：经济业务发生后，经办人员填制或取得原始凭证，经会计人员审核整理后，确定会计科目和金额，经审核后运用复式记账法编制记账凭证，并据以登记账簿；对于生产经营过程中所发生的各项费用，要依据凭证和账簿记录进行成本计算；通过财产清查对账簿记录加以核实，在保证账账、账实相符的基础上，定期编制财务报告。

思政案例

里耶秦简：展示中国会计文明，树立会计文化自信

一、案例（材料）内容

党的二十大报告明确指出，中华优秀传统文化源远流长、博大精深，是中华文明的智慧结晶。我们必须坚定历史自信、文化自信，坚持古为今用，推陈出新。习近平总书记说过，历史是人类最好的老师。在中华文明五千年历史长河中，会计的发展有着辉煌的成就，我们应当充分树立会计文化自信。

秦朝通过严密的规范的政府组织、系统的会计账簿和严密的考核制度来管理一个如此庞大的国家，这是人类社会在制度设计和管理工具方面的伟大成就。里耶秦简中出现了许多记数文书，主要有“券”“簿”“计”“课”四种，是大秦帝国行政记数文书，相当于如今的会计账目，是世界最早的“会计史”记录且可以写入教科书中。

大秦帝国的“券”，相当于我们现今的会计记账凭证。在“券”的一侧，有用刀契刻出来的齿，所以在古代又称之为“契券”。而这些刻齿又代表券书中记录的数值，秦简中绝大多数刻齿的读数与券书一致。当时的“券”通常由二份或三份相同的文书组成。若是二份的话，称作“左券”“右券”，“左券”给当事人，“右券”作存根；若是三份的话，中间的一份称作“中辨券”，而“中辨券”多上交到县府。可见，“契券”与我们现今的“三联单”相似，一张给当事人，一张作存根，一张上报，秦简中的“券”可谓世界最早的会计凭证了。

在秦简中“簿”多次出现，有“作徒簿”“甬食簿”“牛车簿”“官田自食簿”等。其中出现得最多的是“作徒簿”，主要为迁陵县辖的贰春乡、启陵乡、都乡的“作徒簿”。这些乡的“作徒簿”需要每天做记录，每月每年都要进行汇总上报，不可出现任何差错。可见，当时的“簿”也极其严格，必须准确无误。大秦帝国的这些“簿”，也就相当于我们现今的会计报表。

大秦帝国的“计”，可分为两种：一种是迁陵县与其他县之间的财务往来；另一种是迁陵县上报给洞庭郡的统计报表。而上报的统计报表，在秦简中又称之为“上计”。秦简中的“计”有“库兵计”“禾稼计”“徭计”等。有学者还认为“计”与“簿”相同，其实细读秦简后会发现，“簿”应是会计留存的原始记账档案，而“计”是根据会计留存的记账档案综合整理成的统计资料，它可谓世界最早的统计凭证而改写世界“统计史”。

大秦帝国的“课”，相当于现今的半年考核、年终考核。而通过考核产生优劣，来进行奖罚。秦简中的“课”类别众多，还需分门类和体系。其中有一枚简牍记录：尉守狐用23天时间进行考查，得出结论是626名士卒有1人死亡。由于简牍残缺，至于奖罚结果不得而知，但算术在秦代公文中的应用，促使了“会计学”雏形的生成，算术又在秦简公文中呈现，不得不令人赞叹里耶秦简的伟大。

资料来源：[1] 山里人.品读里耶秦简（下）[EB/OL].[2023-06-20]. https://www.hunantoday.cn/news/xhn/202306/18195140.html. [2] 任吉东，王丽，成淑君.数字技术助推中华优秀传统文化传承创新[EB/OL].[2022-11-08]. http://theory.people.com.cn/n1/2022/1108/c148980-32561486.html.

二、本案例（材料）的适用范围

本案例适用于“基础会计”课程第一章“总论”内容。

三、问题思考

1. 本案例（材料）蕴含的思政元素有哪些？

2. 从里耶秦简中你感悟到了什么？请你谈谈如何坚定会计文化自信。

思考与练习题

一、名词解释

会计　会计的反映职能　会计的监督职能　会计核算的基本前提　会计主体　持续经营　会计分期　货币计量　实质重于形式要求　谨慎性要求　权责发生制　会计对象　会计要素　资产　负债　所有者权益　收入　费用　利润

二、选择题

1. 会计的基本职能是（　　）。

A. 反映和考核　　B. 核算和监督

C. 预测和决策　　D. 分析和管理

2. 会计核算中采用的主要计量单位是（　　）。

A. 实物计量单位　　B. 货币计量单位

C. 时间计量单位　　D. 劳动计量单位

3. 权责发生制表明（　　）。

A. 收到货款即可确认收入

B. 支付现金即可确认费用

C. 收入与费用的确认与款项是否发生收付无必然关系

D. 上述三项都不对

4. 关于资产的概念，下列说法中正确的是（　　）。

A. 资产就是现金　　B. 资产可以是债权

C. 资产应该有实物形态　　D. 资产可以是无价的

5. 关于会计核算的前提，下列说法正确的是（　　）。

A. 进行会计核算必须以人民币为记账本位币

B. 会计分期是指企业的经济活动必须分期进行

C. 持续经营是指企业的经营会永远继续下去

D. 会计主体可以是由多个企业组成的企业集团

三、判断题

1. 实质重于形式要求是指企业应当按照交易或者事项的经济实质进行会计确认、计量和报告，不应仅以交易或者事项的法律形式为依据。（　　）

2. 会计主体与法律主体是同一概念。（　　）

3. 与所有者权益相比，负债一般有规定的偿还期，而所有者权益没有。（　　）

4. 收入就是利润。（　　）

5. 会计处理方法一经确定就不能变更。（　　）

四、业务题

资料：某单位2023年4月的有关资料如下：

1.销售商品40 000元，款项已存入银行。

2.销售商品10 000元，款项8 000元已存入银行，其余款项暂欠。

3.预付下年度仓库租金6 000元，款项已付。

4.收到上月客户所欠货款4 000元，存入银行。

5.计提本月短期借款利息1 000元。

6.预收货款8 000元已收妥入账，下月发货。

7.摊销本月应负担的报刊费200元。

8.用银行存款支付广告费2 000元。

9.以银行存款支付材料费5 000元。

10.支付本季度短期借款利息3 000元，其中包括本月已预提短期借款利息1 000元。

要求：分别按权责发生制和收付实现制确认4月份的收入和费用的金额。

第一章思考与练习题参考答案

第二章

会计要素与账户

学习目标

◇理解会计科目、会计账户的基本含义。
◇掌握会计要素的内容、“资产=负债+所有者权益”这一会计基本等式的运用。
◇掌握会计账户的设置与运用。

第一节 会计要素

会计要素是对会计核算对象的基本分类，是会计对象的具体化。我们通常将会计核算的对象分为资产、负债、所有者权益、收入、费用和利润等六大要素。

一、资产

资产是指企业过去的交易或事项形成的、由企业拥有或控制的、预期会给企业带来经济利益的资源。

一家企业从事生产经营活动，必须具备一定的物质资源，或者说物质条件。在市场经济条件下，这些必需的物质条件表现为货币资金、厂房场地、机器设备、原料、材料等。它们是企业从事生产经营活动的物质基础。除以上的货币资金以及具有实物形态的资产以外，资产还包括那些不具备实物形态的权利，如债权、股权、专利权及商标权等权利。作为资产，应具有如下特点：

第一，资产是过去的交易或事项形成的。这就是说，作为企业的资产，必须是现时的而不是预期的资产，它是企业过去已经发生的交易或事项所产生的结果，包括购置、生产、建造、借入、接受捐赠、接受投资、销售等行为或其他交易或事项。预期在未来发生的交易或事项不形成资产，如计划购入的机器设备等。

第二，资产是由企业拥有或控制的。企业拥有资产，从而能够从资源中获得经济利益；但在某些条件下，对一些由特殊方式形成的资源，企业虽然不享有所有权，但能够对其进行控制，而且同样能够从中获取经济利益，也可以作为企业资产（如借入的现金和存款等）。

第三，资产能够给企业带来经济利益。通过对资产的运用，可以满足企业生产经营活动的需要，从而为企业带来更多的经济利益流入。例如，货币资金可以用于购买所需要的商品或用于利润分配；厂房机器、原材料等可以用于生产商品、对外出售、对外出租，从而为企业带来新的经济利益。

一项资源若同时具备上述三个特点并同时满足以下两项条件，方可确认为资产：

（1）与该资源有关的经济利益很可能流入企业；

（2）该资源的成本或者价值能够可靠地计量。

一项资源如果只符合资产的定义，但不符合资产的确认条件，也不得确认为资产。比如一项债权，通常是作为资产处理的，但是，如果债务人财务状况发生恶化，很可能无法偿付所欠企业的债务时，债权人企业就不应再将该笔债权视为资产披露。

对资产要素还可以作多种分类，常见的是按流动性分类。所谓流动性，就是指资产转变成现金的能力，即通过对其正常使用、最终以现金的形式实现其价值的能力。这种能力的体现一般以其变现时间的长短作为衡量标准。按流动性进行分类，可以将资产分为流动资产和非流动资产。流动资产是指那些可以在一年内变现的资产，如交易性金融资产、应收账款、存货等。有些企业经营活动比较特殊，其经营周期可能长于一年，比如造船、大型机械制造企业，从购料到销售商品再到收回货款，周期比较长，往往超过一年，在这种情况下，可以考虑将变现时间是否超过一个经营周期作为划分资产流动性的标志。非流动资产是指那些超过一年变现的资产，如长期股权投资、固定资产、无形资产的变现周期往往在一年以上。按流动性对资产进行分类，有助于掌握企业资产的变现能力，从而可以进一步分析企业的偿债能力和支付能力。一般来说，流动资产所占比重越大，说明企业资产的变现能力越强。流动资产中，货币资金、交易性金融资产比重越大，那么企业的短期支付能力就越强。

二、负债

负债是指过去的交易或事项形成的现时义务，履行该义务预期将会导致经济利益流出企业。如果把资产理解为企业的权利，那么负债就可以理解为企业所承担的义务。负债具有如下特点：

第一，负债是由于过去的交易或事项形成的偿还义务。潜在的义务，或预期在将来要发生的交易、事项可能产生的债务不能确认为负债。如前期购货但未付款所产生的付款义务，就形成购货企业的负债；计划将来某一时间要发生的赊购行为，则不形成现在的负债。

第二，负债是现时义务。现时义务是指企业在现行条件下已承担的义务，要由企业在未来某个时日加以偿还。如企业有了盈利，就产生了缴纳企业所得税的义务；企业使用了员工的劳务，就产生了支付工资的义务。

第三，偿还债务，预期会导致经济利益流出债务企业。一般来说，企业履行偿还义务时，会导致企业经济利益的流出，如支付现金、提供劳务、转让其他财产等。

符合负债定义的义务，在同时满足以下条件时，才可确认为负债：

（1）与该义务有关的经济利益很可能流出企业；

（2）未来流出的经济利益的金额能够可靠地计量。

按负债偿还期限的长短，一般将负债分为流动负债和非流动负债。预期将在一年或一个经营周期内到期并清偿的债务属于流动负债，否则应确认为非流动负债。常见的流动负债包括应付账款、应付职工薪酬、应交税费等；常见的非流动负债包括长期借款、应付债券、长期应付款等。

三、所有者权益

所有者权益是指企业资产扣除负债后由所有者享有的剩余权益。公司的所有者权益又称为股东权益。所有者权益的来源包括所有者投入的资本、直接计入所有者权益的利得和损失、留存收益等。直接计入所有者权益的利得和损失，是指不应计入当期损益、会导致所有者权益发生增减变动、与所有者投入资本或者向所有者分配利润无关的经济利益流入或者流出。

所有者权益相对于负债而言，具有以下特点：第一，所有者权益不像负债那样需要偿还，除非发生清算等情形；第二，企业清算时，负债往往优先获得清偿，而所有者权益只有在清偿所有的负债之后才能获得返还；第三，所有者权益能够分享利润，而负债则不能参与利润分配。所有者权益在性质上体现为投资者对企业资产的剩余收益，在数量上也就体现为资产减去负债后的余额。所有者权益包括实收资本、资本公积、盈余公积和未分配利润四个项目。其中，实收资本来源于投资者的投资；资本公积除了由投资者投入而形成外，还可以是各种利得形成的；后两项属于企业的留存收益，其来源是企业的盈利。

四、收入

收入有广义与狭义之分，我国《企业会计准则——基本准则》采用的是狭义的收入的概念。

广义的收入是指会计期间内经济利益的增加。企业获取收入的表现形式是：由于资产流入企业、资产增值或负债减少而引起所有者权益的增加。但是，并非所有资产增加或负债减少而引起的所有者权益增加都是企业的收入。例如，企业参与者对企业投资，虽然会导致资产增加或负债减少，并使所有者权益增加，但不属于企业获取收入的经济业务。

狭义的收入是指企业在日常活动中形成的、会导致所有者权益增加的、与所有者投入资本无关的经济利益的总流入。它主要包括营业收入、投资收益等。营业收入是指企业由于销售商品、提供劳务及让渡资产使用权等日常活动所形成的经济利益的总流入。它有各种各样的名称，如销售收入、服务费收入、使用费收入和租金收入等。投资收益是指企业对外投资所获取的投资报酬，如债券投资的利息收入、股票投资的股利收入等。

收入的特点是：

（1）由日常活动形成。日常活动应理解为企业为实现其经营目标所从事的经常性活动以及与之相关的其他活动。如工业企业生产并销售产品，流通企业采购并销售商品，服务企业提供劳务等经营活动。

（2）收入的形成可以是经济利益的流入，从而导致企业资产增加，或者是负债减少。经济利益是指现金或最终能转为现金的非现金资产。收入只有在经济利益很可能流入且能可靠计量时才能予以确认。经济利益的流入包括销售商品收入、劳务收入、使用费收入、租金收入、股利收入等主营业务和其他业务收入，但不包括为第三方或客户代收的款项。

(3) 收入是经济利益的总流入。即取得的收入按总额确认，并不扣除相关的费用。比如销售商品，所收取的全部价款称为销售收入，而不需要扣除所售商品的生产成本。

五、费用

费用有广义与狭义之分。我国《企业会计准则——基本准则》采用的是狭义的费用的概念。

广义的费用是指会计期间内经济利益的减少。企业发生费用的表现形式是：由于资产减少或负债增加而引起所有者权益减少。但是，并非所有资产减少、负债增加而引起所有者权益减少都意味着企业发生了一项费用。例如，企业所有者抽回投资或向所有者分配利润，虽然会引起资产减少或负债增加，并使所有者权益减少，但不属于企业发生费用的经济业务。

狭义的费用是指企业在日常活动中发生的、会导致所有者权益减少的、与向所有者分配利润无关的经济利益的总流出。它主要包括营业成本、税金及附加、销售费用、管理费用、财务费用、资产减值损失等。

费用的特点是：

(1) 在日常活动中发生。企业在销售商品、提供劳务等日常活动中所发生的费用，可划分为两类：一类是企业为生产产品、提供劳务等发生的费用，应计入产品成本或劳务成本，包括直接材料、直接人工和制造费用；另一类是不应计入成本而直接计入当期损益的相关费用，包括管理费用、财务费用、销售费用、资产减值损失等。应计入产品成本、劳务成本等的费用，应当在确认产品销售收入、劳务收入等时将已销售产品、已提供劳务的成本计入当期损益。

(2) 有经济利益流出。费用与收入相反，收入是资金流入企业形成的，会增加企业所有者权益；而费用则是企业资金的付出，会减少企业的所有者权益，其实质就是一种资产流出，最终导致减少企业资源。费用只有在经济利益很可能流出，从而导致企业资产减少或负债增加，而且经济利益的流出额能够可靠计量时才能予以确认。

六、利润

利润是企业在一定会计期间的经营成果。利润包括收入减去费用后的净额、直接计入当期利润的利得和损失等。直接计入当期利润的利得和损失是指应当计入当期损益，会导致所有者权益发生增减变化的、与所有者投入资本或向所有者分配利润无关的利得和损失。

利润为营业利润和营业外收支净额两个项目的总额减去所得税费用之后的余额。营业利润是企业在销售商品、提供劳务等日常经营活动中产生的利润；营业外收支是与企业的日常经营活动没有直接关系的各项收入和支出。其中，营业外收入项目主要有接受捐赠收入、固定资产盘盈、处置固定资产净收益、罚款收入、债务重组收益、非货币性资产交换收益等；营业外支出项目主要有捐赠支出、罚款支出、固定资产盘亏、处置固定资产净损失、债务重组损失、非货币性资产交换损失等。

第二节 会计基本等式

一、会计基本等式的建立

任何一个会计主体，不论其规模大小，进行生产经营活动都必须拥有或控制一定数量的经济资源，如工业企业必须拥有一定数量的劳动资料，即房屋、建筑物和机器设备等；一定数量的劳动对象，即各种各样的材料；一定数量的货币资金等。这些经济资源在会计上叫作“资产”①。

资产在企业的生产经营活动中有各种不同的表现形态，如流动资产和非流动资产，它们表示企业可以支配和运用的经济资源。这些经济资源的来源渠道有两种：一是投资者投入的；二是债权人提供的。由于经济资源的提供者在把资产提供给企业使用时，就对企业的资产享有一定的要求权，这种要求权在会计上称为“权益”。

由于资产反映经济资源的运用状态，而权益表明资产的来源渠道，资产与权益反映的是同一经济资源的两个方面，有资产就必定有权益，它们相互依存、对立统一，二者在任何情况下在金额上始终保持相等的关系。这种恒等关系用公式表示为：

资产=权益　　（2-1）

权益按来源的不同分为债权人权益和所有者权益。由企业投资者提供的权益称为“所有者权益”②，它要求企业通过经营活动能尽可能多地赚取利润，以便能多分享利润；由企业债权人提供的权益称为“债权人权益”，又称“负债”③，债权人将权益提供给企业后，一般要求企业到期偿还本金，并按规定的形式支付利息。因此，公式（2-1）可表达为：

资产=债权人权益+所有者权益

=负债+所有者权益　　（2-2）

在会计核算中，公式（2-2）是会计的基本等式或平衡公式，是反映资产、负债、所有者权益三个会计要素之间依存关系的表达式。等式的左边是资产，是企业拥有或控制的经济资源，表明企业经济资源的存在形态；等式的右边是负债和所有者权益，表明企业经济资源的来源渠道。会计基本等式反映的是资产、负债和所有者权益三者之间的静态平衡关系。

随着生产经营活动的不断进行，一方面，企业通过对筹集到的资金的运用、耗费，取得一定的收入，收入的取得表现为资产的增加或负债的减少，最终导致企业所有者权益的增加；另一方面，企业在取得收入的过程中，资产不断地被消耗，形成费用，发生支出，费用的发生表现为资产的减少或负债的增加，最终导致企业所有者权益的减少。将一定期间的收入与费用进行配比，可获得该期间的经营成果，用公式表示为：

收入-费用=利润　　（2-3）

这一等式反映了收入、费用与利润三者之间的数量关系，概括了经营资金的动态运动

---

①《企业会计准则——基本准则》中的定义为“资产是指企业过去的交易或者事项形成的、由企业拥有或者控制的、预期会给企业带来经济利益的资源”。

②《企业会计准则——基本准则》中的定义为“所有者权益是指企业资产扣除负债后由所有者享有的剩余权益。公司的所有者权益又称为股东权益”。

③《企业会计准则——基本准则》中的定义为“负债是指企业过去的交易或者事项形成的、预期会导致经济利益流出企业的现时义务”。

过程和结果。

由于企业获得的经营成果在利润未分配之前归所有者享有，所以在期末结账前，可以把利润看成所有者权益的一个组成部分。如果将利润从所有者权益中单独分离出来，则会计等式（2-3）可表达为：

资产=负债+所有者权益+（收入-费用）

=负债+所有者权益+利润　　（2-4）

公式（2-4）一般被称作会计基本等式的扩展。期末结账后，收入、费用类账户一般无余额，最终形成利润，而利润要以一定的方式进行分配。一部分利润分配给投资者，一部分利润增加了所有者权益，所以会计基本等式又回复到原来的状态：

资产=负债+所有者权益

在上述会计等式中，公式（2-2）是会计基本等式，也是静态等式，反映了企业资产、负债和所有者权益之间的关系；公式（2-3）是动态会计等式，反映了企业一定时期的经营成果；公式（2-4）也是动态的，反映了经营过程中各会计要素之间的互动联系。这些等式都是企业设置账户、复式记账和编制财务报告的理论依据。

二、经济业务对会计基本等式的影响

经济业务是指在生产经营过程中引起资产和权益变化的各项经济活动，也称为会计事项。企业每天都要发生经济业务，而经济业务的发生必然会引起资产、权益发生增减变化，但无论如何变化，其变化的结果都不会影响会计基本等式的平衡关系。

企业在经营过程中发生的经济业务是多种多样的，从其对资产和权益增减的影响来看，可将其概括为四种类型：

类型一：经济业务的发生引起资产与负债或所有者权益同时增加，且增加金额相等，如企业接受投资、从银行获得贷款等。

类型二：经济业务的发生引起资产项目之间此增彼减，且增减金额相等，如以银行存款购入材料等。

类型三：经济业务的发生引起资产与负债或所有者权益同时减少，且减少金额相等，如以银行存款偿还债务等。

类型四：经济业务的发生引起负债、所有者权益项目之间此增彼减，且增减金额相等，如债务转为资本等。

【例2-1】假设力胜公司2023年11月30日的资产为920 800元，负债为210 000元，所有者权益为710 800元。该公司12月份发生下列经济业务：

（1）向银行借入短期借款250 000元，存入银行。

分析：这项经济业务发生后，资产中的银行存款增加250 000元，负债中的短期借款也增加250 000元，等式仍保持平衡。

（2）以银行存款6 000元支付以前所欠的购货款。

分析：这项经济业务发生后，负债中的应付账款减少6 000元，同时作为资产的银行存款也减少6 000元。等式两边所减少的金额相同，等式仍保持平衡。

（3）购买生产用设备一台，价值85 000元，款项尚未支付。

分析：这项经济业务发生后，资产中的固定资产增加85 000元，负债中的应付账款也增加85 000元。等式两边同时增加85 000元，等式仍保持平衡。

（4）购买汽车一辆，价值92 000元，款项已用银行存款支付。

分析：这项经济业务发生后，资产中的固定资产增加92 000元，同时银行存款这一项资产相应减少92 000元。等式左边增减金额相等，等式仍保持平衡。

（5）联营企业联营期满，投资者抽回投入资本350 000元，企业用银行存款支付。

分析：这项经济业务发生后，所有者权益中的实收资本减少350 000元，资产中的银行存款也减少350 000元。等式两边同时减少350 000元，等式仍保持平衡。

（6）银行与公司协商，同意将公司所欠银行的债务转为对公司的投资，金额共计400 000元。

分析：这项经济业务发生后，公司的负债减少400 000元，同时作为所有者权益的实收资本增加400 000元。等式右边增减金额相同，等式仍然保持平衡。

以上经济业务发生以后，力胜公司资产、负债及所有者权益的增减变化见表2–1。

表2–1　**力胜公司资产、负债及所有者权益的增减变化**　单位：元

会计要素	期初余额	本期增加	本期减少	本期净增加	期末余额
资产	920 800	427 000	448 000	–21 000	899 800
负债	210 000	335 000	406 000	–71 000	139 000
所有者权益	710 800	400 000	350 000	+50 000	760 800
等式验证	相等	—	—	相等	相等

从表2–1可以看出，在经济业务发生以后，资产的净增加额=负债的净增加额+所有者权益的净增加额，资产的期末余额=负债的期末余额+所有者权益的期末余额。“资产=负债+所有者权益”的恒等关系仍成立。

【例2–2】某企业将库存商品出售，售价100 000元（假设不考虑增值税），商品账面价值60 000元，款项未收。试分析该业务对会计要素的影响。

分析：在库存商品出售前，企业拥有库存商品这一资产，价值为60 000元；库存商品出售后，企业实现收入100 000元，并取得“应收账款”这一项资产100 000元；同时，所售商品的价值（商品的成本）60 000元转移给购买方，故企业的“库存商品”这一项资产减少60 000元并形成企业销售收入的代价，即企业费用增加60 000元；根据“收入–费用=利润”这一等式可知，企业的利润增加40 000元。我们用会计等式表述这一经济业务对会计要素的影响，见表2–2。

表2–2　**经济业务对会计要素的影响**　单位：元

会计要素	本期增加	本期减少	本期净增加
资产	100 000	60 000	40 000
收入	100 000	0	100 000
费用	60 000	0	60 000
利润	—	—	40 000

上述经济业务未涉及负债类项目及其他所有者权益类项目，但企业经过销售事项后，资产增加了40 000元，而利润也增加了40 000元，这表明企业资产的增加来源于利润的增加。而利润在分配给企业的投资者之前，就形成企业的“盈余公积”和“未分配利润”这两项所有者权益。因此，上述业务最终又可表述为企业通过增加盈利的方式获得了资产规模的增长，或者说盈利是企业资产增长的原因或来源，并且资产的增加和利润的实现是相等的。

综上所述，不论发生何种经济业务，都不会影响“资产=负债+所有者权益”这一会计基本等式的平衡关系。

第三节 会计科目

一、设置会计科目的意义

会计科目是对会计对象的具体内容（即会计要素）进行分类核算的项目。

企业设置会计科目，是设置账户、进行账务处理的依据，同时也是正确组织会计核算的一个重要条件。由于会计要素是对会计对象所作的最基本的分类，它只能反映经济业务的性质，而无法反映其具体事项。如资产只能反映企业所拥有或控制的、能以货币计量的经济资源，而不能反映企业拥有哪种资源以及资产的增减变动情况；负债只能反映企业所承担的、能以货币计量的需要偿还的债务，而不能反映企业负有什么样的债务及对谁负有债务等。在企业的生产经营过程中，经常发生各种各样的经济业务，这些经济业务仅用会计要素来反映是不够的。为了全面、系统、分类反映和监督各项经济业务，为经济管理提供会计信息，就必须根据会计对象具体内容的特点和经济管理的需要，对会计对象具体内容进行科学的分类，即在会计六大要素之下，分别设置若干具体项目，将性质相同的经济业务归为一类，设置一个标志或项目，反映一个方面的经济情况，这些项目统称为“会计科目”。如工业企业设置“原材料”“库存现金”“固定资产”等会计科目，反映和监督各项资产的增减变动情况；设置“短期借款”“应付账款”“应付债券”“长期借款”等会计科目，反映和监督各项负债的增减变动情况；设置“实收资本”“资本公积”“盈余公积”等会计科目，反映和监督所有者权益的增减变动情况等。

在实际工作中，会计科目是通过会计制度预先规定的。在企业会计制度中，统一规定了会计科目的核算范围、具体内容、核算方法及会计科目的编号，以便编制会计凭证、登记账簿、查阅账目和实行会计信息化。根据统一规定的会计科目开设账户、组织会计核算，可保证会计核算的正确性、完整性和系统性，并能保证对同一经济业务的账务处理具有一致性，为编制财务报表、进行会计分析和检查提供真实、可靠、系统的资料。

二、设置会计科目的原则

会计科目是正确组织会计核算的一个重要依据，为了使会计核算科学而有条不紊地进行，保证会计信息的质量，在其设置过程中应遵循下列基本原则：

(一) 符合国家的会计法规

国家的会计法规体现了国家对财务会计工作的要求，因此，设置会计科目首先要以此为依据，符合《会计法》以及企业会计准则等的相关规定，使编制会计凭证、登记账簿、查阅账目、实行会计信息化等工作顺利进行，并提高会计信息的可比性。

(二) 全面反映企业经济业务的内容

在会计要素的基础上对会计对象的具体内容进一步分类，为了全面而概括地反映企业生产经营活动情况，会计科目的设置要保持会计指标体系的完整，应全面、系统地反映企业所有能用货币表现的经济业务，不能有任何遗漏。

(三) 统一性与灵活性相结合

目前会计科目由财政部统一制定，以保证会计核算指标在一定范围内得到综合、分析和利用，但企业也可根据自身经营规模的大小、业务的繁简自行增设或合并某些会计科目。比如，预收、预付账款不多的企业可不设“预收账款”和“预付账款”科目，将预收、预付账款分别在“应收账款”“应付账款”科目中核算。

(四) 会计科目名称力求简明扼要、内容确切

每一个会计科目都应有特定的核算内容，各会计科目的核算内容之间必须有严格、明确的界定，不得互相混淆。会计科目的名称应与其核算内容相一致，并要含义明确、字义相符。同时，还应对会计科目进行分类、编号，以便于账务处理和计算机的应用。

(五) 保持相对的稳定性和可比性

企业设置的会计科目在一定时期内应保持相对的稳定性和可比性，不得随意变更，以便在一定范围内进行综合汇总和不同时期的对比分析。

三、会计科目的分类

会计科目之间相互联系、相互补充，组成一个完整的会计科目体系。它们之间既有科学的联系，又有严格的区别。所谓联系，是指它们反映各种经济活动之间的相互关系；所谓区别，是指每个会计科目都反映特定的经济活动内容，不能相互混淆。为了进一步认识每个会计科目的性质和作用，以便正确地设置和运用，必须对会计科目进行分类。

(一) 按会计科目反映的经济内容分类

不同会计科目核算的经济内容是不同的，会计科目据此进行分类，可分为五大类：

1.资产类会计科目

根据资产的一般分类及流动性，资产类会计科目分为流动资产类会计科目和非流动资产类会计科目。

2.负债类会计科目

根据债务期限的长短和负债的构成，负债类会计科目分为流动负债类会计科目和非流动负债类会计科目。流动负债类会计科目如短期借款、应付账款、应交税费、其他应付款等；非流动负债类会计科目如长期借款、长期应付款等。

3.所有者权益类会计科目

所有者权益类会计科目包括资本类会计科目和留存收益类会计科目两类。资本类会计科目如实收资本（或股本）、资本公积等；留存收益类会计科目如盈余公积、利润分配等。

4.成本类会计科目

这类会计科目包括生产成本和制造费用等。

5.损益类会计科目

损益类会计科目可以分为收益类会计科目和费用类会计科目两类。收益类会计科目如主营业务收入、其他业务收入、营业外收入等；费用类会计科目主要有主营业务成本、管理费用、财务费用、其他业务成本、销售费用、营业外支出、所得税费用等。

（二）按会计科目提供核算指标的详细程度分类

会计科目按提供核算指标的详细程度，可分为两类：

1.总分类会计科目

总分类会计科目也称总账科目或一级科目，是对会计对象的具体内容进行总括分类的项目。它提供的核算资料是总括资料，反映会计对象增减变动的概况。常用会计科目表中所列的会计科目均为一级科目。

2.明细分类会计科目

明细分类会计科目也称明细科目或细目，是对总分类科目进行明细分类的项目。它所提供的核算资料是详细的、具体的、分散的，反映会计对象变化的详细情况。

在某一总分类科目下面设置的明细科目如果较多，可以增设二级科目，也称子目。在子目下还可以增设三级科目，也称细目，子目和细目统称为明细科目。例如，在“原材料”总分类科目下，可按材料的类别，如原料及主要材料、辅助材料、燃料等设置二级科目，再在二级科目下按材料的品种或规格（如甲材料、乙材料、丙材料等）分设明细科目，可以具体反映各类材料的库存情况，便于其管理与核算，见表2-3。

表2-3 **“原材料”会计科目级次**

总分类科目（一级科目）	明细分类科目	
	二级科目（子目）	三级科目（细目）
原材料	原料及主要材料	方钢 生铁
	辅助材料	防锈剂 润滑油
	燃料	原煤 汽油

会计制度通常只规定一级科目，对二级科目和明细科目，一般只列示设置原则，除有特殊规定外，不直接规定二级科目和明细科目的名称。企业应按会计制度的规定设置一级科目，也可按实际需要，报经批准或备案后作必要的增、减或合并，并根据会计制度规定的设置科目的原则或要求，按本行业、本企业的特点和需要，自行设置二级科目和明细科目。表2-4是企业常用会计科目表。

表 2-4　　**企业常用会计科目表**

序号	编号	会计科目名称	序号	编号	会计科目名称
		一、资产类	33	2202	应付账款
1	1001	库存现金	34	2203	预收账款
2	1002	银行存款	35	2211	应付职工薪酬
3	1012	其他货币资金	36	2221	应交税费
4	1101	交易性金融资产	37	2232	应付股利
5	1121	应收票据	38	2241	其他应付款
6	1122	应收账款	39	2501	长期借款
7	1123	预付账款	40	2502	应付债券
8	1131	应收股利	41	2701	长期应付款
9	1132	应收利息			三、所有者权益类
10	1221	其他应收款	42	4001	实收资本
11	1231	坏账准备	43	4002	资本公积
12	1401	材料采购	44	4101	盈余公积
13	1402	在途物资	45	4103	本年利润
14	1403	原材料	46	4104	利润分配
15	1404	材料成本差异			四、成本类
16	1405	库存商品	47	5001	生产成本
17	1471	存货跌价准备	48	5101	制造费用
18	1531	长期应收款			五、损益类
19	1601	固定资产	49	6001	主营业务收入
20	1602	累计折旧	50	6051	其他业务收入
21	1603	固定资产减值准备	51	6111	投资收益
22	1604	在建工程	52	6301	营业外收入
23	1605	工程物资	53	6401	主营业务成本
24	1606	固定资产清理	54	6402	其他业务成本
25	1701	无形资产	55	6403	税金及附加
26	1702	累计摊销	56	6601	销售费用
27	1703	无形资产减值准备	57	6602	管理费用
28	1711	商誉	58	6603	财务费用
29	1801	长期待摊费用	59	6701	资产减值损失
30	1901	待处理财产损溢	60	6711	营业外支出
		二、负债类	61	6801	所得税费用
31	2001	短期借款	62	6901	以前年度损益调整
32	2201	应付票据			

第四节 账 户

一、账户的意义

设置账户是会计核算的一种专门方法。由于会计科目只是对会计对象的具体内容进行分类核算的项目名称，它虽然有明确的含义、特定的核算内容，但它只对核算的范围作出规定，并不对其增减变动情况和结果作出记录。为了完整、系统地反映和监督各项经济业务的发生以及由此而引起的会计要素的增减变动及结果，为会计信息使用者提供会计核算资料，就必须设置和运用账户。每一个账户都有一个简明的名称，用以说明该账户所记录的经济业务。

账户是以会计科目为名称，在账簿中开设的具有一定的结构，用来系统、连续、全面地对经济活动内容进行分类核算的一种会计方法。在会计实务中，账户就是账页的内容表现，具体由账户的名称（即会计科目）和账户的结构组成。根据一级会计科目开设的账户，称为一级账户或总分类账户（简称总账），表2-5是库存商品总账；根据二级会计科目等明细分类科目开设的账户，统称为明细分类账户（简称明细账）。总分类账户提供总括的核算指标，以货币为计量单位；明细分类账户提供详细的核算指标，除了以货币为计量单位外，有的还采用实物计量单位。总分类账户与明细分类账户结合起来，可以完整、系统地提供各种会计核算资料，满足企业内外会计信息使用者的需要。

表2-5 **库存商品总账** 第18页

××年		凭证		摘要	借方											贷方											借或贷	余额											核对
月	日	种类	号数		亿	千	百	十	万	千	百	十	元	角	分	亿	千	百	十	万	千	百	十	元	角	分		亿	千	百	十	万	千	百	十	元	角	分	
12	1			期初金额																							借				2	1	7	8	0	0	0	0	
12	31		11	完工产品入库				2	1	0	0	0	0	0	0												借				4	2	7	8	0	0	0	0	
12	31		14	结转商品销售成本															1	3	5	0	0	0	0	0	借				2	9	2	8	0	0	0	0	
				本月合计				2	1	0	0	0	0	0	0				1	3	5	0	0	0	0	0	借				2	9	2	8	0	0	0	0	
				本年合计				2	1	0	0	0	0	0	0				1	3	5	0	0	0	0	0	借				2	9	2	8	0	0	0	0	
				结转下年																																			

二、账户的基本结构

账户除了有名称（会计科目）外，还应有一定的结构。账户的结构就是指用来反映会计要素增减变动的格式。各种经济业务引起的资产、负债、所有者权益、收入、费用、利润的变动，尽管错综复杂，但从数量上看不外乎增加和减少两种情况。因此，用来记录经济业务的账户在结构上也就相应地分为两个基本部分：一方登记增加，一方登记减少，即将账户的结构分成左方和右方。账户的左方、右方以及账户的名称三个部分共同组成了账户的基本结构。由于我国采用的记账方法是借贷记账法，所以账户的基本结构也就分为“借方”和“贷方”两个方向，其中“借方”即为“左方”，“贷方”即为“右方”。在教学中，账户的这种基本结构一般用“T”形账户表示，如图2-1所示。

借方　　**账户名称（会计科目）**　　贷方

图2-1　“T”形账户

账户的一方登记增加，另一方登记减少，即账户的借方和贷方登记的增减变动方向相反。究竟哪一方登记增加，哪一方登记减少，是由其所采用的记账方法和账户所反映的经济内容的性质所决定的。

在实际工作中，一个完整的账户结构应包括的内容见表2-6。

表2-6　**账户名称（会计科目）**

年		凭证号数	摘　要	借方金额	贷方金额	借或贷	余　额
月	日						

（1）账户名称；

（2）记账日期；

（3）会计凭证的种类和号数；

（4）摘要（概括地说明经济业务的内容）；

（5）借方金额、贷方金额和余额。

在账户的基本结构中，每个账户一般涉及四个金额要素，即期初余额、本期增加额、本期减少额和期末余额。期初余额是指上一会计期末转到本期的余额。每个特定账户在一定时期（月、季、年）内所记载的金额合计（借方和贷方分别合计），称为本期发生额

(有借方发生额合计和贷方发生额合计)。其中，记载增加额合计的称为本期增加额，记载减少额合计的称为本期减少额。本期发生额是一个动态指标，反映一定时期内各项会计要素内容的增减变动过程。每个新开设账户的本期增加额和本期减少额相抵后的差额称为期末余额。余额是一个静态指标，反映各项资产、负债及所有者权益在某时点的状况，即在一定时期内增减变动的结果。本期的期末余额转入下一期，就是下一期的期初余额。通常情况下，期初余额与期末余额一般在同一方向，而且一般都反映在记载增加额的一方，因为累计增加额通常都大于累计减少额。在正常情况下，账户四个金额要素之间的关系可用公式表示为：

期末余额=期初余额+本期增加额-本期减少额

三、账户的分类

(一) 按会计科目分类

每个账户都以一个特定的会计科目来命名。《企业会计准则——应用指南》之“会计科目和主要账务处理”将会计科目划分为资产类、负债类、共同类、所有者权益类、成本类及损益类，这种分类实际上是按其所反映的经济内容划分的。其中，共同类科目主要是金融企业使用，本教材不详述。因此，一般工业企业的账户分类可分为资产类账户、负债类账户、所有者权益类账户、成本类账户、损益类账户五类。

1.资产类账户

资产类账户包括“库存现金”“银行存款”“材料采购”“原材料”“固定资产”“无形资产”等账户。

2.负债类账户

负债类账户包括“短期借款”“应付账款”“应付职工薪酬”“应交税费”“长期借款”等账户。

3.所有者权益类账户

所有者权益类账户包括“实收资本”“资本公积”“盈余公积”等账户。

4.成本类账户

成本类账户包括“生产成本”“制造费用”等账户。

5.损益类账户

损益类账户主要包括收入和费用两类，如“主营业务收入”“税金及附加”“营业外支出”“销售费用”“管理费用”等账户。

(二) 按其所反映会计要素具体内容的详细程度分类

由于账户是根据会计科目设置的，既然会计科目有总分类科目和明细分类科目，那么账户也可分为总分类账户和明细分类账户。

1.总分类账户

如前文所述，总分类账户是根据总分类科目设置的，用以对会计要素具体内容进行总括分类核算的账户，简称总账账户或一级账户，也称总账。总分类账户只能用货币计量，它的特点就是总括。总分类账户是所属明细分类账户的统驭账户，是总括地核算各项会计要素的账户。对各项经济业务通过总分类账户进行核算，称为总分类核算。例如，根据“原材料”科目开设“原材料”总分类账户，用以提供原料及主要材料、辅助材料、燃料等所有材料的收发、领退和结存的总括分类核算价值指标。

2.明细分类账户

如前文所述，明细分类账户是根据明细分类科目设置的，用以对会计要素具体内容进行明细分类核算的账户，简称明细账户。明细分类账户可以在总分类账户下细分出二级账户，各二级账户又可继续细分出三级账户，以此类推。按二级科目设置的账户可称为二级账户。明细分类账户除了用货币计量外，有些账户还可以辅以实物计量（如件、吨、台、千克等）。明细分类账户是总分类账户的辅助性账户。明细分类账户是详细核算各项会计要素的账户，因此，对各项经济业务通过明细分类账户进行核算，称为明细分类核算。例如，按原材料的品种、规格等明细分类科目开设各种材料明细分类账户，用以提供各种材料的收发、领退及结存的明细分类资料。如“应收账款”作为总账反映总体的应收账款，而相应的明细分类账户则按客户的名称设置，以反映企业对每一债务人的应收账款增减变动情况。

在会计核算中，并非所有的总分类账户都需要开设明细分类账户，但大多数总分类账户都要设置明细分类账户。在设置明细分类账户时，既要满足管理的需要，又不能过于烦琐。一般来说，对于比较重要的财产物资账户，如“原材料”“库存商品”等，对于比较重要的所有者权益和债权、债务账户，如“实收资本”“应收账款”“应付账款”等，对于收入、成本费用支出账户等，都可以设置明细分类账户。为了满足经营管理的需要，明细分类账户要按一定的标志分户设置。例如，“原材料”“库存商品”等账户，按每一种实物品名设置；而“应收账款”“应付账款”等账户，则按客户或供应商的名称设置。

（三）会计账户的其他分类方法

账户除按上述标准进行分类外，还可以按其他标准进行分类，如按是否列入财务报表分类、按有无期末余额分类等。

研究账户的分类，是为了从相互联系的账户中探求它们的区别，认识所设置和运用的账户的规律性。账户分类标准是依据账户具有的一些特征确定的，每一个账户都带有若干特征，因此，每一个账户都可以按不同的标准加以分类。账户的分类可以揭示账户的特点，有利于我们加深对账户的结构与用途的认识。初学者可以自行总结一些账户的分类方法，以加深对账户的认识。

思政案例

数字经济助力传统文化焕发新活力

一、案例（材料）内容

文化是民族和国家的血脉和灵魂，也是一个国家、一个民族的精神纽带，是一个国家国运兴盛的原动力，而在漫长历史进程中积淀形成的中华优秀传统文化，则是凝聚中华民族的强大精神纽带，也是中华民族生生不息的原生动力。

党的二十大报告中强调“中华优秀传统文化源远流长、博大精深，是中华文明的智慧结晶”“实施国家文化数字化战略，健全现代公共文化服务体系，创新实施文化惠民工程”。站在历史的新起点上，深入挖掘根植于中华民族传统文化的优秀文化基因，对其进行创造性转化、创新性发展，不仅能够展示中华民族独特精神标识，彰显中华民族文化自信，而且能够为中华民族复兴立根铸魂，增强全国各族人民的凝聚力、战斗力。

当前，数字信息技术快速发展，深度融入社会生产生活的方方面面，改变重塑着人类社会以往的传统生产生活方式，带来了全方位的社会变革，也为中华优秀传统文化传承带来了新契机。数字技术与优秀传统文化的相遇，必将丰富文化存储介质载体，革新文化演绎呈现形式，开辟文化传播互动渠道，从而催生构建文化新生机新生态，为优秀传统文化传承创新注入新动力，提供新动能。

（一）数字化技术丰富优秀传统文化传承保护的新载体

2022年，中共中央办公厅、国务院办公厅印发的《关于推进实施国家文化数字化战略的意见》明确提出，统筹利用文化领域已建或在建数字化工程和数据库所形成的成果，关联形成中华文化数据库。

在优秀传统文化资源中，有许多弥足珍贵的历史文化遗产。文化遗产作为不可再生资源，往往容易风蚀损坏，留存保护困难，不便于长期以实物形态示人，数字化储存能够打破这一局限掣肘，可以借助现代数字信息技术，例如拍照、扫描、录音、录像、情景还原再现等方式，完整科学地记录留存文化遗产信息，将实物形态转化为数字信息进行存储，构建数字化档案，进行永久性保存和活态化传承，让收藏在博物馆里的文物、陈列在广阔大地上的遗产、书写在古籍里的文字“活起来”。

在数字化档案基础上，搭建专业系统的文化遗产数字资源库，通过整理、分类，把零乱的文化信息整合起来，实现数字化、可视化建模，不仅可以全方位、多视角立体展现昔日文化遗产风貌，使民众能够便捷学习了解优秀传统文化，更便于文化遗产的展示研究和活化利用。例如，故宫博物院、敦煌研究院已分别建立“故宫博物院藏品总目”数据库、数字敦煌资源库。

（二）数字化叙事革新优秀传统文化演绎呈现的新形式

数字化叙事作为信息时代特有的叙事形式，是利用数字化信息技术，在传统讲故事之中融入声音、图片、文字、动画、影视等多种现代媒体元素，使讲述内容可视化、形象化，以便于听众理解、感知的一种叙事方式。

数字化叙事与优秀传统文化的融合，以优秀传统文化内容价值为核心，配以多种数字媒体技术营造真实的全身心感知氛围，带来有温度的视听盛宴、有触摸的感官刺激和有参与的感知体验，能更好地传递优秀传统文化的价值观念和人文精神。

另外，我国传统文化历经数千年历史沉淀，部分优秀传统文化在传递过程中已失去了原有历史场景，而采用VR虚拟现实等数字技术可以真实再现彼时彼地，使人们穿越感知优秀传统文化时代背景与社会图景。例如《国家宝藏》节目，采用全息影像技术等多种数字科技，对国宝进行了全方位多角度的展示，并打造出沉浸式的情景舞台，形象讲述了国宝背后的历史文化故事。

同时，数字化叙事不仅是一种叙事方式，也是一种文化创新。数字化叙事优秀传统文化的过程，往往是对中华优秀传统文化进行内容再创造再阐释的过程，是对文物、非物质文化遗产等传统文化资源的数字化转化和再造，能够创作出全新的、更具感染力的文艺作品，连接过去与现在，展现优秀传统文化的精髓和魅力。例如河南卫视精心打造的“中国节日”系列节目成功出圈，重要原因在于以“中华文明”的当代价值为表达主旨，通过互联网思维模式，运用数字科技赋能，以全新的艺术形式讲述了“元宵奇妙夜”“端午奇妙游”“七夕奇妙游”等一个个动听的中华文明故事，让人们深深感受到中华传统节日文化的深邃与魅力。

（三）数字化媒体开辟优秀传统文化传播互动的新渠道

数字信息技术的发展促使各种新媒体应运而生，而新媒体的出现和迭代改变了信息的呈现、传达和展示方式，为中华优秀传统文化的传播提供了多元化的平台和渠道。人们可以通过视频平台、公众号等多种途径来了解中华优秀传统文化，突破传统媒介下中华优秀传统文化传播效率低、范围小、形式较为单一等局限。在数字技术加持下，新媒体将互联网与各种电子产品的移动终端相链接，能将储存在互联网云端的数字化信息直接传递给受众，打破时空局限，实现优秀传统文化数字信息共享，提升传播速度，拓展传播空间。

当前，以短视频、网络直播等为代表的移动社交媒体迅速崛起，更是改变了优秀传统文化的传播方式，由单向输出转为双向互动，文化信息的接受者同时成为文化信息的传播者。这意味着，民众不再单单是优秀传统文化的接受群体，而且可以有选择地将接受的文化信息通过社交媒体自主转发、二次传播，从而使优秀传统文化传播的参与受众多元化，极大拓展文化传播的渠道和范围，毫无置疑，新媒体的发展为中华优秀传统文化传播开辟了新路径。传统媒体与新媒体在优秀传统文化传播方面，各有优势，两者要相互结合、优势互补、融合传播，产生“1+1>2”的传播效果，满足人们对优秀传统文化的多样化需求，使我国优秀的历史文化传统能够源远流传、繁荣兴盛。

党的二十大擘画了中华民族未来发展的宏伟蓝图，也为中华优秀传统文化指明了发展的方向，提供了基本遵循。站在新征程的起点，我们必须坚持以习近平新时代中国特色社会主义思想为指导，深入贯彻落实党的二十大精神，推动中华民族优秀的文化基因与数字信息技术融合创新发展，与当代文化相适应、与现代社会相协调，实现优秀传统文化数字化传承创新，创作出既充满优秀传统文化韵味，又具有数字科技品味的文化产品，满足人们的精神文化需求和情感体验，让优秀传统文化在新时代焕发新的生机、呈现新的风貌，助力铸造社会主义文化新辉煌。

资料来源：任吉东，王丽，成淑君.数字技术助推中华优秀传统文化传承创新［EB/OL］.［2022-11-08］. http://theory.people.com.cn/n1/2022/1108/c148980-32561486.html.

二、本案例（材料）的适用范围

本案例适用于“基础会计”课程第二章“会计要素与账户”内容。

三、问题思考

数字经济在弘扬传统文化方面有何优势？

思考与练习题

一、名词解释

会计科目　账户　总分类科目　明细分类科目

二、选择题

1.下列会计等式中不正确的是（　　）。

A.资产=负债+所有者权益

B.收入-费用=利润

C.资产+负债-费用=所有者权益+收入

D.资产=负债+所有者权益+（收入-费用）

2.会计科目是对（　　）的具体内容进行分类核算的项目。

A.会计账户　　B.会计对象

C.会计主体　　D.经济业务

3.账户的总分类核算可以采用（　　）。

A.货币量度　　B.实物量度

C.劳动量度　　D.其他量度

4.账户是根据（　　）开设的。

A.核算需要　　B.会计科目

C.主观愿望　　D.经济业务

三、判断题

1.会计科目是由国家统一的会计制度规定的，各单位必须严格执行，不能增减。（　　）

2.会计科目设置的详细程度越高，对经济业务反映越详细，会计核算效果就越好。（　　）

3.账户是按会计科目设置的，因而会计科目规定的核算内容也就是账户记录反映的内容。（　　）

4.会计科目是设置账户的基础，因此账户与会计科目之间没有区别。（　　）

四、问答题

1.什么是会计科目？设置会计科目的意义是什么？

2.试述会计科目的分类。

3.什么是账户？会计科目与账户之间的异同有哪些？

4.设置会计科目应遵循哪些原则？

5.试述账户的基本结构。

五、分析下列经济业务对企业会计要素的影响

1.企业从银行获得贷款并存入银行。

2.企业采购材料一批，货款未付。

3.企业以银行存款归还前期欠下的货款。

4.企业以高于成本的价格销售产品，但款项未收。

5.采购员借支差旅费，以现金支付。

6.企业以银行存款归还借款本金并支付利息。

7.企业以银行存款购入股票。

8.企业收到客户支付的前欠货款，存入银行。

六、练习经济业务的发生对会计等式的影响

红光公司投资200 000元开设一家服务中心，即益民服务中心，该服务中心专门从事各种便民服务。该中心于2023年12月1日成立并开始营业，其发生的经济业务如下：

1.12月1日，服务中心获得红光公司200 000元，当即存入该中心的开户银行。

2.12月3日，服务中心以银行存款购买修配材料一批10 000元。

3.12月8日，服务中心借入短期流动资金100 000元。

4.12月10日，服务中心向大海公司购进修配材料一批，价值20 000元，款项尚未支付。

5.12月15日，服务中心以银行存款8 000元偿还12月10日所欠大海公司部分货款。

6.本月份服务中心收入40 000元，收到现金28 000元，已存入银行，余款尚未收到。

要求：分析经济业务的发生对会计等式的影响。

第二章思考与练习题参考答案

第三章

复式记账

学习目标

◇理解复式记账原理、特点及作用。

◇熟悉并掌握借贷记账法，运用借贷记账法记账，首先必须了解经济业务涉及哪些账户，这些账户是否发生变化，若发生变化是如何变化的；然后再根据账户的经济性质确定记账方向和金额。

◇掌握会计分录的编制。

第一节 复式记账原理

一、记账方法概述

记账方法是指使用一定的符号，按照一定的记账规则，在账簿中登记各种经济业务的增减变化的技术方法。一般是在设置了会计科目并按会计科目开设了账户之后，采用记账方法将会计要素的增减变动登记在账户中，以此对会计要素进行核算和监督。

记账方法分为单式记账法和复式记账法两大类。最初的会计记录采用的是单式记账，随着经济的发展，经济活动愈发复杂，为了满足对复杂经济活动反映和监督的信息需求，在单式记账法基础上发展而来的复式记账法应运而生。

单式记账法是指对每项经济业务一般只在一个账户中单方面记录的一种方法。在选择单方面记账时，重点考虑的是现金、银行存款及债权和债务方面发生的经济业务。在此方法下，对现金或银行存款的收入、付出业务，一般只在现金或银行存款的账户中登记；对于既涉及现金、银行存款又涉及债权、债务的业务，则采用双方记账的方法；对于不涉及现金、银行存款及债权、债务业务的内部转账业务，通常不予记账。例如，用银行存款购买材料是一项银行存款付出业务，只在“银行存款”账户中记减少，对材料的收入不记账；用银行存款归还原欠某单位货款，是一项涉及银行存款和债务的业务，应在“银行存款”账户和“应付账款”账户同时记减少；生产领用材料是一项转账业务，通常不予记账。

复式记账是相对单式记账而言的，是由单式记账发展而来的。复式记账法是指对发生的每一项经济业务，都以相等的金额，在相互关联的两个或两个以上账户中进行记录的记账方法。例如，上述用银行存款购买材料业务，按照复式记账法，应以相等的金额，一方面在“银行存款”账户中记录银行存款的付出业务，另一方面在“原材料”账户中记录材料的收入业务。其他经济业务也都如此，要反映经济业务的全貌。目前我国企业、事业、行政单位采用的是复式记账法。

单式记账法是一种比较简单、不完整的记账方法。按其理论，一般只需设置“库存现金”“银行存款”“应收账款”“应付账款”等账户，而没有一套完整的账户体系，账户之间也不能形成相互对应的关系，所以不能全面、系统地反映经济业务的来龙去脉，也不便于检查账户记录的正确性；与单式记账法相比，复式记账法有其不可比拟的科学性。

二、复式记账

（一）复式记账的理论依据

复试记账的理论依据是资金运动的内在规律。如第二章所述，会计的对象是资金运动，而企业经营过程的每一项经济业务，均反映资金的运动情况。只有对企业经济业务进行精确记录核算，才能完整地反映资金运动的全貌，并据此为使用者提供可靠、全面的财务信息。

企业的经济业务必会涉及资金的增加和减少两个方面，某项资金的增加或减少，总是伴随着另一项资金的减少或增加。换言之，任何资金都不会无缘无故地增减，资金变动，必有来源。这就要求会计记账之时，不仅要记录每项经济业务所涉及资金变动的结果，也要记录其来源，从而完整地、全面地反映资金运动的来龙去脉。

复式记账把每一项经济业务涉及的资金在量上的增减变化，通过两个或两个以上账户的记录予以全面反映。因此，资金运动的内在规律是复式记账的理论依据。

（二）复式记账的特点和作用

如前所述，复式记账法的理论依据是资金运动的内在规律，而会计基本等式是资金运动规律的具象化。因此，也可说复式记账法是以会计基本等式为理论依据而建立的一种记账方法。与单式记账法相比，复式记账法具有如下特点和作用：

（1）对于每一项经济业务，都要基于会计等式在两个或两个以上相互关联的账户中进行记录。会计等式描述了会计要素之间的相互关系，将资金运动的内在规律具体化。基于会计等式进行的复式记账，会将全部经济业务相互联系地记入各有关账户。因此，复式记账法不仅可以为企业提供更为全面的数据资料，还可以通过账户记录查询经济业务的来龙去脉，据此检查经济业务的合理性和合法性。

（2）每项经济业务发生后，都需以相等的金额在有关账户中进行记录。基于此特点，复式记账后的会计等式必然成立，即会计等式等号两边的会计要素在数值上会同增同减，进而使得等式一直成立。因而可据以进行试算平衡，检查账户记录有无差错。

复式记账法由于具备上述特点和作用，因而成为世界各国公认的科学记账方法。在复式记账的发展历史上，曾出现过“借贷记账法”、“增减记账法”和“收付记账法”，上述复式记账方法在记账符号、记账规则、试算平衡法上有所不同。其中，借贷记账法是目前世界各国普遍采用的一种记账方法，在我国也是应用最广泛的一种记账方法。我国颁布的企业会计准则规定，凡在中国境内的所有企业都应采用借贷记账法记账。这是因为：一方面，借贷记账法经过数百年的实践，已被全世界的会计工作者所普遍接受，是一种比较成熟、完善的记账方法；另一方面，从实务角度来看，记账方法不统一，会给企业间横向经济联系以及国际经济交往带来诸多不便，同时也会加大公司和企业集团会计工作的难度，使经营活动信息和经营成果不能及时、准确地反映。统一记账方法，对会计核算工作的规范和更好地发挥会计作用具有重要意义。因此，本书仅介绍借贷记账法的相关内容。

第二节　借贷记账法

一、借贷记账法的产生与发展

借贷记账法，是指以会计基本等式为理论依据，以“借”“贷”为记账符号，以“有借必有贷，借贷必相等”为记账规则来记录各会计要素增减变化的一种复式记账方法。

从目前已掌握的资料来看，借贷记账法起源于13—14世纪的意大利，当时意大利的商品经济已相当发达，沿海城市已形成许多国际、国内贸易中心，特别是在威尼斯和佛罗伦萨等城市，商业活动蓬勃发展。在商品交换中，为了适应商业资本和借贷资本经营者管理的需要，逐步形成了这种方法。1494年，卢卡·帕乔利在《算术、几何、比与比例概要》一书中第一次系统地介绍了借贷记账法，并在理论上作了较为系统的论述，奠定了借贷记账法的雏形。

到了16世纪，意大利的商业记账法传播到欧洲其他地区，成为当时商业贸易的主要会计原则。同时，随着工业革命的到来，商业活动进一步扩大，需要更为完善的会计体系。“借”“贷”两字的含义，最初是从借贷资本家的角度来解释的，即用来表示债权（应收款）和债务（应付款）的增减变动。借贷资本家对于收进的款项，记在贷主的名下，表示债务；对于付出的款项，记在借主的名下，表示债权。这时“借”“贷”两字分别表示债权、债务的变化。

借贷记账法在19世纪得到广泛应用，成为现代会计的基础。随着工商企业的兴起和国际贸易的发展，会计的需求变得更加复杂。记录的经济业务已不再局限于货币资金借贷业务，而逐渐发展到财产物资、经营损益等。为了求得账簿记录的统一，对于非货币资金借贷业务，也以“借”“贷”两字记录其增减变动情况。这样，“借”“贷”两字就逐渐失去了原来的含义，而转化为纯粹的记账符号，成为会计的专门术语，用以标明记账的方向。人们开始使用会计凭证、账簿和报表等工具，对财务信息进行更系统化和详细的记录。同时，各国纷纷制定了会计准则和法规，规范会计实践，并进一步完善了借贷记账法的应用。

经过几百年的千锤百炼，借贷记账法逐渐发展成为一种完善、科学的记账方法，并成为唯一在国际上通用的记账方法，这也使得会计成为一种国际信息，成为一种国际商业语言。

二、借贷记账法的记账符号

记账符号是在会计中用来标示会计要素增减变动和方向的抽象标记。不同的复式记账方法其记账符号各异，借贷记账法的记账符号就是“借”和“贷”。

在借贷记账法下，“借”和“贷”对会计等式两边的会计要素规定了相反的含义。单独抽象地看，“借”和“贷”并不指代特定的增减，既可表示增加，也可能表示减少。但在特定的会计账户下，“借”和“贷”有着具体的增减指代。具体来说，资产、费用类账户中，“借”表示增加，“贷”表示减少；负债、所有者权益、收入和利润账户中，“借”表示减少，“贷”表示增加。

“借”和“贷”在账户中专指账户的两个对立方向，即“借方”和“贷方”。对一个账户来说，如账户的借方反映业务的增加额，则账户的贷方必然反映业务的减少额；反之，账户的借方如反映业务的减少额，则账户的贷方一定反映业务的增加额。

三、借贷记账法的账户设置和账户结构

（一）借贷记账法的账户设置

在借贷记账法下，通常设置资产类、负债类、资产负债共同类三大类账户。这三大类账户由于所反映的经济业务的性质不同，账户结构也不同。会计核算所设立的各类账户，其结构从属于这三种类型。如成本费用类账户的结构与资产类账户的结构相同，所有者权益、收入类账户的结构与负债类账户的结构相同。

（二）借贷记账法的账户结构

账户是用来记录经济业务的，必须具有一定的结构和内容。作为会计核算的会计对象，是随着经济业务的发生在数量上进行增减变化，并相应产生变化结果。因此，用来分类记录经济业务的账户必须确定账户的基本结构：增加的数额记在哪里，减少的数额记在哪里，增减变动后的结果记在哪里。

在借贷记账法中，账户的基本结构是：左方为借方，右方为贷方。但哪一方登记增加，哪一方登记减少，则可以从会计要素的静态恒等式：资产=负债+所有者权益，以及动态平衡方程：资产+费用=负债+所有者权益+收入来分析。不同性质的账户，其结构是不同的。

1.资产、负债、所有者权益的账户结构

按照会计基本等式建立的资产负债表，资产项目一般列在左方，负债和所有者权益项目一般列在右方。为了使账户中的记录与资产负债表的结构相吻合，各项资产的期初余额，应分别记入各账户的左方（借方）；各项负债和所有者权益的期初余额，应分别记入各账户的右方（贷方）。这样，在账户中登记经济业务时，资产的增加应记在资产期初余额的同一方向，即账户的左方（借方）；资产的减少，应记在资产增加的相反方向，即账户的右方（贷方）。同样道理，负债与所有者权益的增加，应记在账户的右方（贷方）；负债与所有者权益的减少，应记在账户的左方（借方）。上述内容和登记方法，构成了借贷记账法下资产类账户、负债类账户及所有者权益类账户的基本结构，如图3-1、图3-2、图3-3所示。

资产类账户

借方	贷方
期初余额（上期资产余额）	
本期资产增加额 ⋮	本期资产减少额 ⋮
本期发生额（资产增加额合计）	本期发生额（资产减少额合计）
期末余额（资产实有数额）	

图3-1　借贷记账法下资产类账户的基本结构

负债类账户

借方	贷方
	期初余额（上期负债余额）
本期负债减少额 ⋮	本期负债增加额 ⋮
本期发生额（负债减少额合计）	本期发生额（负债增加额合计）
	期末余额（负债实有数额）

图3-2　借贷记账法下负债类账户的基本结构

所有者权益类账户

借方	贷方
	期初余额（上期所有者权益余额）
本期所有者权益减少额 ⋮	本期所有者权益增加额 ⋮
本期发生额（所有者权益减少额合计）	本期发生额（所有者权益增加额合计）
	期末余额（所有者权益实有数额）

图3-3　借贷记账法下所有者权益类账户的基本结构

期末余额计算公式如下：

（1）资产类账户借方期末余额=借方期初余额+借方本期发生额-贷方本期发生额

（2）负债类账户贷方期末余额=贷方期初余额+贷方本期发生额-借方本期发生额

（3）所有者权益类账户贷方期末余额=贷方期初余额+贷方本期发生额-借方本期发生额

2.收入类账户和成本、费用类账户的结构

由于收入可理解为所有者权益的增加，成本、费用可理解为资产耗费的转化形态，在抵销收入之前也可以将其看成是一种资产，因此，收入类账户和成本、费用类账户的结构也可用借、贷及不同的增减方向来予以表达。

收入类账户增加额记入账户的贷方，减少额（或转销额）记入账户的借方。期末将本期收入净额转入所有者权益类账户中的“本年利润”账户，所以该类账户期末没有余额。

成本、费用类账户增加额记入账户的借方，减少额（或转销额）记入账户的贷方，期末一般无余额；特殊账户如有余额，必定在借方，表示期末的资产余额。

收入类账户和成本、费用类账户的基本结构如图3-4、图3-5所示。

借方	收入类账户	贷方
本期收入减少额（或转销额） ⋮		本期收入增加额 ⋮
本期发生额（收入减少额或转销额合计）		本期发生额（收入增加额合计）

图 3-4 借贷记账法下收入类账户的基本结构

借方	成本、费用类账户	贷方
期初余额（特殊账户有余额）		
本期成本、费用增加额 ⋮		本期成本、费用减少额（或转销额） ⋮
本期发生额 （成本、费用增加额合计）		本期发生额 （成本、费用减少额或转销额合计）
期末余额 （特殊账户有余额，表示期末资产余额）		

图 3-5 借贷记账法下成本、费用类账户的基本结构

3.资产负债共同类账户的结构

对于资产负债共同类账户，其结构实质上是把资产、负债两类账户的结构合二为一，即账户借方记录资产增加额和负债减少额，贷方记录资产减少额和负债增加额，账户余额可以在借方，也可以在贷方。当账户借方金额合计大于贷方金额合计时，则期末余额在借方，账户视为资产类账户；反之，当账户贷方金额合计大于借方金额合计时，则期末余额在贷方，账户视为负债类账户。资产负债共同类账户的结构如图 3-6 所示。

借方	账户名称	贷方
期初余额（也可在贷方）		
本期资产增加额		本期资产减少额
本期负债减少额		本期负债增加额
期末余额（也可在贷方）		

图 3-6 借贷记账法下资产负债共同类账户的基本结构

由于资产负债共同类账户的结构特殊，它既可以记录资产的增减变动，又可以反映负债的变化过程，余额可以两边倒，账户的性质视最后余额的方向而定，因此，各单位可根据自身的业务特点和管理需要，灵活设置一些共同类账户。例如，银行会计中的许多往来科目，如“金融机构往来”“人民银行往来”“联行往来”等为此类账户，既可完整、系统地核算经济业务，又可以减少账户的数量，简化核算手续，提高工作效率。

综上所述，各类经济业务的记账方向可归结为：资产和成本、费用的增加额，负债和所有者权益与收入的减少额，记入有关账户的借方；资产和成本、费用的减少额，负债和所有者权益与收入的增加额，记入有关账户的贷方。

借贷记账法的各类账户的结构可以集中简要列示，如图 3-7 所示。

借方	账户名称 贷方
资产的增加	资产的减少
负债的减少	负债的增加
所有者权益的减少	所有者权益的增加
收入的减少	收入的增加
成本、费用的增加	成本、费用的减少
余额：资产或成本余额	余额：负债或所有者权益余额

图3-7 借贷记账法的各类账户的结构

四、借贷记账法的记账规则

记账规则是进行会计记录和检查账簿登记是否正确的依据和规律。借贷记账法的核心规则是“有借必有贷，借贷必相等”。它表达了会计中借贷两个方向必须始终平衡的概念。在每一笔交易中，借方的金额必须等于贷方的金额，以保持账簿的总借贷平衡。

（一）有借必有贷（Double-Entry Principle）

每一笔交易必须涉及至少两个账户，其中一个账户为借方，另一个账户为贷方。借方和贷方是对立的，代表着不同的经济业务方向。任何一个账户的借方和贷方的金额变动是相互匹配的。这是因为每一笔业务交易都需要记录在相关账户的借方和贷方两边，一边独立记录是不允许的。例如，在购买商品的交易中，现金账户（资产账户）会增加（借方），同时，应付账款账户（负债账户）也会增加（贷方）。

（二）借贷必相等（Equality of Debits and Credits）

在同一笔业务交易的分录过程中，所涉及的全部账户借方发生额的总和必须等于全部账户贷方发生额的总和，即分录的借方总额必须等于贷方总额。这一原则确保了分录的两边在金额上保持平衡，反映了资产、负债、所有者权益、收入、费用等要素之间的内在关系。如果借贷不相等，则表示分录错误，必须检查并纠正。只有在借贷两边完全平衡的前提下，才能正确反映企业业务活动对各会计要素的影响。这也有助于减少错误和漏洞，提高财务数据的准确性和可靠性。

综上所述，我们在实际运用借贷记账法规则去记录发生的经济业务时，一般要按三个步骤进行：

首先，根据发生的经济业务设置相应的会计科目和账户并判断其增加还是减少。

其次，根据上述分析，确定它所涉及的账户的性质，是资产要素的变化，还是负债或所有者权益的变化；哪些要素增加，哪些要素减少，或都是增加，都是减少，等等。

最后，决定该账户的结构，即应记录的方向是借方还是贷方以及各账户应计金额。凡涉及资产及费用成本的增加，负债及所有者权益的减少，收入的减少转出，都应记入各该账户的借方；凡是涉及资产及费用成本的减少，负债及所有者权益的增加，收入的增加，都应记入各该账户的贷方，并且要保证借方金额等于贷方金额。

【例3-1】A公司发生如下经济业务（假设A公司为小规模纳税人）：

（1）A公司收到甲公司投入的货币资金100 000元，存入银行。

这笔业务涉及资产和所有者权益的同时增加，应记入“银行存款”的借方及“实收资本”的贷方，如图3-8所示。

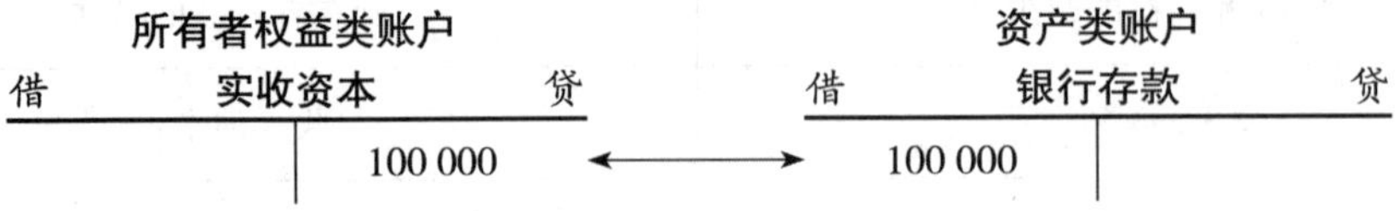

图3-8　涉及资产和所有者权益同时增加的业务

（2）A公司收到乙单位交来的转账支票一张，归还前欠货款80 000元。

这笔业务涉及一项资产的增加和另外一项资产的减少，应分别记入“银行存款”的借方和“应收账款”的贷方，如图3-9所示。

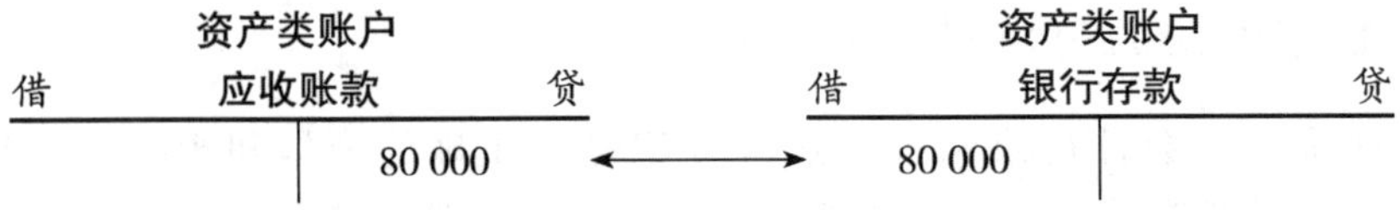

图3-9　涉及一项资产增加和另外一项资产减少的业务

（3）A公司以银行存款偿还欠丙公司货款18 000元，归还其他应付款2 000元。

这笔业务涉及资产的减少和负债的减少，应分别记入“应付账款”和“其他应付款”的借方及“银行存款”的贷方，如图3-10所示。

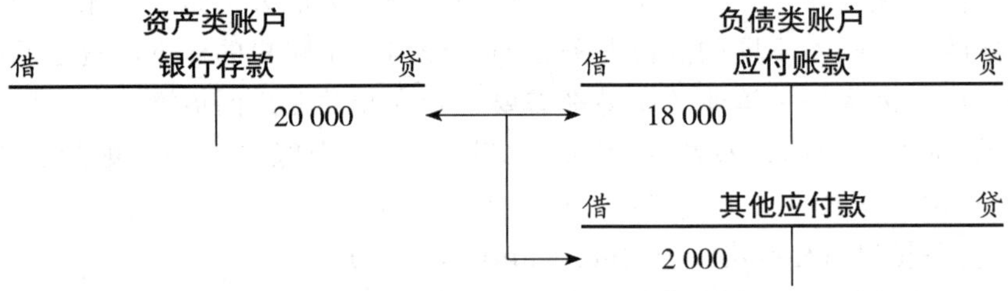

图3-10　涉及资产和负债同时减少的业务

（4）A公司开出银行承兑汇票，面值60 000元，以汇票抵付欠外单位货款。

这笔业务涉及一项负债的增加、一项负债的减少，应分别记入“应付账款”的借方和“应付票据”的贷方，如图3-11所示。

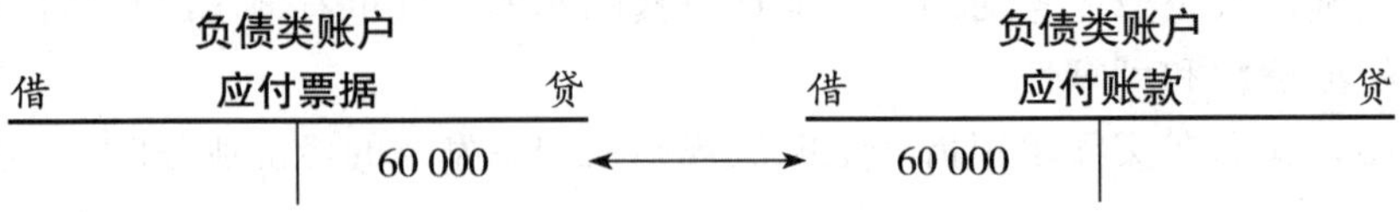

图3-11　涉及一项负债增加、一项负债减少的业务

（5）A公司采购原材料一批，已验收入库，价款30 000元，其中用现金支付了5 000元，余款暂欠。

这笔业务涉及资产的增加、减少和负债的增加，应分别记入“原材料”的借方，“库存现金”及“应付账款”的贷方，如图3-12所示。

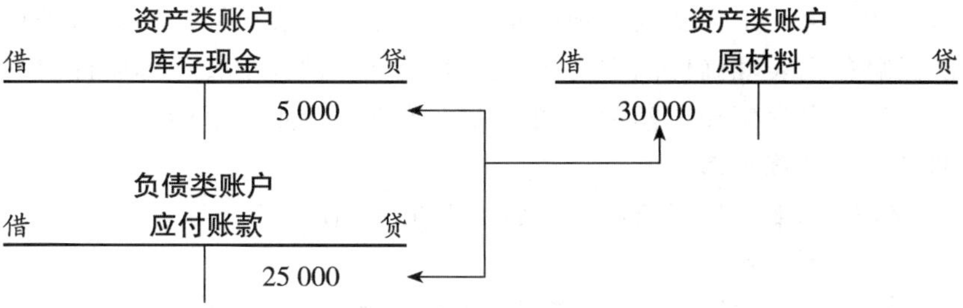

图 3-12 涉及资产增加、减少和负债增加的业务

为了保证账户对应关系的正确性，严格遵守记账规则，有必要在把经济业务记入有关账户之前，先编制会计分录。会计分录（简称“分录”）指明某项经济业务应借、应贷账户的名称和金额。这项工作在西方普遍采用“日记账”的形式，在我国则习惯通过编制记账凭证进行。

会计分录有简单分录和复合分录两种：简单分录只涉及两个账户，即一借一贷；复合分录则涉及三个或三个以上账户，即一借多贷或一贷多借。

为了清楚地指明账户的对应关系，一般不宜编制多借多贷的会计分录，因为容易使账户的对应关系模糊不清，但有些业务根据需要也可编制多借多贷的会计分录。

会计分录的列示规则是：先借后贷，借贷左右错开。

现对前面所举例的五笔业务编制会计分录如下：

（1）借：银行存款	100 000	
贷：实收资本		100 000
（2）借：银行存款	80 000	
贷：应收账款		80 000
（3）借：应付账款	18 000	
其他应付款	2 000	
贷：银行存款		20 000
（4）借：应付账款	60 000	
贷：应付票据		60 000
（5）借：原材料	30 000	
贷：库存现金		5 000
应付账款		25 000

五、借贷记账法的试算平衡

在借贷记账法下，试算平衡是指通过将所有账户的借方金额和贷方金额分别加总，然后比较总借方金额与总贷方金额是否相等，以验证账簿中的借贷平衡是否正确。试算平衡是会计中非常重要的步骤，用于检查会计记录的准确性和确定是否存在错误或遗漏。

如果总借方金额等于总贷方金额，说明账簿中的借贷平衡是正确的。这意味着所有交易都已正确地被记录，借方和贷方的金额相等，会计等式保持平衡。如果总借方金额不等于总贷方金额，那么账簿中可能存在错误或遗漏。在这种情况下，会计人员需要仔细检查每个账户的交易记录，找出差错并进行修正，直到试算平衡为止。

试算平衡通常是会计工作中的一项基本任务，在每个会计周期结束时进行，如月末或年末。它是确保财务报表准确性的重要步骤，也是审计过程中会计师验证财务数据的一部分。试算平衡一般从发生额和余额两个角度进行计算，采用以下两个公式。

（1）本期发生额试算平衡公式：

全部账户本期借方发生额合计=全部账户本期贷方发生额合计

（2）余额试算平衡公式：

全部账户借方期末（初）余额合计=全部账户贷方期末（初）余额合计

对账户进行试算平衡，通常是通过编制试算平衡表进行的，现以前述A公司为例，假设期初余额如表3-1所示。

表3-1　**A公司期初余额**　单位：元

会计科目	期初余额	
	借方	贷方
库存现金	6 000	
银行存款	140 000	
应收账款	100 000	
其他应收款	3 000	
原材料	6 000	
固定资产	300 000	
无形资产	50 000	
库存商品	80 000	
应付票据		1 000
应交税费		2 000
实收资本		470 000
资本公积		100 000
短期借款		3 000
应付账款		100 000
其他应付款		9 000
合　计	685 000	685 000

编制试算平衡表见表3-2。

表3-2 **试算平衡表**

20××年××月××日 单位：元

会计科目	期初余额		本期发生额		期末余额	
	借方	贷方	借方	贷方	借方	贷方
库存现金	6 000			5 000	1 000	
银行存款	140 000		180 000	20 000	300 000	
应收账款	100 000			80 000	20 000	
其他应收款	3 000				3 000	
原材料	6 000		30 000		36 000	
固定资产	300 000				300 000	
无形资产	50 000				50 000	
库存商品	80 000				80 000	
应付票据		1 000		60 000		61 000
应交税费		2 000				2 000
实收资本		470 000		100 000		570 000
资本公积		100 000				100 000
短期借款		3 000				3 000
应付账款		100 000	78 000	25 000		47 000
其他应付款		9 000	2 000			7 000
合　计	685 000	685 000	290 000	290 000	790 000	790 000

从表3-2可以看出，期初余额、本期发生额、期末余额三栏中，借方合计数都等于贷方合计数，表明本期账户的记录是基本正确的。必须说明的是，试算不平衡，可以肯定账户记录有误；试算平衡，只能说明账户记录基本正确，因为有些错误并不影响账户的平衡关系（如某项经济业务重记或漏记等）。

六、借贷记账法的具体运用——实例

下面通过举例进一步说明借贷记账法的具体运用。

【例3-2】1.平安实业公司20××年10月初有关账户余额见表3-3。

表3-3　　平安实业公司20××年10月初有关账户余额　　单位：元

账户名称	期初余额	
	借方	贷方
银行存款	600 000	
固定资产	2 000 000	
短期借款		200 000
应付账款		160 000
实收资本		2 000 000
资本公积		240 000
合　计	2 600 000	2 600 000

2.该公司10月份发生下列经济业务：

（1）收到A单位投入的资本1 000 000元，存入银行。

（2）用银行存款120 000元偿还前欠B企业货款。

（3）用银行存款100 000元购入一台全新机器设备。

（4）将资本公积80 000元按法定程序转增为实收资本。

（5）签发一张面额为20 000元的银行承兑汇票，用以抵付应付账款。

（6）购进原材料40 000元，其中30 000元货款已用银行存款付讫，其余10 000元货款尚未支付（不考虑增值税）。

（7）以银行存款60 000元偿还银行短期借款50 000元和前欠C单位货款10 000元。

3.根据上述经济业务编制会计分录如下：

（1）借：银行存款	1 000 000	
贷：实收资本		1 000 000
（2）借：应付账款	120 000	
贷：银行存款		120 000
（3）借：固定资产	100 000	
贷：银行存款		100 000
（4）借：资本公积	80 000	
贷：实收资本		80 000
（5）借：应付账款	20 000	
贷：应付票据		20 000
（6）借：原材料	40 000	
贷：银行存款		30 000
应付账款		10 000
（7）借：短期借款	50 000	
应付账款	10 000	
贷：银行存款		60 000

4.将会计分录的记录记入有关账户，如图3-13所示。

银行存款

借	贷
期初余额600 000	
（1）1 000 000	（2）120 000 （3）100 000 （6）30 000 （7）60 000
本期发生额1 000 000	本期发生额310 000
期末余额1 290 000	

原材料

借	贷
期初余额0	
（6）40 000	
本期发生额40 000	本期发生额0
期末余额40 000	

固定资产

借	贷
期初余额2 000 000	
（3）100 000	
本期发生额100 000	本期发生额0
期末余额2 100 000	

短期借款

借	贷
	期初余额200 000
（7）50 000	
本期发生额50 000	本期发生额0
	期末余额150 000

应付账款

借	贷
	期初余额160 000
（2）120 000 （5）20 000 （7）10 000	（6）10 000
本期发生额150 000	本期发生额10 000
	期末余额20 000

应付票据

借	贷
	期初余额0
	（5）20 000
本期发生额0	本期发生额20 000
	期末余额20 000

借	实收资本 贷
	期初余额 2 000 000
	（1） 1 000 000 （4） 80 000
本期发生额 0	本期发生额 1 080 000
	期末余额 3 080 000

借	资本公积 贷
	期初余额 240 000
（4） 80 000	
本期发生额 80 000	本期发生额 0
	期末余额 160 000

图 3-13　将会计分录的记录记入有关账户

5. 根据账户记录编制总分类账户发生额试算平衡表（见表 3-4）、总分类账户余额试算平衡表（见表 3-5）和总分类账户发生额及余额试算平衡表（见表 3-6）。

表 3-4

总分类账户发生额试算平衡表

20××年 10 月 31 日　　单位：元

账户名称	本期发生额	
	借方	贷方
银行存款	1 000 000	310 000
原材料	40 000	
固定资产	100 000	
短期借款	50 000	
应付账款	150 000	10 000
应付票据		20 000
实收资本		1 080 000
资本公积	80 000	
合　计	1 420 000	1 420 000

表 3-5

总分类账户余额试算平衡表

20××年 10 月 31 日　　单位：元

账户名称	期末余额	
	借方	贷方
银行存款	1 290 000	
原材料	40 000	
固定资产	2 100 000	
短期借款		150 000
应付账款		20 000
应付票据		20 000
实收资本		3 080 000
资本公积		160 000
合　计	3 430 000	3 430 000

表3-6 **总分类账户发生额及余额试算平衡表**

20××年10月31日 单位：元

账户名称	期初余额		本期发生额		期末余额	
	借方	贷方	借方	贷方	借方	贷方
银行存款	600 000		1 000 000	310 000	1 290 000	
原材料			40 000		40 000	
固定资产	2 000 000		100 000		2 100 000	
短期借款		200 000	50 000			150 000
应付账款		160 000	150 000	10 000		20 000
应付票据				20 000		20 000
实收资本		2 000 000		1 080 000		3 080 000
资本公积		240 000	80 000			160 000
合　计	2 600 000	2 600 000	1 420 000	1 420 000	3 430 000	3 430 000

思政案例

研发费用加计扣除力促科技创新

一、案例（材料）内容

党的二十大报告强调，坚持创新在我国现代化建设全局中的核心地位。研发费用加计扣除政策是国家鼓励科技创新的重要政策抓手。近年来，国家多次优化完善研发费用加计扣除政策，加大支持力度，在鼓励研发方面发挥了积极作用，受到企业的普遍欢迎。

2023年3月24日，国务院常务会议决定，将符合条件行业企业研发费用税前加计扣除比例由75%提高至100%的政策，作为一项制度性安排长期实施。这一重要举措将进一步稳定企业的预期，鼓励自主创新，为企业发展添信心、增活力。2023年7月，为贯彻落实好国务院常务会议精神，国家税务总局所得税司联合科技部政策法规与创新体系建设司发布《研发费用加计扣除政策执行指引（2.0版）》（以下简称《指引》），对现行研发费用加计扣除相关政策进行全面梳理，从政策主要内容、研发费用核算要求、申报和后续管理等方面对政策进行了全面解读。

加计扣除是企业所得税的一种税基式优惠方式，一般是指按照税法规定在实际扣除额的基础上，再加成一定比例，作为计算应纳税所得额时的扣除额。对企业的研发费用实施加计扣除，则称之为研发费用加计扣除。

“《指引》紧密围绕着我国促进科技创新、推进高质量发展的目标，根据企业的实际情况和经营流程，为企业量身定制全流程实用性、操作性强的研发费用加计扣除管理办法，对于助力企业加大研发力度，持续提高科技水平具有积极意义。”北京国家会计学院财税政策与应用研究所所长李旭红表示。

创新是引领发展的第一动力。“近年来，研发费用加计扣除政策持续优化完善，呈现出年年加力、步步扩围、层层递进的特点，对支持企业投入研发、鼓励科技创新起到重要作用。”税务总局有关负责人说。统计显示，2018年到2022年，支持科技创新的税费优惠政策减免金额年均增幅达28.8%，2022年全年减负规模1.3万亿元，有效激发创新发展动能。2018年到2022年，企业研发费用的投入年均增长25.1%。

2023年，国务院决定，将符合条件行业企业研发费用税前加计扣除比例由75%提高至100%的政策，作为制度性安排长期实施。比如，某企业在2023年发生研发费用100万元，在据实扣除100万元的基础上，还可以再加计扣除100万元，即企业在2023年可扣除200万元的研发费用，相应减少了该企业的应纳税所得额，从而实现少缴税款、节约现金流的目的。

“研发费用加计扣除可以使企业扣除比其实际投入研发费用更多的支出，从而减少纳税，对于企业而言是一笔实实在在的税收红利。这笔资金不但可以减轻企业当前的税收负担，助力企业发展，同时还可以将节省的资金用于投资或扩大再生产。”李旭红分析。

企业申请享受研发费用加计扣除政策，首先需要明确其研发项目是否为研发活动。根据相关规定，研发活动是指企业为获得科学与技术新知识，创造性运用科学技术新知识，或实质性改进技术、产品（服务）、工艺而持续进行的具有明确目标的系统性活动。

《指引》强调，适用研发费用加计扣除政策的两大核心是“研发活动的判断”和“研发费用的准确核算归集”，而两者都需要以研发项目为基础，即判断研发项目是否为研发活动且按照研发项目进行研发费用准确核算归集。因此，规范的研发项目管理是研发费用加计扣除政策适用的基础和前提。

值得注意的是，研发费用加计扣除采取“真实发生、自行判断、申报享受、相关资料留存备查”的方式，由企业依据实际发生的研发费用支出，自行计算加计扣除金额，并在纳税申报表的相应行次填写优惠享受的情况，同时留存相关资料备查即可，无须事先备案或审批。

当前宏观经济处于恢复性增长的时期，企业仍然面临着较大困难，缓解资金压力是给企业纾困的关键问题之一。李旭红认为，该项政策可以助力企业提前获得税收优惠，减轻企业负担，对于稳增长十分有利。基于科技研发具有较长的时间周期，部分科技型企业在企业新创的初期，并不一定能够盈利，因此研发费用的加计扣除还应该与亏损结转政策相互结合，稳定研发预期，使企业在可持续性发展中获得减税红利。

“高质量发展离不开科技创新，技术具有领先地位是国家实力的重要体现。因此，在税收优惠政策上大力支持创新是重要导向，这将有助于我国通过技术进步打造现代化产业集群，从而带动经济结构调整和产业转型升级。”李旭红说。

资料来源：曾金华.加计扣除政策力促科技创新［N］. 经济日报，2023-07-13.

二、本案例（材料）的适用范围

本案例适用于“基础会计”课程第三章“复式记账”内容。

三、问题思考

什么是研发费用加计扣除？对企业研发创新有什么影响？

思考与练习题

一、单项选择题

1.损益类账户通常在期末（　　）。

A.有借方余额　　　　B.有贷方余额

C.没有余额　　　　D.余额方向不定

2.借贷记账法下，账户发生额平衡法的理论依据是（　　）。

A.“资产=负债+所有者权益”的平衡关系

B.经济业务的双重性

C.会计记录的双重性

D.记账规则

3.借贷记账法下，账户余额平衡法的理论依据是（　　）。

A.“资产=负债+所有者权益”的平衡关系

B.经济业务的双重性

C.会计记录的双重性

D.记账规则

4.下列能够通过试算平衡法查找的错误是（　　）。

A.用错会计科目　　　　B.借贷金额不等

C.重记漏记　　　　D.记反借贷方向

5.在会计实际工作中，会计分录是在（　　）上编制的。

A.记账凭证　　　　B.原始凭证

C.会计账簿　　　　D.财务报表

二、多项选择题

1.从现代意义上讲，一种科学记账法的内容应包括（　　）。

A.反映经济业务记录方向的“记账符号”

B.对于经济业务基本内容在账上的反映方式，即“账户的设置及结构”

C.经济业务登记入账所应遵循的“记账规则”

D.用以检查账户记录是否正确的“试算平衡法”

2.复式记账法最主要的特点是（　　）。

A.对经济业务进行双重记录

B.各账户之间具有严密的对应关系

C.账户记录能够相互平衡

D.账户记录是否正确可以进行自我验证

3.关于借贷记账法，下列说法正确的有（　　）。

A.起源于意大利的北方城市

B.“借”“贷”两个记账符号源于“借主”“贷主”

C.记账规则是“有借必有贷，借贷必相等”

D.可以设置双重性账户

4.通过账户的对应关系可以（　　）。

A.了解经济业务的内容

B.掌握资金增减变动的情况

C.检查对经济业务的处理是否合理、合法

D.进行账户记录的试算平衡

5.关于"资产=负债+所有者权益"的平衡关系式，下列说法正确的有（　　）。

A.是复式记账法的理论基础

B.是设置账户的理论基础

C.是设置和编制资产负债表的理论基础

D.是余额试算平衡法的理论基础

三、判断题

1."有借必有贷，借贷必相等"是复式记账法的记账规则。（　　）

2.借贷记账法产生的初期，"借""贷"两字就是作为记账符号使用的。（　　）

3."借"表示资产的增加，"贷"表示权益的增加，"借""贷"记账符号和汉字意义相同。（　　）

4.成本类账户本质上属于资产类账户。（　　）

5.损益类账户期末结转至本年利润后无余额。（　　）

6.因为损益类账户本质上属于所有者权益类账户，而费用类账户是损益类账户，因此其结构与所有者权益账户相同。（　　）

7.在借贷记账法下，借方余额的账户是资产类账户，贷方余额的账户是所有者权益类账户。（　　）

8.如果用试算平衡法检验账户记录的结果是平衡的，就说明账户记录没有记录错误或计算错误。（　　）

9.一般来说，各类账户的期末余额与记录增加额的方向是相同的。（　　）

10.复合会计分录是由简单会计分录复合而成的，为简化会计核算工作，可将任何简单会计分录合并为复合会计分录。（　　）

四、问答题

1.什么是复式记账？什么是单式记账？企业单位会计核算为什么用复式记账而不用单式记账？

2.什么是借贷记账法？简述借贷记账法的内容。

五、业务题

习题一

某企业4月份部分账户不完整资料见表3-7。

表3-7　**某企业4月份部分账户不完整资料**　单位：元

账户名称	期初余额	本期发生额		借或贷	期末余额
		借方	贷方		
库存现金	1 250	1 450		借	1 400
预付账款	30 000	10 000	15 000		

续表

账户名称	期初余额	本期发生额		借或贷	期末余额
		借方	贷方		
应收票据		4 100	5 600	借	900
库存商品	36 000		76 000	借	22 000
短期借款	23 000	13 000	20 000		
应付账款	32 000	12 000		贷	40 000
应交税费	2 000		1 000	平	0
实收资本		5 000	10 000	贷	850 000

要求：请根据不同账户的结构计算并填列表3-7中空格处的数字。

习题二

1.某企业20××年3月31日各资产、负债、所有者权益账户的余额见表3-8。

表3-8 **某企业20××年3月31日各资产、负债、所有者权益账户的余额** 单位：元

资产类账户	余额	负债及所有者权益账户	余额
库存现金	3 000	短期借款	210 000
银行存款	240 000	应付职工薪酬	12 000
应收账款	60 000	应付账款	58 000
原材料	100 000	应交税费	3 000
库存商品	80 000	实收资本	700 000
固定资产	500 000		
合　计	983 000	合　计	983 000

2.该企业4月份发生下列经济业务：

（1）4月1日以银行存款偿还短期借款100 000元。

（2）4月5日以银行存款20 000元购入设备一台。

（3）4月10日收到购货单位前欠货款40 000元存入银行。

（4）4月15日从银行提取现金10 000元备用。

（5）4月17日以银行存款12 000元支付职工工资。

（6）4月20日以银行存款20 000元偿还前欠供应单位货款。

（7）4月22日接受其他单位投资200 000元，款项存入银行。

（8）4月24日经与债权人协商并经有关部门批准，将所欠某单位应付账款30 000元转为资本。

（9）4月28日某债务人以一批材料抵偿所欠本企业的货款，价值16 000元，材料已验收入库。

（10）4月30日经与银行协商并经银行同意，将短期借款100 000元转为长期借款。

要求：

1.根据资料2所列的经济业务编制会计分录。

2.开设相关的“T”形账户，根据资料1登记期初余额，并根据所编制的会计分录登记本期发生额，结出期末余额。

3.根据账户记录编制试算平衡表。

第三章思考与练习题参考答案

第四章

企业基本经济业务的核算

学习目标

◇理解企业运用相关账户对基本业务进行核算的内容。

◇掌握筹集资金、生产准备、产品生产、产品销售及财务成果核算的内容及方法。

◇了解企业基本经济业务包括筹集资金、生产准备、产品生产、产品销售、财务成果核算等业务。

第一节 企业的基本经济业务

前面我们已初步说明了设置账户和复式记账的基本原理，但由于各企业、单位的工作任务和经济活动的性质并不相同，因此其经营过程也各具特点，账户的设置也不可能完全一致。就总体来说，在各种企业中，制造业企业的经营过程比较典型，能够完整反映一个企业经济活动的过程。因此，本章将以制造业企业（以下简称“企业”）日常发生的主要经济业务为例，通过对其经营过程的核算来全面、系统地理解和掌握账户和借贷记账法的具体应用。

企业作为独立的经济实体，都有自己的经营目标——获取最大的盈利，并为此从事各种经营活动。它的基本任务是在国家宏观调控指导下，根据市场需求生产产品，以满足人们物质文化消费的需要。它要从其生产经营中以收抵支，取得利润，并不断增资，扩大生产经营规模，向国家缴纳税金，为投资者创造投资所得。

企业为了完成生产经营任务，实现其经营目标，首先必须拥有一定数量的资金作为生产经营活动的物质基础。为此，企业必须从各种渠道筹集资金，然后据以开展各种经营活动。企业从事的各种经济活动，从其生产经营过程考察，可以分为生产准备业务、产品生产业务和产品销售业务。

企业的生产准备业务处于企业日常生产经营活动的第一阶段。在这一阶段，企业要运用筹集的资金购买劳动资料和劳动对象，同时要支付采购费用及增值税（进项税额），并与供货单位发生货款结算业务。此外，企业还应及时将材料验收入库，并妥善保管，以供生产部门领用。

企业的产品生产业务是企业日常生产经营活动的中心环节。产品的生产过程，也是物化劳动和活劳动的消耗过程。在这一过程中，企业应正确归集和分配各项生产费用，计算产品成本，并认真组织合格产品的验收入库，以供销售部门销售。

企业的产品销售业务处于企业日常生产经营活动的最后阶段。在这一阶段，企业应及时将制造完工的产成品销售出去，收回销货款，实现销售收入，并及时结转销售成本，支付销售费用，计算并收回增值税（销项税额），最后确定销售成果。在产品销售过程中实现的利润（或亏损）是企业生产经营成果的主要部分，企业还应据此计算最终财务成果（即利润总额）以及应交所得税，对于税后净利润，企业还要按国家规定的分配顺序进行分配。

第二节　筹资业务的核算

一、筹资业务核算的主要内容

企业必须拥有一定数量的资金，才能进行生产经营活动，因而筹集资金是企业生产经营活动的起点，也是首要条件。企业用筹集到的资金进行最基本的生产准备，如购建厂房，购置机器设备等劳动资料，购买原材料等劳动对象，支付职工工资及其他费用等。

按国家有关法律的规定，企业可采取国家投资、银行及其他金融机构贷款、企业联营、发行债券及股票、引进外资等多种方式筹措资金。在市场经济体制下，随着金融市场的不断完善，企业的筹资渠道也逐渐增多，但归纳起来不外乎有两大类：第一类是投资者投入的资本，按其投资主体的不同，可分为国家投入、企业投入、个人投入和外商投入的资本；按其投资方式的不同，可分为货币投资、实物投资、证券投资和无形资产投资等。企业对投资者投入的资本拥有使用权，并应定期向投资者分配收益；投资者对投入的资本拥有所有权，并按投资比例或合同、章程的规定，分享企业利润或分担经营风险。第二类是向债权人借入的资本，只能有偿使用，到期必须还本付息。从资金的筹集方式来看，筹资业务核算的主要内容是对投入资本和借入资本的核算。

二、筹资业务核算设置的账户

为了全面、系统地反映和监督企业的筹资业务，需设置“实收资本”“短期借款”“长期借款”“应付利息”“财务费用”“固定资产”等有关账户，以便进行核算。

（一）“实收资本”账户

“实收资本”账户属于所有者权益类账户，用来核算投资者按照企业章程或合同、协议的约定，实际投入企业的资本。当实际收到投资者投入的资本时，贷记本账户。企业依法定程序减少注册资本时，应借记本账户。该账户期末余额在贷方，表示期末投资者投入资本的实有数额。“实收资本”账户应按投资人设置明细账，进行明细分类核算。

（二）“短期借款”账户

“短期借款”账户属于负债类账户，用来核算企业向银行或其他金融机构借入的期限在1年以下（含1年）的各种借款。当企业取得短期借款时，贷记本账户；当企业偿还短期借款时，借记本账户。该账户期末余额在贷方，表示企业期末尚未偿还的短期借款数额。

（三）“长期借款”账户

“长期借款”账户属于负债类账户，用来核算企业向银行或其他金融机构借入的期限在1年以上（不含1年）或超过1年的一个营业周期以上的各种借款。当企业取得长期借款及期末计提到期支付的利息时，贷记本账户；当企业偿还长期借款时，借记本账户。该账户期末余额在贷方，表示企业期末尚未偿还的长期借款数额。“长期借款”账户应按照贷款单位和贷款种类，分别按“本金”“溢折价”“交易费用”等设置明细账，进行明细分类核算。

（四）“应付利息”账户

“应付利息”账户属于负债类账户，用来核算企业已经发生但尚未实际支付的利息费用。其贷方登记预先按照一定的标准提取的应由本期负担的利息费用，借方登记实际支付的利息费用。该账户期末余额在贷方，表示已经预提但尚未支付的利息费用。该账户应按照费用种类设置明细账户，进行明细分类核算。

（五）“财务费用”账户

“财务费用”账户属于损益类账户，用来核算企业在生产经营过程中为筹集资金而发生的各项费用，包括利息支出（减利息收入）、汇兑损益、债券的溢折价摊销及相关的手续费等。当企业发生各项财务费用时，借记本账户；期末结转财务费用时，贷记本账户；该账户期末无余额。“财务费用”账户应按费用项目设置明细账，进行明细分类核算。

（六）“固定资产”账户

“固定资产”账户属于资产类账户，用来核算企业持有的固定资产原价。当企业增加固定资产时，按固定资产原价借记本账户；当企业处置固定资产时，按固定资产原价贷记本账户。该账户期末余额在借方，表示企业期末拥有固定资产的原始价值。企业应设置“固定资产登记簿”和“固定资产卡片”，按固定资产的类别、使用部门和每项固定资产进行明细分类核算。

三、筹资业务核算举例

现以明辉公司某年发生的筹资业务为例。

【例4-1】接受国家投资1 000 000元，款项存入银行。

这项经济业务的发生，引起资产和所有者权益两个要素发生变化：一方面使企业的银行存款增加1 000 000元，应记入“银行存款”账户的借方；另一方面使实收资本增加1 000 000元，应记入“实收资本”账户的贷方。这项业务应编制如下会计分录：

借：银行存款	1 000 000	
贷：实收资本		1 000 000

【例4-2】接受甲企业投入新设备一台，双方协议价为200 000元。

这项经济业务的发生，引起资产和所有者权益两个要素发生变化：一方面使企业的固定资产增加200 000元，应记入“固定资产”账户的借方；另一方面使实收资本增加200 000元，应记入“实收资本”账户的贷方。这项业务应编制如下会计分录：

借：固定资产	200 000	
贷：实收资本		200 000

【例4-3】4月1日向银行借入一笔款项，金额500 000元，期限为3个月，年利率为

6%，所得款项已存入银行。

这项经济业务的发生，引起资产和负债两个要素发生变化：一方面使银行存款增加500 000元，应记入“银行存款”账户的借方；另一方面使短期借款增加500 000元，应记入“短期借款”账户的贷方。这项业务应编制如下会计分录：

借：银行存款　　500 000

　贷：短期借款　　500 000

【例4-4】4月30日、5月31日分别计算当月短期借款利息2 500元（500 000×6%÷12）。

这是两个月相同的经济业务，所以合并在一个题目里。这项经济业务的发生，一方面使财务费用每个月增加2 500元，应记入“财务费用”账户的借方；另一方面使应付利息每个月增加2 500元，应记入“应付利息”账户的贷方。这项业务应编制如下会计分录：

4月30日：

借：财务费用　　2 500

　贷：应付利息　　2 500

5月31日：

借：财务费用　　2 500

　贷：应付利息　　2 500

【例4-5】7月1日收到银行的结息通知，第二季度的短期借款利息7 500元已从结算存款户支付。

这项经济业务的发生，一方面使财务费用增加2 500元，应记入“财务费用”账户的借方，同时使应付利息减少5 000元，应记入“应付利息”账户的借方；另一方面使银行存款减少7 500元，应记入“银行存款”账户的贷方。这项业务应编制如下会计分录：

借：财务费用　　2 500

　　应付利息　　5 000

　贷：银行存款　　7 500

【例4-6】7月1日，以银行存款归还短期借款本金500 000元。

这项经济业务的发生，引起资产和负债两个要素发生变化：一方面使短期借款减少500 000元，应记入“短期借款”账户的借方；另一方面使银行存款减少500 000元，应记入“银行存款”账户的贷方。这项业务应编制如下会计分录：

借：短期借款　　500 000

　贷：银行存款　　500 000

【例4-7】向银行借入为期5年的长期借款180 000元，借款手续已办妥，款项存入银行。

这项经济业务的发生，引起资产和负债两个要素发生变化：一方面使长期借款增加180 000元，应记入“长期借款”账户的贷方；另一方面使银行存款增加180 000元，应记入“银行存款”账户的借方。这项业务应编制如下会计分录：

借：银行存款　　180 000

　贷：长期借款　　180 000

筹资业务的总分类核算如图4-1所示。

第三节 生产准备业务的核算

一、生产准备业务核算的主要内容

生产准备过程是为企业生产经营活动准备劳动资料和劳动对象等物资的过程，其主要业务包括固定资产购建业务和材料采购业务等。因此，生产准备业务核算的主要内容是固定资产购建业务的核算、材料采购业务的核算和材料采购成本的计算。

固定资产是指使用期限较长、单位价值较高，并且在使用过程中保持原有实物形态的资产，如房屋、建筑物、机器设备、运输设备等。固定资产的购建环节较多，一般需经过购入或建造、安装调试、计价及付款结算等环节。固定资产的确认和计价涉及的因素较多，会计核算也较复杂，需采用一定的计价方法，设置专门账户进行核算。

材料是企业产品生产不可缺少的物质要素。材料的采购应根据采购计划及采购合同进行，一般需经过订货采购、运输装卸、验收入库、结算付款等业务环节。它要求既要保证及时、按质按量地满足生产上的需要，又要避免储备过多、不必要地占用资金。

材料采购业务的核算主要包括材料购入和货款结算的核算。当购入的材料运达企业并验收入库时，表明企业对该材料拥有了所有权，该材料可确认为企业的资产，应按历史成本计价原则确认该项资产的价值即采购成本，材料的采购成本包括材料的买价和各种采购费用。现行会计制度规定各种采购费用主要包括运杂费、运输途中的合理损耗、入库前的挑选整理费用以及与材料采购业务有关的其他费用。在采购费用中，对同一批购入的多种材料所发生的共同性采购费用，凡能分清由哪一种材料负担的，应直接计入该材料的采购成本；不能分清对象的，应按材料的重量或买价等所占的比例，分摊计入各种材料的采购成本。材料采购的货款结算一般有三种情况：第一，购入的材料已验收入库，货款已支付；第二，购入的材料已验收入库，而货款尚未支付；第三，货款已支付，而购入的材料尚未验收入库。企业应区别不同情况，采用不同的方法对货款结算进行会计核算。

二、生产准备业务核算设置的账户

对生产准备业务的核算，在此只说明材料采购业务的核算，固定资产购建业务核算在“中级财务会计”课程中予以介绍。

为了全面、系统地反映和监督企业的生产准备业务，企业需设置“在途物资”“原材料”“应付账款”“应付票据”“预付账款”“应交税费”等账户，以便进行核算。

（一）“在途物资”账户

“在途物资”账户属于资产类账户，用来核算企业采用实际成本（或进价）进行材料、商品等物资的日常核算，反映货款已付尚未验收入库的在途物资的采购成本。当采购业务发生后，根据发票账单等结算凭证，按实际发生的材料买价和采购费用，确认采购成本后借记本账户；当材料验收入库时，按材料的采购成本贷记本账户。该账户期末余额在借方，表示尚未验收入库的在途材料及商品的实际成本。“在途物资”账户应按材料的品种设置明细账，进行明细分类核算。

（二）“原材料”账户

“原材料”账户属于资产类账户，用来核算企业库存的各种材料的增减变动和结存情况。当采购的材料验收入库时，按材料的实际成本或计划成本借记本账户；当库存材料发出时，按材料的实际成本或计划成本贷记本账户。该账户期末余额在借方，表示期末库存材料的实际成本或计划成本。“原材料”账户应按材料的类别、品种和规格设置材料的二级账和明细账（或材料卡片），对材料进行明细分类核算。

（三）“应付账款”账户

“应付账款”账户属于负债类账户，用来核算企业因购买材料、商品和接受劳务等经营活动应支付的款项。当企业购入材料、商品但货款尚未支付时，应根据发票账单等有关凭证，贷记本账户；当企业支付前欠应付账款时，借记本账户。该账户期末余额在贷方，表示期末尚欠的应付账款。“应付账款”账户应按债权人设置明细账，进行明细分类核算。

（四）“应付票据”账户

“应付票据”账户属于负债类账户，用来核算企业购买材料、商品和接受劳务等开出、承兑的商业汇票，包括银行承兑汇票和商业承兑汇票。当企业开出承兑汇票时，贷记本账户；当企业收到银行支付承兑汇票金额的付款通知书时，借记本账户。该账户期末余额在贷方，表示企业已承兑尚未支付的商业汇票的金额。企业应设置“应付票据备查簿”，详细登记每一应付票据的种类、号数、签发日期、到期日、票面金额、合同交易号、收款人姓名或单位名称以及付款日期和金额等详细资料，当应付票据到期时，应在备查簿中逐笔注销。

（五）“预付账款”账户

“预付账款”账户属于资产类账户，用来核算企业按照合同规定预付的款项。当企业预付及补付购货款时，借记本账户；当企业收到所购货物及退回多付货款时，根据发票账单等有关凭证，贷记本账户。该账户期末余额如在借方，表示已预付的款项余额；该账户期末余额如在贷方，则反映企业尚未补付的款项。“预付账款”账户应按供货单位名称设置明细账，进行明细分类核算。

（六）“应交税费”账户

“应交税费”账户属于负债类账户，用来核算企业按照税法等的规定计算应缴纳的各种税费，包括增值税、消费税、所得税、资源税、土地增值税、城市维护建设税、房产税、土地使用税、车船税、教育费附加等。企业代扣代缴的个人所得税等也通过本账户核算。对于应交增值税，还应设置“进项税额”“销项税额”“出口退税”“进项税额转出”“已交税金”等专栏进行核算。企业因购货支付可抵扣增值税进项税额时，借记本账户及其明细账户；企业因销售商品、提供劳务而收取增值税销项税额时，贷记本账户及其明细账户；企业向税务机关上解增值税税款时，借记本账户及其明细账户。企业发生其他应纳税义务时，贷记本账户；实际支付或上解其他税款时，借记本账户。本账户期末借方余额表示多交或待扣的税款余额，贷方余额表示待交的税款余额。

三、生产准备业务核算举例

仍以明辉公司某年发生的生产准备业务为例。

【例4-8】从中天公司购进甲、乙、丙三种材料，发票账单已到达企业，货款以银行存款支付。增值税发票注明材料的买价为420 000元，增值税税额为54 600元。其中，甲材料2 000千克，单价80元/千克，合计160 000元；乙材料4 000千克，单价50元/千克，合计200 000元；丙材料1 000千克，单价60元/千克，合计60 000元。

这项经济业务的发生，引起资产和负债两个要素发生变化：一方面使企业的材料采购成本增加420 000元，即资产增加，记入“在途物资”账户的借方，同时按规定支付增值税进项税额54 600元，即负债减少，应记入“应交税费——应交增值税（进项税额）”账户的借方；另一方面又使企业的银行存款减少474 600元，即资产减少，记入“银行存款”账户的贷方。这项业务应编制如下会计分录：

借：在途物资——甲材料	160 000	
——乙材料	200 000	
——丙材料	60 000	
应交税费——应交增值税（进项税额）	54 600	
贷：银行存款		474 600

【例4-9】以银行存款支付向中天公司购入的三种材料的运输费10 000元，装卸费1 200元（假定该公司按材料的重量分摊运杂费用）。

这项经济业务的发生，引起资产和负债两个要素发生变化：一方面使企业材料的采购成本增加11 200元，即资产增加，应记入“在途物资”账户的借方，同时根据增值税暂行条例规定，增值税一般纳税人外购货物（固定资产除外）所支付的运输费用，按照所列运费金额的9%计算进项税额为900元，按照装卸费的6%计算进项税额为72元，使负债减少，应记入“应交税费——应交增值税（进项税额）”账户的借方；另一方面使企业的银行存款减少12 172元，即资产减少，应记入“银行存款”账户的贷方。这项业务的成本计算及会计分录编制如下：

采购费用分配率=11 200÷（2 000+4 000+1 000）=1.6（元/千克）

甲材料应分摊的采购费用=2 000×1.6=3 200（元）

乙材料应分摊的采购费用=4 000×1.6=6 400（元）

丙材料应分摊的采购费用=1 000×1.6=1 600（元）

借：在途物资——甲材料	3 200	
——乙材料	6 400	
——丙材料	1 600	
应交税费——应交增值税（进项税额）	972	
贷：银行存款		12 172

【例4-10】从长安公司购入丁材料50千克，单价500元/千克，增值税发票注明材料的买价为25 000元，增值税税额为3 250元，材料已运到，代垫运费1 000元，款项均暂欠。

这项经济业务的发生，引起资产和负债两个要素发生变化：一方面，使企业材料采购成本增加26 000元，即资产增加，应记入“在途物资”账户的借方，支付增值税进项税额3 250元，加上按照运费的9%计算的增值税税额为90元，增值税税额共计3 340元，应记入“应交税费——应交增值税（进项税额）”账户的借方；另一方面，由于购料款暂欠29 340元，即负债增加，应记入“应付账款”账户的贷方。这项业务应编制如下会计分录：

借：在途物资——丁材料　　26 000
　　应交税费——应交增值税（进项税额）　　3 340
　贷：应付账款　　29 340

【例 4-11】从中天公司购入丙材料500千克，单价60元/千克，增值税发票注明材料的买价为30 000元，增值税税额为3 900元，明辉公司开出一张银行承兑汇票抵付货款和税款。

这项经济业务的发生，引起资产和负债两个要素发生变化：一方面，使企业材料采购成本增加30 000元，即资产增加，应记入“在途物资”账户的借方，支付的增值税进项税额3 900元，应记入“应交税费——应交增值税（进项税额）”账户的借方；另一方面，由于开出银行承兑汇票抵付货款和税款，企业的应付票据增加33 900元，即负债增加，应记入“应付票据”账户的贷方。这项业务应编制如下会计分录：

借：在途物资——丙材料　　30 000
　　应交税费——应交增值税（进项税额）　　3 900
　贷：应付票据　　33 900

【例 4-12】以银行存款5 000元预付给长安公司，订购丁材料20千克。

这项经济业务的发生，引起资产要素之间此增彼减：一方面使企业预付账款增加5 000元，应记入“预付账款”账户的借方；另一方面使企业银行存款减少5 000元，应记入“银行存款”账户的贷方。这项业务应编制如下会计分录：

借：预付账款　　5 000
　贷：银行存款　　5 000

【例 4-13】接到银行通知，银行承兑汇票到期，已从企业存款账户中支付33 900元的票据款。

这项经济业务的发生，引起资产和负债两个要素发生变化：一方面使企业的银行存款减少33 900元，应记入“银行存款”账户的贷方；另一方面使企业应付票据减少33 900元，应记入“应付票据”账户的借方。这项业务应编制如下会计分录：

借：应付票据　　33 900
　贷：银行存款　　33 900

【例 4-14】向长安公司订购的丁材料已运达企业，增值税发票注明材料买价为10 000元，增值税税额为1 300元，以银行存款补付款项6 300元。

这项经济业务应编制两笔会计分录进行核算。首先，订购的材料运达企业，使材料的采购成本增加10 000元，应记入“在途物资”账户的借方，增值税税额1 300元应记入“应交税费——应交增值税（进项税额）”账户的借方；同时，根据发票列明的金额11 300元，应记入“预付账款”账户的贷方。其次，由于补付款项6 300元，一方面使银行存款减少6 300元，应记入“银行存款”账户的贷方；另一方面使预付账款增加6 300元，应记入“预付账款”账户的借方。这项业务应编制如下会计分录：

借：在途物资——丁材料　　10 000
　　应交税费——应交增值税（进项税额）　　1 300
　贷：预付账款　　11 300

同时：

借：预付账款 6 300

　贷：银行存款 6 300

【例 4-15】期末，上述采购材料均已验收入库，按其实际采购成本结转。

这项经济业务的发生，说明本期采购的材料全部验收存入材料仓库，应根据材料采购明细账，计算和确定采购成本后进行转账。材料验收入库，一方面使企业库存的原材料增加，应记入“原材料”账户的借方；另一方面使材料的采购成本减少，应记入“在途物资”账户的贷方。这项业务的成本计算见表 4-1。

表 4-1 材料采购成本计算表

项　目	甲材料		乙材料		丙材料		丁材料	
	总成本（元）	单位成本（元/千克）	总成本（元）	单位成本（元/千克）	总成本（元）	单位成本（元/千克）	总成本（元）	单位成本（元/千克）
买　价	160 000	80	200 000	50	90 000	60	35 000	500
采购费用	3 200	1.6	6 400	1.6	1 600	1.07	1 000	14.29
采购成本	163 200	81.6	206 400	51.6	91 600	61.07	36 000	514.29

根据材料采购成本计算表进行材料采购成本的转账，编制如下会计分录：

借：原材料——甲材料 163 200

　　　　——乙材料 206 400

　　　　——丙材料 91 600

　　　　——丁材料 36 000

　贷：在途物资——甲材料 163 200

　　　　　　——乙材料 206 400

　　　　　　——丙材料 91 600

　　　　　　——丁材料 36 000

生产准备业务的总分类核算如图 4-1 所示。

第四节 产品生产业务的核算

一、产品生产业务核算的主要内容

产品生产过程是从材料投入到产品完工验收入库的全过程。这一过程的主要任务是生产出满足社会需要的产品，因此，产品生产业务是企业整个生产经营活动的中心环节。企业的生产过程既是产品的制造过程，又是物化劳动（劳动资料和劳动对象）和活劳动的消耗过程。

在生产过程中所发生的各种耗费主要包括：为生产产品所消耗的原材料、辅助材料、燃料和动力；参加生产过程的厂房和机器设备等固定资产的磨损价值；为生产产品而发生的人工消耗等。这些耗费用货币表现出来，即为企业的生产费用。

企业的生产费用分为直接费用和间接费用。直接费用是企业为生产产品所发生的直接材料、直接人工和其他直接费用，这些费用发生时，可直接计入产品的制造成本；间接费用是企业为生产产品所发生的不能直接计入制造成本的费用，这些费用必须按照一定的分配标准（如工时或生产工人的工资等）分配计入各产品的制造成本。由此可见，企业的生产费用按一定种类和数量的产品进行归属以后，便形成了产品的制造成本，即产品的生产成本。

企业生产业务核算的主要内容是：根据历史成本原则，对生产过程发生的费用与成本进行确认与计量；为正确计算产品的生产成本，必须划清各项费用的界限，以产品为对象，对各种直接或间接费用进行归集与分配；对完工产品，应该用一定的方法计算其总成本与单位成本并结转其成本。

二、产品生产业务核算设置的账户

为了全面、系统地反映和监督产品生产过程中所发生的各项生产费用，正确计算产品的生产成本，应设置“生产成本”“制造费用”“应付职工薪酬”“管理费用”“累计折旧”“库存商品”等账户进行核算。

（一）“生产成本”账户

“生产成本”账户属于成本类账户，用来核算企业进行生产所发生的各项生产成本。当企业发生各项直接生产费用和分配转入制造费用时，借记本账户；当产品完工验收入库时，按其实际生产成本贷记本账户。该账户期末余额在借方，表示期末尚未完工的在产品成本或尚未收获的农产品成本。“生产成本”账户可按产品的类别或品种设置明细账，进行明细分类核算。

（二）“制造费用”账户

“制造费用”账户属于成本类账户，用来核算企业生产车间（部门）为生产产品和提供劳务而发生的各项间接费用，包括车间管理人员的工资等薪酬、车间用固定资产的折旧费以及办公费、水电费、机物料消耗、劳动保护费、季节性停工损失等。当企业发生间接费用时，借记本账户；当将制造费用分配计入有关的成本核算对象时，贷记本账户；除季节性的生产性企业外，该账户期末应无余额。“制造费用”账户应按不同的车间、部门设置明细账，进行明细分类核算。

（三）“应付职工薪酬”账户

“应付职工薪酬”账户属于负债类账户，用来核算企业应付给职工的各种薪酬。企业按规定从净利润中提取的职工奖励及福利基金也在本账户核算。“应付职工薪酬”账户按“工资”“职工福利”“社会保险费”“工会经费”“职工教育经费”“社会保险”“住房公积金”“股份支付”“非货币性福利”“辞退福利”等设置明细账，进行明细分类核算。当企业计算确认应付的职工薪酬时，贷记本账户；当实际支付职工薪酬时，借记本账户。本账户期末余额在贷方，反映企业应付未付的职工薪酬。

（四）“管理费用”账户

“管理费用”账户属于损益类账户，用来核算企业为组织和管理企业生产经营所发生的管理费用，包括行政管理人员的工资等薪酬、办公费、折旧费及企业固定资产的修理费用等。当企业发生各项管理费用时，借记本账户；当期末结转管理费用时，贷记本账户，该账户期末无余额。“管理费用”账户应按费用项目设置明细账，进行明细分类核算。

（五）“累计折旧”账户

“累计折旧”属于资产类（备抵）科目，用来核算企业固定资产的累计折旧，企业应按固定资产的类别或项目进行明细核算。企业按月计提固定资产折旧时，贷记本科目；待固定资产因报废等原因而被注销时，转销相应的累计折旧，借记本科目；本科目期末贷方余额反映企业固定资产的累计折旧余额。

对固定资产计提了折旧后，固定资产的账面价值为固定资产的账面原值减去相应的累计折旧之后的余额。对固定资产计提的折旧越多，其账面价值就越少。同时，通过每期计提固定资产折旧，将固定资产的购置成本分期计入有关成本、费用类账户，体现了会计核算的权责发生制原则和收入与费用的配比原则。

（六）“库存商品”账户

“库存商品”账户属于资产类账户，用来核算企业各种库存商品的实际成本（或进价）或计划成本（或售价）。当产品或购入的商品验收入库时，按其生产成本或采购成本借记本账户；当企业发出产品时，按其实际生产成本或采购成本贷记本账户。该账户期末余额在借方，表示企业期末库存商品的生产成本或采购成本。“库存商品”账户可按商品的品种、规格设置明细账，进行明细分类核算。

三、产品生产业务核算举例

仍以明辉公司某年发生的产品生产业务为例：

【例4-16】本期仓库发出材料情况见表4-2。

表4-2 **本期仓库发出材料情况**

领用部门	甲材料			乙材料			丙材料			丁材料			合计（元）
	数量（千克）	单价（元/千克）	金额（元）	数量（千克）	单价（元/千克）	金额（元）	数量（千克）	单价（元/千克）	金额（元）	数量（千克）	单价（元/千克）	金额（元）	
车间领用生产A产品	3 000	80	240 000	1 000	50	50 000	800	60	48 000				338 000
车间领用生产B产品	2 000	80	160 000	1 500	50	75 000	600	60	36 000				271 000
车间一般耗用				100	50	5 000				10	500	5 000	10 000
合　计	5 000		400 000	2 600		130 000	1 400		84 000	10		5 000	619 000

这项经济业务的发生，一方面，使库存原材料减少，应记入“原材料”账户的贷方；另一方面，因为生产产品和车间一般耗用消耗了原材料，使直接费用和间接费用增加，应

分别记入“生产成本”和“制造费用”账户的借方。这项业务应编制如下会计分录：

借：生产成本——A产品　　338 000

　　　　　——B产品　　271 000

　　制造费用　　10 000

　贷：原材料——甲材料　　400 000

　　　　　——乙材料　　130 000

　　　　　——丙材料　　84 000

　　　　　——丁材料　　5 000

【例4-17】以库存现金3 000元支付车间办公费。

这项经济业务的发生，一方面使库存现金减少3 000元，应记入“库存现金”账户的贷方；另一方面使制造费用增加3 000元，应记入“制造费用”账户的借方。这项业务应编制如下会计分录：

借：制造费用　　3 000

　贷：库存现金　　3 000

【例4-18】张三预借差旅费4 000元，开出现金支票4 000元。

这项经济业务的发生，一方面使其他应收款增加4 000元，应记入“其他应收款”账户的借方；另一方面使企业的银行存款减少4 000元，应记入“银行存款”账户的贷方。这项业务应编制如下会计分录：

借：其他应收款——张三　　4 000

　贷：银行存款　　4 000

【例4-19】张三出差回来报销差旅费4 500元，出纳员支付其500元现金以补足差额。

这项经济业务的发生，一方面引起企业的管理费用增加4 500元，应记入“管理费用”账户的借方；另一方面使其他应收款减少4 000元，应记入“其他应收款”账户的贷方，同时使企业库存现金减少500元，应记入“库存现金”账户的贷方。这项业务应编制如下会计分录：

借：管理费用　　4 500

　贷：其他应收款——张三　　4 000

　　　库存现金　　500

【例4-20】用银行存款支付本期车间的办公费1 000元，厂部的办公费2 000元。

这项经济业务的发生，一方面使制造费用和管理费用增加，应记入“制造费用”账户和“管理费用”账户的借方；另一方面使企业的银行存款减少3 000元，应记入“银行存款”账户的贷方。这项业务应编制如下会计分录：

借：制造费用　　1 000

　　管理费用　　2 000

　贷：银行存款　　3 000

【例4-21】用现金1 600元支付租入生产用固定资产的租金。

这项经济业务的发生，一方面，使制造费用增加1 600元，应记入“制造费用”账户的借方；另一方面使现金减少1 600元，应记入“库存现金”账户的贷方。这项业务应编制如下会计分录：

借：制造费用　　1 600

　贷：库存现金　　1 600

【例4-22】计提本期固定资产折旧18 000元，其中车间用固定资产折旧10 000元，厂部用固定资产折旧8 000元。

这项经济业务的发生，一方面使企业的制造费用和管理费用增加，应分别记入“制造费用”账户和“管理费用”账户的借方；另一方面使累计折旧增加18 000元，应记入“累计折旧”账户的贷方。这项业务应编制如下会计分录：

借：制造费用　　10 000

　　管理费用　　8 000

　贷：累计折旧　　18 000

【例4-23】分配工资费用，本期应付职工工资420 000元，其中生产A产品工人的工资120 000元，生产B产品工人的工资80 000元，车间管理人员的工资60 000元，厂部管理人员的工资160 000元。

这项经济业务的发生，一方面，使企业应付给职工的工资增加420 000元，即负债增加，应记入“应付职工薪酬——工资”账户的贷方；另一方面，因为工资费用增加，使企业的产品制造成本和期间费用增加，应分别记入“生产成本”“制造费用”“管理费用”账户的借方。这项业务应编制如下会计分录：

借：生产成本——A产品　　120 000

　　　　　　——B产品　　80 000

　　制造费用　　60 000

　　管理费用　　160 000

　贷：应付职工薪酬——工资　　420 000

【例4-24】开出转账支票，支付本期水电费28 000元，其中车间水电费18 000元，企业管理部门水电费10 000元。

这项经济业务的发生，一方面使制造费用增加18 000元，应记入“制造费用”账户的借方，同时使管理费用增加10 000元，应记入“管理费用”账户的借方；另一方面使银行存款减少28 000元，应记入“银行存款”账户的贷方。这项业务应编制如下会计分录：

借：制造费用　　18 000

　　管理费用　　10 000

　贷：银行存款　　28 000

【例4-25】以银行存款420 000元发放本期职工工资。

这项经济业务的发生，引起资产和负债两个要素发生变化：一方面使银行存款减少420 000元，应记入“银行存款”账户的贷方；另一方面使应付工资减少420 000元，应记入“应付职工薪酬——工资”的借方。这项业务应编制如下会计分录：

借：应付职工薪酬——工资　　420 000

　贷：银行存款　　420 000

【例4-26】按工资总额2%的比例计提本期职工福利费8 400元，其中，生产A产品工人的福利费2 400元，生产B产品工人的福利费1 600元，车间管理人员的福利费1 200元，厂部管理人员的福利费3 200元。

这项经济业务的发生，一方面使企业应付给职工的福利费增加8 400元，应记入“应付职工薪酬——职工福利”账户的贷方；另一方面，因为福利费增加，使企业的产品制造成本和期间费用增加，应分别记入“生产成本”“制造费用”“管理费用”账户的借方。这项业务应编制如下会计分录：

借：生产成本——A产品　　2 400
　　　　　　——B产品　　1 600
　　制造费用　　1 200
　　管理费用　　3 200
　贷：应付职工薪酬——职工福利　　8 400

【例4-27】以现金支付职工生活困难补助8 000元。

这项经济业务的发生，引起资产和负债两个要素发生变化：一方面使企业的现金减少8 000元，应记入“库存现金”账户的贷方；另一方面使企业应付给职工的福利费减少8 000元，应记入“应付职工薪酬——职工福利”账户的借方。这项业务应编制如下会计分录：

借：应付职工薪酬——职工福利　　8 000
　贷：库存现金　　8 000

【例4-28】根据制造费用明细账归集的制造费用共计104 800元，按生产工人的工资总额分配并结转制造费用。

这项经济业务的发生，应根据制造费用明细账归集的制造费用总额，按规定的分配标准计算并确定A、B产品应负担的制造费用，然后进行转账。一方面使企业生产成本增加104 800元，应记入“生产成本”账户的借方；另一方面使制造费用减少104 800元，应记入“制造费用”账户的贷方。制造费用的分配方法如下：

制造费用分配率=制造费用总额÷生产工人工资总额（或工时总和）
　　=104 800÷（120 000+80 000）=0.524

A产品应负担的制造费用=生产A产品工人的工资×制造费用分配率
　　=120 000×0.524=62 880（元）

B产品应负担的制造费用=生产B产品工人的工资×制造费用分配率
　　=80 000×0.524=41 920（元）

根据上述计算结果编制“制造费用分配表”（见表4-3）。

表4-3　**制造费用分配表**　金额单位：元

产品名称	分配标准（生产工人工资）	制造费用	
		分配率	分配额
A产品	120 000	0.524	62 880
B产品	80 000	0.524	41 920
合　计	200 000		104 800

根据“制造费用分配表”编制如下会计分录：

借：生产成本——A产品　　62 880

　　　　　　——B产品　　41 920

　贷：制造费用　　104 800

【例4-29】根据生产成本明细账计算并结转完工产品的生产成本。

生产成本明细账见表4-4、表4-5。

表4-4　　**生产成本明细账**　　完工产品数量：2 000件

产品名称：A产品　　在产品数量：0

年		凭证号数	摘要	借方（成本项目）				贷方	余额
月	日			直接材料	工资及福利费	制造费用	合计		
略	略	略	领用材料	338 000			338 000		338 000
			分配工资费用		120 000		120 000		458 000
			计提福利费		2 400		2 400		460 400
			分配制造费用			62 880	62 880		523 280
			结转完工产品成本					523 280	0
			本期发生额及余额	338 000	122 400	62 880	523 280	523 280	0

表4-5　　**生产成本明细账**　　完工产品数量：1 000件

产品名称：B产品　　在产品数量：0

年		凭证号数	摘要	借方（成本项目）				贷方	余额
月	日			直接材料	工资及福利费	制造费用	合计		
略	略	略	领用材料	271 000			271 000		271 000
			分配工资费用		80 000		80 000		351 000
			计提福利费用		1 600		1 600		352 600
			分配制造费用			41 920	41 920		394 520
			结转完工产品成本					394 520	0
			本期发生额及余额	271 000	81 600	41 920	394 520	394 520	0

这项经济业务的发生，说明A、B两种产品生产完工验收存入产成品仓库，按其实际发生的直接费用和间接费用计算并确定两种产品的制造成本，并按其制造成本进行转账。一方面使企业的产成品增加，应记入“库存商品”账户的借方；另一方面使企业的生产成本减少，应记入“生产成本”账户的贷方。这项业务应编制如下会计分录：

借：库存商品——A产品　　523 280
　　　　　　——B产品　　394 520
　贷：生产成本——A产品　　523 280
　　　　　　　——B产品　　394 520

产品生产业务的总分类核算如图4-1所示。

第五节 产品销售业务的核算

一、产品销售业务核算的主要内容

产品销售过程是产品价值和使用价值的实现过程。在这一过程中，企业应对生产完工验收入库的合格产品积极组织销售，收取货款，实现产品销售收入。产品销售收入是指企业因销售产品所取得的、按产品销售数量和销售单价计算的收入。为取得产品销售收入，必定会发生一些与销售产品相关的支出，如为生产这些产品而发生的制造成本，即产品销售成本；为销售产品而发生的有关费用，如运输费、包装费、广告费等，即销售费用。

产品销售业务核算的主要内容是：按权责发生制核算基础确认销售收入的实现；按收入费用配比原则确定销售成本和期间费用；正确计算产品销售收入、成本、费用、税金及附加，以便正确计算并确定销售成果；反映和监督企业销售计划的完成情况及货款的结算情况。

二、产品销售业务核算设置的账户

为了全面、系统地反映和监督产品销售业务，企业需设置“主营业务收入”“主营业务成本”“销售费用”“税金及附加”“应收账款”“应收票据”“预收账款”等账户，以便进行核算。

（一）“主营业务收入”账户

“主营业务收入”账户属于损益类账户，用来核算企业确认的销售商品、提供劳务等主营业务的收入。当企业主营业务收入实现时，贷记本账户；当企业发生销货退回、销售折扣和折让以及期末将其收入结转至“本年利润”账户时，借记本账户；该账户期末应无余额。“主营业务收入”账户应按产品（或劳务）的类别设置明细账，进行明细分类核算。

（二）“主营业务成本”账户

“主营业务成本”账户属于损益类账户，用来核算企业确认销售商品、提供劳务等主营业务收入时应结转的成本。当企业结转销售成本时，借记本账户；当销货退回而冲减其销售成本以及期末将其成本结转至“本年利润”账户时，贷记本账户；该账户期末应无余额。“主营业务成本”账户应按产品（或劳务）的类别设置明细账，进行明细分类核算。

（三）“销售费用”账户

“销售费用”账户属于损益类账户，用来核算企业在销售商品和材料、提供劳务的过程中发生的各种费用，包括运输费、装卸费、包装费、展览费、广告费、商品维修费、保险费以及为销售产品而专设销售机构的职工工资、福利费、业务费及相关固定资产的折旧费及修理费等。当企业发生销售费用时，借记本账户；期末将费用结转至“本年利润”账户时，贷记本账户；该账户期末应无余额。“销售费用”账户应按费用项目设置明细账，进行明细分类核算。

（四）“税金及附加”账户

“税金及附加”账户属于损益类账户，用来核算企业经营活动中发生的消费税、城市维护建设税、资源税、教育费附加及房产税、城镇土地使用税、车船税、印花税等相关税费。当企业期末按有关规定计算出应负担的销售税金及附加时，借记本账户；期末将其发生数结转至“本年利润”账户时，贷记本账户；该账户期末应无余额。

（五）“应收账款”账户

“应收账款”账户属于资产类账户，用来核算企业因销售商品、提供劳务等经营活动应收取的款项。当企业在销售过程中新增应收账款时，借记本账户；当企业收到应收账款及核销应收账款时，贷记本账户。该账户期末余额在借方，表示企业期末尚未收回的应收账款。“应收账款”账户应按债务人设置明细账，进行明细分类核算。

（六）“应收票据”账户

“应收票据”账户属于资产类账户，用来核算企业因销售产品、提供劳务等而收到的商业汇票，包括银行承兑汇票和商业承兑汇票。当企业收到应收票据时，借记本账户；当兑现票款或票据过期失效时，贷记本账户。该账户期末余额在借方，表示企业期末尚未到期的商业汇票金额。企业应设置“应收票据备查簿”，逐笔登记每一笔应收票据的种类、号数、出票日期、票面金额、交易合同号，付款人、承兑人、背书人的姓名或单位名称，到期日期和利率、贴现日期、贴现率和贴现净额，以及收款日期和收回金额等资料，应收票据到期结清票据款后，应在备查簿内逐笔注销。

（七）“预收账款”账户

“预收账款”账户属于负债类账户，用来核算企业按照合同规定预收的款项。当企业向购货单位预收货款及购货单位补付货款时，贷记本账户；当企业产品销售实现时，借记本账户。该账户期末余额在贷方，表示尚未向购货单位提供产品的预收账款。“预收账款”账户应按购货单位设置明细账，进行明细分类核算。

三、产品销售业务核算举例

仍以明辉公司某年发生的产品销售业务为例。

【例4-30】销售给宏锋公司A产品10 000件，单位售价400元/件，价款4 000 000元，增值税税额520 000元，共计4 520 000元，款项存入银行。

这项经济业务的发生，一方面使银行存款增加4 520 000元，应记入“银行存款”账户的借方；另一方面，因为实现了产品销售，使企业的主营业务收入增加4 000 000元，应记入“主营业务收入”账户的贷方，同时根据销售收入及规定的税率计算增值税的销项税额520 000元，应记入“应交税费——应交增值税（销项税额）”账户的贷方。这项业务应编制如下会计分录：

借：银行存款	4 520 000	
贷：主营业务收入		4 000 000
应交税费——应交增值税（销项税额）		520 000

【例 4-31】销售给百盛公司B产品3 000件，单位售价500元/件，价款1 500 000元，增值税税额195 000元，共计1 695 000元，已向银行办妥托收手续。

这项经济业务的发生，一方面使企业的应收账款增加1 695 000元，应记入“应收账款”账户的借方；另一方面，因为实现了产品销售，使企业主营业务收入增加1 500 000元，应记入“主营业务收入”账户的贷方，同时根据销售收入及规定的税率计算增值税的销项税额195 000元，应记入“应交税费——应交增值税（销项税额）”账户的贷方。这项业务应编制如下会计分录：

借：应收账款——百盛公司　　1 695 000

　贷：主营业务收入　　1 500 000

　　　应交税费——应交增值税（销项税额）　　195 000

【例 4-32】销售给齐达公司A产品1 000件，单位售价400元/件，B产品500件，单位售价500元/件，价款总额650 000元，增值税税额84 500元，共计734 500元，已收到齐达公司开出的银行承兑汇票一张，金额为734 500元。

这项经济业务的发生，一方面使企业的应收票据增加734 500元，应记入“应收票据”账户的借方；另一方面，因为实现了产品销售，使企业主营业务收入增加650 000元，应记入“主营业务收入”账户的贷方，同时根据销售收入及规定的税率计算增值税的销项税额84 500元，应记入“应交税费——应交增值税（销项税额）”账户的贷方。这项业务应编制如下会计分录：

借：应收票据　　734 500

　贷：主营业务收入　　650 000

　　　应交税费——应交增值税（销项税额）　　84 500

【例 4-33】根据销售合同，向康华公司预收B产品货款100 000元，存入银行。

这项经济业务的发生，一方面使企业的银行存款增加100 000元，应记入“银行存款”账户的借方；另一方面使企业的预收账款增加100 000元，应记入“预收账款”账户的贷方。这项业务应编制如下会计分录：

借：银行存款　　100 000

　贷：预收账款——康华公司　　100 000

【例 4-34】按合同规定，向康华公司发出预订的B产品500件，单位售价500元/件，价款250 000元，增值税税额32 500元，共计282 500元。补收的货款182 500元存入银行。

这项经济业务发生后，应编制两笔会计分录对其进行核算。首先，因为发出预订的B产品，实现了产品销售，一方面使企业的主营业务收入增加250 000元，应记入“主营业务收入”账户的贷方，同时根据计算的增值税销项税额32 500元，记入“应交税费——应交增值税（销项税额）”账户的贷方；另一方面使企业预收账款减少282 500元，应记入“预收账款”账户的借方。其次，因为补收货款，一方面使企业的银行存款增加182 500元，应记入“银行存款”账户的借方；另一方面使企业的预收账款增加182 500元，应记入“预收账款”账户的贷方。这项业务应编制如下会计分录：

借：预收账款——康华公司　　282 500

　贷：主营业务收入　　250 000

　　　应交税费——应交增值税（销项税额）　　32 500

同时：

借：银行存款　　182 500

　贷：预收账款——康华公司　　182 500

【例4-35】开出转账支票支付广告费200 000元，增值税税额12 000元。

这项经济业务的发生，一方面使企业银行存款减少212 000元，应记入“银行存款”账户的贷方；另一方面使企业的产品销售费用增加200 000元，应记入“销售费用”账户的借方，增值税税额12 000元应记入“应交税费——应交增值税（进项税额）”账户的借方。这项业务应编制如下会计分录：

借：销售费用　　200 000

　　应交税费——应交增值税（进项税额）　　12 000

　贷：银行存款　　212 000

【例4-36】以银行存款支付专设销售机构的办公费5 000元。

这项经济业务的发生，一方面使企业的银行存款减少5 000元，应记入“银行存款”账户的贷方；另一方面使企业的销售费用增加5 000元，应记入“销售费用”账户的借方。这项业务应编制如下会计分录：

借：销售费用　　5 000

　贷：银行存款　　5 000

【例4-37】期末计算本期专设销售机构人员的工资30 000元。

这项经济业务的发生，一方面使企业销售费用增加30 000元，应记入“销售费用”账户的借方；另一方面使企业的应付职工薪酬增加30 000元，应记入“应付职工薪酬”账户的贷方。这项业务应编制如下会计分录：

借：销售费用　　30 000

　贷：应付职工薪酬——工资　　30 000

【例4-38】期末，根据产品销售明细账计算并结转本期已销产品的生产成本（A产品销售11 000件，单位生产成本262元/件；B产品销售4 000件，单位生产成本395元/件）。

这项经济业务的发生，一方面使企业的主营业务成本增加4 462 000元，应记入“主营业务成本”账户的借方；另一方面使企业库存的产成品减少4 462 000元，应记入“库存商品”账户的贷方。这项业务计算如下：

产品销售成本=已销售产品数量×该产品单位生产成本

A产品销售成本=11 000×262=2 882 000（元）

B产品销售成本=4 000×395=1 580 000（元）

根据计算的产品销售成本应编制如下会计分录：

借：主营业务成本　　4 462 000

　贷：库存商品——A产品　　2 882 000

　　　　　　　——B产品　　1 580 000

【例4-39】期末按规定的税率计算应交城市维护建设税14 000元。

这项经济业务的发生，一方面使企业的税金及附加增加14 000元，应记入“税金及附加”账户的借方；另一方面使企业应交的城市维护建设税增加14 000元，应记入“应交税费——应交城市维护建设税”账户的贷方。这项业务应编制如下会计分录：

借：税金及附加　　14 000

　　贷：应交税费——应交城市维护建设税　　14 000

【例4-40】期末按规定的比例计算应交教育费附加6 000元。

这项经济业务的发生，一方面使企业的税金及附加增加6 000元，应记入“税金及附加”账户的借方；另一方面使企业应交的教育费附加增加6 000元，应记入“应交税费——应交教育费附加”账户的贷方。这项业务应编制如下会计分录：

借：税金及附加　　6 000

　　贷：应交税费——应交教育费附加　　6 000

产品销售业务的总分类核算如图4-1所示。

第六节　财务成果的核算

一、财务成果核算的主要内容

财务成果是指企业在一定时期内生产经营活动的最终成果，表现为利润或亏损。它是衡量和评价企业生产经营活动的一个重要财务指标，也是反映企业经济效益高低的重要标志。

在实际工作中，企业在一定时期内实现的利润是通过净利润指标来反映的。净利润是利润总额扣除所得税费用后的余额，也称税后利润。利润总额是由营业利润、营业外收支净额等内容组成的。

利润相关计算公式如下：

（一）营业利润

营业利润=营业收入-营业成本-税金及附加-销售费用-管理费用-研发费用-财务费用-资产减值损失+其他收益+投资收益（-投资损失）+净敞口套期收益（-净敞口套期损失）+公允价值变动收益（-公允价值变动损失）+资产处置收益（-资产处置损失）

其中，营业收入是指企业经营业务所实现的收入总额，包括主营业务收入和其他业务收入。营业成本是指企业经营业务所发生的实际成本总额，包括主营业务成本和其他业务成本。资产减值损失是指企业计提各项资产减值准备所形成的损失。公允价值变动收益（或损失）是指企业交易性金融资产等公允价值变动形成的应计入当期损益的利得（或损失）。投资收益（或损失）是指企业以各种方式对外投资所取得的收益（或发生的损失）。

（二）利润总额

利润总额=营业利润+营业外收入-营业外支出

其中，营业外收入（或支出）是指企业发生的与日常经营活动无直接关系的各项利得（或损失）。

（三）净利润

净利润=利润总额-所得税费用

其中，所得税费用是指企业确认的应从当期利润总额中扣除的所得税费用。

从上述计算公式可看出，企业在一定时期内经营成果的形成取决于诸多因素，必须对其分项加以反映和监督，因而净利润形成核算的主要内容是：正确地核算各损益类账户的发生额，并在会计期末如实结转“本年利润”账户，确定本期利润总额；根据实现的利润总额按规定进行相应调整后，计算企业应交所得税，并在此基础上计算企业的净利润。

企业在一定时期内实现的净利润，应按会计制度、企业章程、投资协议及其他有关规定，在投资者与企业之间进行合理、有序分配。首先，按税后利润及规定的比例计提盈余公积；其次，根据有关协议或章程规定，向投资者分配利润，作为投资者的投资报酬；最后，剩余的利润以未分配利润的形式存在，留待企业以后年度继续分配。

利润分配业务的政策性较强，这就要求企业对利润分配的计算与核算必须正确、可靠，以便提供准确的会计核算资料，满足会计信息使用者的需要。

二、财务成果核算设置的账户

为了全面、系统地反映和监督企业的财务成果业务，企业还需设置“其他业务收入”“其他业务成本”“营业外收入”“营业外支出”“投资收益”“所得税费用”“本年利润”“利润分配”“盈余公积”“应付股利”等账户，以便进行利润的形成及分配的核算。

（一）“其他业务收入”账户

“其他业务收入”账户属于损益类账户，用来核算企业确认的除主营业务活动以外的其他经营活动实现的收入，如销售材料、固定资产出租、包装物出租等收入。当企业取得其他业务收入时，贷记本账户；企业期末将其收入结转至“本年利润”账户时，借记本账户；该账户期末应无余额。“其他业务收入”账户应按其他业务种类设置明细账，进行明细分类核算。

（二）“其他业务成本”账户

“其他业务成本”账户属于损益类账户，用来核算企业确认的除主营业务活动以外的其他经营活动所发生的支出。当企业发生各项支出时，借记本账户；企业期末将其支出结转至“本年利润”账户时，贷记本账户，该账户期末应无余额。“其他业务成本”账户应按其他业务种类设置明细账，进行明细分类核算。

（三）“营业外收入”账户

“营业外收入”账户属于损益类账户，用来核算企业发生的与生产经营无直接关系的各项利得，如资产盘盈利得、非流动资产处置利得、捐赠利得等。当企业发生各项利得时，贷记本账户；企业期末将其利得结转至“本年利润”账户时，借记本账户；该账户期末应无余额。“营业外收入”账户应按收入项目设置明细账，进行明细分类核算。

（四）“营业外支出”账户

“营业外支出”账户属于损益类账户，用来核算企业发生的与生产经营无直接关系的各项支出或损失，如资产盘亏损失、非流动资产处置损失、非常损失、公益性捐赠支出等。当企业发生各项支出或损失时，借记本账户；企业期末将其支出结转至“本年利润”账户时，贷记本账户；该账户期末应无余额。“营业外支出”账户应按支出项目设置明细账，进行明细分类核算。

（五）“投资收益”账户

“投资收益”账户属于损益类账户，用来核算企业对外投资取得的收入或发生的损失，如股票投资、债券投资、其他投资的收入或损失。当企业取得投资收入时，贷记本账户；当企业投资发生损失时，借记本账户。期末应将投资收入与投资损失的差额结转至“本年利润”账户，该账户期末应无余额。“投资收益”账户应按投资收益的种类设置明细账，进行明细分类核算。

（六）“所得税费用”账户

“所得税费用”账户属于损益类账户，用来核算企业确认的应从当期利润总额中扣除的所得税费用。所得税属于企业的一项费用支出。当企业计算应交所得税时，借记本账户；当企业期末将所得税结转至“本年利润”账户时，贷记本账户；该账户期末应无余额。

（七）“本年利润”账户

“本年利润”账户属于所有者权益类账户，用来核算企业当期实现的净利润（或发生的净亏损）。当企业期末将“主营业务收入”“其他业务收入”“营业外收入”等损益类账户的各项收入转入本账户时，贷记本账户；当企业期末将“主营业务成本”“其他业务成本”“税金及附加”“销售费用”“管理费用”“财务费用”“营业外支出”“所得税费用”等损益类账户的各项费用和支出转入本账户时，借记本账户；同时，还应将“投资收益”“公允价值损益”账户的净收益转入本账户贷方，或将“投资收益”“公允价值损益”账户的净损失转入本账户借方。各项收入和费用及支出相抵后，本账户若为贷方余额，表示本期实现的净利润数额；若为借方余额，则表示本期发生的亏损净额。年末，“本年利润”账户的余额，应全部转入“利润分配”账户，结转后本账户应无余额。

（八）“利润分配”账户

“利润分配”账户属于所有者权益类账户，用来核算企业利润的分配（或亏损的弥补）和历年分配（或弥补）后的余额。当企业弥补亏损及年终将实现的净利润转入本账户时，贷记本账户；当企业分配利润及年终将发生的净亏损转入本账户时，借记本账户。“利润分配”账户应设置“盈余公积补亏”“提取法定盈余公积”“应付股利”“未分配利润”等明细账进行明细分类核算。年度终了，应将“利润分配”所属其他明细账的余额转入“未分配利润”明细账，结转后，除“未分配利润”明细账外，其他明细账均无余额。本账户年终如为贷方余额，表示历年未分配的利润；如为借方余额，表示历年未弥补的亏损。

（九）“盈余公积”账户

“盈余公积”账户属于所有者权益类账户，用来核算企业从净利润中提取的盈余公积。当企业按规定从税后利润中提取盈余公积时，贷记本账户，当企业用盈余公积弥补亏损及将盈余公积转增资本时，借记本账户。该账户期末余额在贷方，表示企业提取的盈余公积结余数。“盈余公积”账户可设“法定盈余公积”和“任意盈余公积”明细账，进行明细分类核算。

（十）“应付股利”账户

“应付股利”账户属于负债类账户，用来核算企业分配的现金股利或利润。当企业计算出应付给投资者的利润时，贷记本账户；当企业实际支付利润时，借记本账户。该账户期末余额如在贷方，表示企业应付而未付给投资者的利润；该账户期末余额如在借方，表示企业多付的利润。“应付股利”可按投资者设置明细账，进行明细分类核算。

三、财务成果核算举例

仍以明辉公司某年财务成果核算业务为例：

【例4-41】对外销售丙材料1 000千克，单位售价80元，价款80 000元，增值税税额

10 400元，共计90 400元，款项已存入银行。

这项经济业务的发生，一方面使企业的银行存款增加90 400元，应记入“银行存款”账户的借方；另一方面使企业的其他业务收入增加80 000元，应记入“其他业务收入”账户的贷方，同时增值税销项税额增加10 400元，应记入“应交税费——应交增值税（销项税额）”账户的贷方。这项业务应编制如下会计分录：

借：银行存款　　90 400

　贷：其他业务收入　　80 000

　　　应交税费——应交增值税（销项税额）　　10 400

【例4-42】结转销售丙材料的实际成本61 000元。

这项经济业务的发生，一方面使企业其他业务成本增加61 000元，应记入“其他业务成本”账户的借方；另一方面使企业的库存丙材料减少61 000元，应记入“原材料”账户的贷方。这项业务应编制如下会计分录：

借：其他业务成本　　61 000

　贷：原材料——丙材料　　61 000

【例4-43】收到出租固定资产的租金10 000元，增值税税额1 300元，共计11 300元存入银行。

这项经济业务的发生，一方面使企业的银行存款增加11 300元，应记入“银行存款”账户的借方；另一方面使企业的其他业务收入增加10 000元，应记入“其他业务收入”账户的贷方，增值税税额1 300元，应记入“应交税费——应交增值税（销项税额）”账户的贷方。这项业务应编制如下会计分录：

借：银行存款　　11 300

　贷：其他业务收入　　10 000

　　　应交税费——应交增值税（销项税额）　　1 300

【例4-44】计提本期出租固定资产折旧4 000元。

这项经济业务的发生，一方面使企业的其他业务成本增加4 000元，应记入“其他业务成本”账户的借方；另一方面使企业的累计折旧增加4 000元，应记入“累计折旧”账户的贷方。这项业务应编制如下会计分录：

借：其他业务成本　　4 000

　贷：累计折旧　　4 000

【例4-45】以银行存款支付法律咨询费14 000元。

这项经济业务的发生，一方面使企业的银行存款减少14 000元，应记入“银行存款”账户的贷方；另一方面使企业的管理费用增加14 000元，应记入“管理费用”账户的借方。这项经济业务应编制如下会计分录：

借：管理费用　　14 000

　贷：银行存款　　14 000

【例4-46】收到康华公司违约金5 000元，存入银行。

这项经济业务的发生，一方面使企业的营业外收入增加5 000元，应记入“营业外收入”账户的贷方；另一方面使企业银行存款增加5 000元，应记入“银行存款”账户的借方。这项经济业务应编制如下会计分录：

借：银行存款　　5 000

　贷：营业外收入　　5 000

【例 4-47】经批准向希望工程捐赠现金，开出一张50 000元的现金支票。

这项经济业务的发生，一方面使企业的银行存款减少50 000元，应记入“银行存款”账户的贷方；另一方面使企业的营业外支出增加50 000元，应记入“营业外支出”账户的借方。这项业务应编制如下会计分录：

借：营业外支出　　50 000

　贷：银行存款　　50 000

【例 4-48】期末，结转各损益类账户的余额。

这项经济业务的发生，应编制两笔会计分录。首先结转损益类账户的各项收入，一方面使企业的本年利润增加6 495 000元，应记入“本年利润”账户的贷方；另一方面使损益类账户的各项收入减少，应记入这些损益类账户的借方。其次结转损益类账户的各项支出，一方面使企业的本年利润减少5 041 200元，应记入“本年利润”账户的借方；另一方面使损益类账户的各项支出减少，应记入这些损益类账户的贷方。这项业务应编制如下会计分录：

借：主营业务收入　　6 400 000

　　其他业务收入　　90 000

　　营业外收入　　5 000

　贷：本年利润　　6 495 000

借：本年利润　　5 041 200

　贷：主营业务成本　　4 462 000

　　　销售费用　　235 000

　　　税金及附加　　20 000

　　　其他业务成本　　65 000

　　　营业外支出　　50 000

　　　管理费用　　201 700

　　　财务费用　　7 500

由此形成利润总额：

利润总额=6 495 000−5 041 200=1 453 800（元）

【例 4-49】根据利润总额及规定的税率计算应交所得税363 450元。

这项经济业务的发生，一方面使企业的所得税费用增加363 450元，应记入“所得税费用”账户的借方；另一方面使企业应缴纳所得税增加363 450元，应记入“应交税费——应交所得税”账户的贷方。这项业务应编制如下会计分录：

应交所得税=1 453 800×25%=363 450（元）

借：所得税费用　　363 450

　贷：应交税费——应交所得税　　363 450

【例 4-50】期末，结转所得税费用账户的余额363 450元。

这项经济业务的发生，一方面使企业的本年利润减少363 450元，应记入“本年利润”账户的借方；另一方面，因为结转所得税费用的余额，使企业所得税费用减少363 450元，应记入“所得税费用”账户的贷方。这项业务应编制如下会计分录：

借：本年利润　　　　　　　　　　　　　　　　　　363 450
　贷：所得税费用　　　　　　　　　　　　　　　　　　363 450

【例4-51】年终结转净利润。

净利润=1 453 800-363 450=1 090 350（元）

这项经济业务的发生，一方面使企业的未分配利润增加1 090 350元，应记入“利润分配——未分配利润”明细账户的贷方；另一方面，因为净利润已结转，应减少“本年利润”账户中登记的净利润，必须记入“本年利润”账户的借方。这项业务应编制如下会计分录：

借：本年利润　　　　　　　　　　　　　　　　　1 090 350
　贷：利润分配——未分配利润　　　　　　　　　　　1 090 350

【例4-52】按税后利润的10%计提法定盈余公积109 035元，同时按税后利润的5%提取任意盈余公积54 517.50元。

这项经济业务的发生，一方面使企业的利润分配增加163 552.50元，应记入“利润分配”账户的借方；另一方面使企业的盈余公积增加163 552.50元，应记入“盈余公积”账户的贷方。这项业务应编制如下会计分录：

借：利润分配——提取法定盈余公积　　　　　　　109 035
　　　　　　——提取任意盈余公积　　　　　　　 54 517.50
　贷：盈余公积——法定盈余公积　　　　　　　　　　109 035
　　　　　　　——任意盈余公积　　　　　　　　　　 54 517.50

【例4-53】经公司董事会决定，向投资者分配利润200 000元。

这项经济业务的发生，一方面使企业的利润分配增加200 000元，应记入“利润分配——应付股利”账户的借方；另一方面使企业的应付股利增加200 000元，应记入“应付股利”账户的贷方。这项业务应编制如下会计分录：

借：利润分配——应付股利　　　　　　　　　　　200 000
　贷：应付股利　　　　　　　　　　　　　　　　　　200 000

【例4-54】年终，将“利润分配”的其他明细账户的期末余额转入“未分配利润”明细账户。

这笔转账业务应编制如下会计分录：

借：利润分配——未分配利润　　　　　　　　　　363 552.50
　贷：利润分配——提取法定盈余公积　　　　　　　　109 035
　　　　　　　——提取任意盈余公积　　　　　　　　 54 517.50
　　　　　　　——应付股利　　　　　　　　　　　　200 000

财务成果的总分类核算如图4-1所示。

借　　　　　　　　　　　　实收资本　　　　　　　　　　　　贷

借	贷
	期初余额 14 302 000
	（1）1 000 000
	（2）200 000
本期发生额 0	本期发生额 1 200 000
	期末余额 15 502 000

借	银行存款 贷
期初余额 8 000 000	
（1）1 000 000	（5）7 500
（3）500 000	（6）500 000
（7）180 000	（8）474 600
（30）4 520 000	（9）12 172
（33）100 000	（12）5 000
（34）182 500	（13）33 900
（41）90 400	（14）6 300
（43）11 300	（18）4 000
（46）5 000	（20）3 000
	（24）28 000
	（25）420 000
	（35）212 000
	（36）5 000
	（45）14 000
	（47）50 000
本期发生额 6 589 200	本期发生额 1 775 472
期末余额 12 813 728	

借	固定资产 贷
期初余额 51 000 000	
（2）200 000	
本期发生额 200 000	本期发生额 0
期末余额 51 200 000	

借	短期借款 贷
	期初余额 1 000 000
（6）500 000	（3）500 000
本期发生额 500 000	本期发生额 500 000
	期末余额 1 000 000

借	长期借款 贷
	期初余额 18 200 000
	（7）180 000
本期发生额 0	本期发生额 180 000
	期末余额 18 380 000

应付票据

借	贷
（13） 33 900	（11） 33 900
本期发生额 33 900	本期发生额 33 900
	期末余额 0

在途物资

借	贷
（8） 420 000	（15） 497 200
（9） 11 200	
（10） 26 000	
（11） 30 000	
（14） 10 000	
本期发生额 497 200	本期发生额 497 200
期末余额 0	

应交税费

借	贷
（8） 54 600	（30） 520 000
（9） 972	（31） 195 000
（10） 3 340	（32） 84 500
（11） 3 900	（34） 32 500
（14） 1 300	（39） 14 000
（35） 12 000	（40） 6 000
	（41） 10 400
	（43） 1 300
	（49） 363 450
本期发生额 76 112	本期发生额 1 227 150
	期末余额 1 151 038

生产成本

借	贷
（16） 609 000	（29） 917 800
（23） 200 000	
（26） 4 000	
（28） 104 800	
本期发生额 917 800	本期发生额 917 800
期末余额 0	

原材料

借	贷
期初余额 1 000 000	
（15） 497 200	（16） 619 000
	（42） 61 000
本期发生额 497 200	本期发生额 680 000
期末余额 817 200	

借	预付账款 贷
（12）5 000 （14）6 300	（14）11 300
本期发生额 11 300	本期发生额 11 300
期末余额 0	

借	库存商品 贷
期初余额 6 392 000	
（29）917 800	（38）4 462 000
本期发生额 917 800	本期发生额 4 462 000
期末余额 2 847 800	

借	制造费用 贷
（16）10 000 （17）3 000 （20）1 000 （21）1 600 （22）10 000 （23）60 000 （24）18 000 （26）1 200	（28）104 800
本期发生额 104 800	本期发生额 104 800
期末余额 0	

借	库存现金 贷
期初余额 50 000	
	（17）3 000 （19）500 （21）1 600 （27）8 000
本期发生额 0	本期发生额 13 100
期末余额 36 900	

借	应付利息 贷
	期初余额 300 000
（5）5 000	（4）2 500 （4）2 500
本期发生额 5 000	本期发生额 5 000
	期末余额 300 000

借　　管理费用　　贷

借	贷
（19）4 500	（48）201 700
（20）2 000	
（22）8 000	
（23）160 000	
（24）10 000	
（26）3 200	
（45）14 000	
本期发生额 201 700	本期发生额 201 700
期末余额　0	

借　　财务费用　　贷

借	贷
（4）2 500	（48）7 500
（4）2 500	
（5）2 500	
本期发生额 7 500	本期发生额 7 500
期末余额　0	

借　　累计折旧　　贷

借	贷
	期初余额 29 000 000
	（22）18 000
	（44）4 000
本期发生额 0	本期发生额　22 000
	期末余额 29 022 000

借　　应付职工薪酬　　贷

借	贷
（25）420 000	（23）420 000
（27）8 000	（26）8 400
	（37）30 000
本期发生额 428 000	本期发生额 458 400
	期末余额　30 400

借　　其他应收款　　贷

借	贷
（18）4 000	（19）4 000
本期发生额 4 000	本期发生额 4 000
期末余额　0	

借　　应收票据　　贷

借	贷
（32）734 500	
本期发生额 734 500	本期发生额 0
期末余额 734 500	

借　　主营业务收入　　贷

借	贷
（48）6 400 000	（30）4 000 000
	（31）1 500 000
	（32）650 000
	（34）250 000
本期发生额 6 400 000	本期发生额 6 400 000
	期末余额　0

借　　销售费用　　贷

借	贷
（35）200 000	（48）235 000
（36）5 000	
（37）30 000	
本期发生额 235 000	本期发生额 235 000
期末余额　0	

借　　应收账款　　贷

借	贷
期初余额　540 000	
（31）1 695 000	
本期发生额 1 695 000	本期发生额 0
期末余额 2 235 000	

借　　预收账款　　贷

借	贷
（34）282 500	（33）100 000
	（34）182 500
本期发生额 282 500	本期发生额 282 500
	期末余额　0

借　　主营业务成本　　贷

借	贷
（38）4 462 000	（48）4 462 000
本期发生额 4 462 000	本期发生额 4 462 000
期末余额　0	

借　　税金及附加　　贷

借	贷
（39）14 000	（48）20 000
（40）6 000	
本期发生额 20 000	本期发生额 20 000
期末余额　0	

借　　其他业务收入　　贷

借	贷
（48）90 000	（41）80 000
	（43）10 000
本期发生额 90 000	本期发生额 90 000
	期末余额　0

借　　营业外收入　　贷

(48) 5 000	(46) 5 000
本期发生额 5 000	本期发生额 5 000
	期末余额　0

借　　本年利润　　贷

(48) 5 041 200	(48) 6 495 000
(50) 363 450	
(51) 1 090 350	
本期发生额 6 495 000	本期发生额 6 495 000
	期末余额　0

借　　所得税费用　　贷

(49) 363 450	(50) 363 450
本期发生额 363 450	本期发生额 363 450
期末余额　0	

借　　其他业务成本　　贷

(42) 61 000	(48) 65 000
(44) 4 000	
本期发生额 65 000	本期发生额 65 000
期末余额　0	

借　　营业外支出　　贷

(47) 50 000	(48) 50 000
本期发生额 50 000	本期发生额 50 000
期末余额　0	

借　　利润分配　　贷

	期初余额　280 000
(52) 163 552.50	(51) 1 090 350
(53) 200 000	(54) 363 552.50
(54) 363 552.50	
本期发生额 727 105	本期发生额 1 453 902.50
	期末余额 1 006 797.50

借　　盈余公积　　贷

	期初余额 3 000 000
	(52) 163 552.50
本期发生额 0	本期发生额 163 552.50
	期末余额 3 163 552.50

借	应付股利	贷
		（53）200 000
本期发生额 0		本期发生额 200 000
		期末余额 200 000

借	应付账款	贷
		期初余额 900 000
		（10）29 340
本期发生额 0		本期发生额 29 340
		期末余额 929 340

图 4-1　各项业务的总分类核算（单位：元）

假设明辉公司某年1月1日有关总分类账户期初余额见表4-6，试算平衡表见表4-7。

表 4-6　**有关总分类账户期初余额**　单位：元

账户名称	借方金额	账户名称	贷方金额
原材料	1 000 000	短期借款	1 000 000
库存现金	50 000	长期借款	18 200 000
银行存款	8 000 000	应付账款	900 000
应收账款	540 000	应付利息	300 000
库存商品	6 392 000	累计折旧	29 000 000
固定资产	51 000 000	实收资本	14 302 000
		盈余公积	3 000 000
		利润分配	280 000
合　计	66 982 000	合　计	66 982 000

表 4-7　**试算平衡表**　单位：元

账户名称	期初余额		本期发生额		期末余额	
	借方	贷方	借方	贷方	借方	贷方
固定资产	51 000 000		200 000		51 200 000	
银行存款	8 000 000		6 589 200	1 775 472	12 813 728	
在途物资			497 200	497 200		
原材料	1 000 000		497 200	680 000	817 200	
预付账款			11 300	11 300		
生产成本			917 800	917 800		
库存商品	6 392 000		917 800	4 462 000	2 847 800	
制造费用			104 800	104 800		

续表

账户名称	期初余额		本期发生额		期末余额	
	借方	贷方	借方	贷方	借方	贷方
管理费用			201 700	201 700		
财务费用			7 500	7 500		
库存现金	50 000			13 100	36 900	
其他应收款			4 000	4 000		
应收账款	540 000		1 695 000		2 235 000	
所得税费用			363 450	363 450		
应收票据			734 500		734 500	
实收资本		14 302 000		1 200 000		15 502 000
短期借款		1 000 000	500 000	500 000		1 000 000
长期借款		18 200 000		180 000		18 380 000
应付债券						
应付票据			33 900	33 900		
应交税费			76 112	1 227 150		1 151 038
应付账款		900 000		29 340		929 340
累计折旧		29 000 000		22 000		29 022 000
应付利息		300 000	5 000	5 000		300 000
应付职工薪酬			428 000	458 400		30 400
预收账款			282 500	282 500		
主营业务收入			6 400 000	6 400 000		
主营业务成本			4 462 000	4 462 000		
销售费用			235 000	235 000		
税金及附加			20 000	20 000		
其他业务收入			90 000	90 000		
其他业务成本			65 000	65 000		
营业外收入			5 000	5 000		
营业外支出			50 000	50 000		
本年利润			6 495 000	6 495 000		

续表

账户名称	期初余额		本期发生额		期末余额	
	借方	贷方	借方	贷方	借方	贷方
利润分配		280 000	727 105	1 453 902.50		1 006 797.50
盈余公积		3 000 000		163 552.50		3 163 552.50
应付股利				200 000		200 000
合　计	66 982 000	66 982 000	32 616 067	32 616 067	70 685 128	70 685 128

思政案例

零碳生产：远景科技打造首个零碳产业园，推动绿色低碳产业发展

一、案例（材料）内容

党的二十大报告提出要加快发展方式绿色转型。推动经济社会发展绿色化、低碳化是实现高质量发展的关键环节。要发展绿色低碳产业，健全资源环境要素市场化配置体系，加快节能降碳先进技术研发和推广应用，倡导绿色消费，推动形成绿色低碳的生产方式和生活方式。有序推进碳达峰、碳中和工作，推动能源革命，确保能源供应，立足资源禀赋，推进能源低碳转型。

远景科技集团是一家全球领先的绿色科技企业，以“为人类的可持续未来解决挑战”为使命，致力推动全球绿色能源转型，培育绿色“新工业”体系。远景科技集团在全球范围内首创“零碳产业园”模式，2022年4月8日，鄂尔多斯零碳产业园一期项目正式建成投产，标志着全球首个零碳产业园于鄂尔多斯落地。

远景打造的零碳产业园创新体系，主要包括新型电力系统、基于国际标准的零碳数字操作系统和绿色新工业集群。在清洁供电方面，通过智能物联网源荷互动控制系统和基于绿氢的能源岛，园区80%的能源由本地的风电、光伏直供，20%与电网交易，实现100%绿色零碳能源供给。远景鄂尔多斯零碳产业园集成了绿色能源的生产和消费，成为绿色工业革命的基础单元，每年能减少二氧化碳排放1亿吨，创造千亿元产值，有助于中国实现区域平衡发展和共同富裕。

鄂尔多斯零碳产业园是远景零碳电池的生产基地。据悉，每一块在该产业园内生产的电池，都将获得“零碳绿码”：远景方舟平台对电池产品的全生命周期，包括跨供应链的原料、生产加工、包装、运输等环节的碳排放情况进行实时统计，全程与国际标准接轨，作为电池在全球贸易中的绿色通行护照。

远景创新打造的零碳产业园模式，不仅推动产业链和工业体系升级，还将成为绿色工业革命的摇篮、平台和基石，远景动力正带动上下游产业链实现集群式发展，目前包括一汽解放、圣钒科技在内的多家电池上下游企业正陆续入驻鄂尔多斯零碳产业园。基于鄂尔多斯的成功实践，远景正在全国多地推广零碳产业园。未来十年，远景将携手合作伙伴在全球建设100个零碳产业园，这将成为绿色新工业革命重要引擎。初步估算，到2030年，每年将为地球减碳10亿吨。

资料来源：白华兵．2022年度绿色发展十大案例发布（2）[N]．新京报，2022-12-21（B12）．

二、本案例（材料）的适用范围

本案例适用于“基础会计”课程第四章“企业基本经济业务的核算”内容。

三、问题思考

1.本案例（材料）蕴含的思政元素有哪些?

2.请思考什么是零碳产业园。制造业企业如何推动能源革命，加快生产方式绿色转型?

思考与练习题

一、问答题

1.如何区别实收资本和资本公积两个账户?

2.利润是如何形成的?

3.如何进行利润分配的核算?

二、业务题

习题一

目的：练习投入资本和资本公积的账务处理。

某公司某年接受下列投资：

（1）1月1日，甲公司向该公司投入现金90 000元，款项已存入银行。

（2）1月10日，乙公司以一批钢材对该公司进行投资，价值26 548.67元，注明增值税税款3 451.33元。

（3）2月1日，该公司接受某企业捐赠的一辆汽车，价值100 000元。

（4）2月10日，丙公司以一台全新设备对该公司进行投资，价值150 000元。

（5）2月20日，丁公司以一项专利权对该公司进行投资，经评估价值为30 000元。

（6）5月1日，经批准该公司将资本公积100 000元转增资本。

要求：

1.根据以上经济业务作出会计分录。

2.截至4月30日，计算该公司实收资本总额以及甲、乙、丙、丁各公司所占投资比例。

3.将转增资本的资本公积100 000元，按比例分配到甲、乙、丙、丁四位投资者的资本中，并计算各投资者的投资额。

习题二

目的：练习取得长期借款和短期借款的核算。

某公司的借款情况如下：

（1）某年1月1日，从银行借入期限为6个月的短期借款100 000元，款项已存入银行，年借款利率为6%，利息采取预提方式，于每季度末支付一次，于第6个月月末偿还本金。

（2）某年1月1日，向银行借入3年期长期借款200 000元，用于购买一台设备，设备已交付使用。借款年利率为8%，利息半年计息一次，借款到期一次性还本付息。

要求：

1.作出从借款到偿还借款本息的相关会计分录。

2.作出从借款、购置固定资产、计息到偿还借款本息的相关会计分录。

习题三

目的：练习物资采购过程的核算。

前进厂某年发生下列经济业务：

（1）2月份，从外地某厂购入下列材料（见表4-8），以银行存款支付价款127 000元，发票注明增值税税款16 510元。

表4-8 **购入材料明细**

品　种	数　量	单　价	买　价
A材料	4 000千克	29.50元/千克	118 000元
B材料	1 000千克	9.00元/千克	9 000元

（2）以银行存款支付A、B材料的下列采购费用：运输费2 500元和装卸、搬运费500元，分配方式均为按材料重量的比例计入材料采购成本。

（3）前进厂向光明公司购入C材料5 000千克，单价10元/千克，增值税发票注明材料买价50 000元，增值税税率13%，另有运输费300元、搬运费200元，款项暂欠。

（4）上述材料验收入库，按实际采购成本入账。

要求：

1.编制物资采购成本计算表（格式见表4-9）。

表4-9 **物资采购成本计算表** 金额单位：元

支出项目	A材料		B材料		C材料	
	总成本	单位成本	总成本	单位成本	总成本	单位成本
买　价						
运输费						
装卸、搬运费						
物资采购成本						

2.编制上述经济业务的有关会计分录。

习题四

目的：练习生产费用的归集和产品成本的计算。

某厂某年11月份生产甲产品2 000件、乙产品500件，该月已发生的生产费用如下：

（1）仓库共发生材料费用67 200元，用途如下：

用于生产甲产品51 000元；

用于生产乙产品10 000元；

车间一般性消耗4 900元；

工厂行政管理部门消耗1 300元。

（2）分配结转本月应付职工工资152 000元，用途如下：

甲产品生产工人工资100 000元；

乙产品生产工人工资20 000元；

车间管理人员工资8 000元；

工厂行政管理人员工资24 000元。

（3）按工资总额的2%计提福利费。

（4）计提本月固定资产折旧10 000元，其中生产车间8 000元，工厂行政管理部门2 000元。

（5）计提应由本月负担的银行借款利息2 000元。

（6）支付本月财产保险费800元，其中生产车间负担700元，工厂行政管理部门负担100元。

（7）按产品的生产工人工资比例分配本月制造费用。

（8）投产的甲、乙产品全部完工验收入库。

要求：

1.根据上述经济业务编制有关会计分录；

2.编制制造费用分配表、产品生产成本计算表，表格格式见表4-10、表4-11。

表4-10 **制造费用分配表** 金额单位：元

产品名称	分配标准（生产工人工资）	分配率	分配额

表4-11 **产品生产成本计算表**

年 月

金额单位：元

成本项目	甲产品		乙产品	
	总成本	单位成本	总成本	单位成本
直接材料				
直接人工				
制造费用				
合　计				

习题五

目的：练习销售与财务成果的核算。

某厂某年12月有关经济业务如下：

（1）售给A工厂甲产品10 000千克，开具的增值税专用发票上注明货款900 000元，增值税税率13%，款项当即收到；销售乙产品2 000千克，开具的增值税专用发票上注明货款100 000元，增值税税率13%，款项尚未收到。

（2）以银行存款支付本月产品展销场地费10 000元。

（3）结转已售产品的生产成本，甲产品单位生产成本60元/千克，乙产品单位生产成本30元/千克。

（4）以银行存款支付本厂合同违约赔偿金3 300元。

（5）计提本月短期借款利息1 000元。

（6）将各损益账户余额结转至“本年利润”账户。

（7）按本月实现的利润计算并结转应缴所得税，将所得税费用转入“本年利润”账户。

（8）按本月税后利润的10%提取盈余公积。

（9）将税后利润中的30 000元付给投资者。

要求：根据上述经济业务编制必要的会计分录。

习题六

目的：练习企业经营过程中综合业务的核算。

某厂某年12月有关经济业务如下：

（1）购入一批材料，货款20 000元，增值税税率13%，款项未付，材料尚未验收入库（按实际成本法核算）。

（2）以现金支付上述材料运费1 000元，增值税税率9%。

（3）将上述材料验收入库。

（4）开出转账支票，购买一批厂部办公用品，共计1 000元。

（5）生产车间为制造A产品领用甲材料6 000元，为制造B产品领用乙材料8 000元，管理部门一般耗用乙材料2 000元。

（6）以现金购买办公用品500元。

（7）职工刘芳出差借款3 000元，开出现金支票。

（8）刘芳出差回来，报销差旅费2 000元，余款退回现金。

（9）结算本月应付职工工资100 000元，其中生产A产品的工人工资40 000元，生产B产品的工人工资30 000元，车间管理人员工资10 000元，企业管理部门人员工资20 000元。

（10）计提固定资产折旧，其中生产车间3 300元，管理部门1 200元。

（11）从银行提取现金800元备用。

（12）偿还短期借款本金100 000元及利息10 000元（借款期间未预提利息）。

（13）结转本月发生的制造费用6 300元，其中：A产品应负担4 300元，B产品应负担2 000元。

（14）以银行存款上缴企业所得税税款10 000元。

（15）持有的一张商业汇票到期，收到票据款234 000元存入银行。

（16）一批A产品完工入库，完工产品的生产成本共计100 000元。

（17）以现金支付车间办公费500元。

（18）以银行存款支付本月产品销售广告费10 000元，增值税税率6%。

（19）销售A产品一批，售价50 000元，增值税税率为13%，款项收存银行。销售该批A产品的生产成本为30 000元。

（20）接受捐赠获得全新设备，增值税专用发票标明其价款50 000元，增值税税款6 500元。

（21）收到出租包装物本月的租金10 000元，存入银行。

（22）出售一批甲材料，材料成本20 000元，售价30 000元，增值税税率13%，收到一张商业汇票。

（23）以银行存款支付因违法排污的罚款5 000元。

（24）以银行存款支付上月所欠的货款23 400元。

（25）月末，结转所有损益类科目的余额。

（26）按利润总额的25%计提应交所得税，并结转所得税费用。

（27）结转本年实现的净利润。

（28）按净利润的10%计提法定盈余公积，按净利润的50%向投资者分配现金股利。

（29）以银行存款支付现金股利。

（30）结转已分配利润。

要求：根据上述经济业务编制必要的会计分录。

第四章思考与练习题参考答案

第五章

会计凭证

学习目标

◇理解会计凭证的概念与种类。

◇掌握会计凭证的填制方法和审核内容。

◇了解会计凭证传递的意义和作用。

第一节 会计凭证概述

一、会计凭证的概念

会计凭证（简称凭证）是记录经济业务的发生和完成情况的书面证明，也是登记账簿的依据。填制和审核会计凭证是会计核算的基本方法之一，也是对经济业务进行日常监督的重要环节。

会计管理要求会计核算必须提供真实的会计资料，强调记录的经济业务必须有根有据。因此，任何单位在处理每项经济业务时，都必须由执行或完成该项经济业务的有关人员取得或填制会计凭证，以书面形式记录和证明所发生经济业务的性质、内容、数量、金额等，并在凭证上签名或盖章，以对凭证上所记载的内容负责。例如，购货时取得的发票，接收商品入库填制的入库单，销售商品填制的发货单，发出材料填制的领料单，等等。这些发票、入库单、发货单、领料单都是会计凭证。

二、会计凭证的意义

会计凭证必须认真填制，并经过财会部门严格审核。只有经审核无误的会计凭证才能作为经济业务发生或完成的证明，并进一步作为编制记账凭证或登记账簿的依据。会计凭证的填制和审核是会计核算工作的起点和基础，它对于完成会计工作的任务、发挥会计在经济管理中的作用具有十分重要的意义。

（一）为会计核算提供原始依据

任何经济业务的发生都必须取得或填制会计凭证，如实地反映经济业务的发生以及完成情况。会计凭证上记载了经济业务发生的时间和内容，从而为会计核算提供了原始凭据，保证了会计核算的客观性与真实性，克服了主观随意性，使会计信息的质量得到了可靠保障。

（二）为登记账簿提供依据

企事业单位实际发生的每一项经济业务，都是由会计凭证记载和反映的。会计凭证是会计核算的唯一依据，因而会计凭证所记录的有关信息是否真实、可靠、及时，直接影响着会计信息的质量。

（三）为会计监督提供依据

会计凭证是检查和监督企事业单位经济业务是否合理、合法的主要依据。经济业务是否合理、合法，是否客观真实，在记账前都必须经过财会部门的审核。通过检查每笔经济业务是否符合有关政策、法规、制度、计划和预算的规定，有无铺张浪费和违纪行为，从而促进各单位和经办人员树立遵纪守法的观念，促使各单位建立健全各项规章制度，确保财产安全完整。

（四）为分清经济责任提供依据

由于每一笔经济业务的发生或完成都要取得或填制会计凭证，并由相关单位和人员在凭证上签名或盖章，这就明确了经济责任，促使经办人员能严格按照规章制度办事，提高责任感。一旦出现问题，便于检查和分清责任，及时采取措施。

三、会计凭证的种类

经济业务的纷繁复杂决定了会计凭证是多种多样的。为了正确地使用和填制会计凭证，必须对会计凭证进行分类。会计凭证按照填制的程序和用途不同，可分为原始凭证和记账凭证。

第二节 原始凭证

一、原始凭证的基本内容

原始凭证也称单据，是在经济业务发生或完成时由相关人员取得或填制的，用以记录或证明经济业务发生或完成情况，明确经济责任的文字凭据。原始凭证是会计核算的原始资料和重要依据，具有较强的法律效力。

由于发生的经济业务是多种多样的，反映其具体内容的原始凭证也就品种繁多。虽然每种原始凭证反映经济业务的内容和格式不同，但作为客观反映经济业务的发生和完成情况，明确经济责任，并具备法律效力的各种原始凭证，都必须具备一些共同的基本内容。这些基本内容就是原始凭证所应该具备的要素，具体包括：

（1）原始凭证的名称；

（2）填制原始凭证的日期和凭证编号；

（3）接受凭证的单位名称；

（4）经济业务内容，如品名、数量、单价、金额大小写；

（5）填制原始凭证的单位名称和填制人姓名；

（6）经办人员的签名或盖章；

（7）凭证附件等。

此外，有的原始凭证，不仅要满足财务、会计工作的需要，满足计划、统计等职能部门管理的需要，而且要填列计划、合同、定额等内容，以更加完整、清晰地反映经济业务的真实情况，充分发挥原始凭证的作用。

在实际工作中，对于在一定范围内经常发生的同类经济业务，应由主管部门根据会计核算和管理的需要，制定统一的凭证格式。例如，由各专业银行统一印制的各种结算凭证，由铁路部门统一印制的火车票，由税务部门统一印制的发票等。印制统一的原始凭证，既可以加强对凭证的管理以及对企事业单位经济活动的监督，又可以节约印刷费用。

二、原始凭证的种类

经济业务的多样性导致原始凭证的品种多样化。这是由于经济业务的性质不同而决定了原始凭证的种类不尽相同。原始凭证的种类概括起来可以按以下四种标志进行分类：

（一）原始凭证按来源不同分类

原始凭证按来源不同分类，可以分为外来原始凭证和自制原始凭证两种。

外来原始凭证是在经济业务活动发生或完成时，从其他单位或个人直接取得的原始凭证。例如，增值税专用发票、非增值税及小规模纳税企业的发票、铁路运输部门的火车票、由银行转来的结算凭证和对外支付款项时取得的收据等都是外来原始凭证（见表5-1、表5-2）。

表5-1　　　　　　　　　　××××专用发票

发票联（2×23）：　　　　　　　　付款单位：　　　　　　　　支票号：

编　号	商品名称	规格	单位	数量	单价	金　额								
						百	十	万	千	百	十	元	角	分
小写金额合计														
大写金额合计	人民币　佰　拾　万　仟　佰　拾　元　角　分													

收款单位（盖章）：　　　　　　开票人：　　　　　　　　年　月　日

表5-2

增值税专用发票

开票日期：　　年　　月　　日　　　　　　　　　　　　　　No.

<table>
<tr><td rowspan="2">购货单位</td><td>名　称</td><td colspan="3"></td><td colspan="9">纳税人登记号</td><td colspan="9"></td></tr>
<tr><td>地址、电话</td><td colspan="3"></td><td colspan="9">开户银行及账号</td><td colspan="9"></td></tr>
<tr><td colspan="2" rowspan="2">商品或劳务名称</td><td rowspan="2">计量单位</td><td rowspan="2">数量</td><td rowspan="2">单价</td><td colspan="9">金额</td><td rowspan="2">税率（%）</td><td colspan="8">税额</td></tr>
<tr><td>百</td><td>十</td><td>万</td><td>千</td><td>百</td><td>十</td><td>元</td><td>角</td><td>分</td><td>十</td><td>万</td><td>千</td><td>百</td><td>十</td><td>元</td><td>角</td><td>分</td></tr>
<tr><td colspan="2"></td><td></td><td></td><td></td><td></td><td></td><td></td><td></td><td></td><td></td><td></td><td></td><td></td><td></td><td></td><td></td><td></td><td></td><td></td><td></td><td></td><td></td></tr>
<tr><td colspan="2"></td><td></td><td></td><td></td><td></td><td></td><td></td><td></td><td></td><td></td><td></td><td></td><td></td><td></td><td></td><td></td><td></td><td></td><td></td><td></td><td></td><td></td></tr>
<tr><td colspan="2">合　计</td><td></td><td></td><td></td><td></td><td></td><td></td><td></td><td></td><td></td><td></td><td></td><td></td><td></td><td></td><td></td><td></td><td></td><td></td><td></td><td></td><td></td></tr>
<tr><td colspan="2">价税合计（大写）</td><td colspan="21">佰　拾　万　仟　佰　拾　元　角　分　¥______</td></tr>
<tr><td rowspan="2">销货单位</td><td>名　称</td><td colspan="3"></td><td colspan="9">纳税人登记号</td><td colspan="9"></td></tr>
<tr><td>地址、电话</td><td colspan="3"></td><td colspan="9">开户银行及账号</td><td colspan="9"></td></tr>
</table>

第二联：抵扣联　购货方抵扣凭证

收款人：　　　　　　　　　　　　开票单位（未盖章无效）

自制原始凭证，是指本单位内部具体经办业务的部门和人员，在执行或完成某项经济业务时所填制的、仅供内部使用的原始凭证，如收料单、领料单、销货发票、产品入库单、工资结算表等（见表5-3、表5-4）。

表5-3

领料单

领料部门：　　　　　　　　　　　　　　　　　　凭证编号：

用　　途：　　　　　　年　　月　　日　　　　　　收料仓库：

<table>
<tr><td rowspan="2">材料编号</td><td rowspan="2">材料规格及名称</td><td rowspan="2">计量单位</td><td colspan="2">数　　量</td><td colspan="2">价　　格</td></tr>
<tr><td>请领</td><td>实领</td><td>单价</td><td>金额（元）</td></tr>
<tr><td></td><td></td><td></td><td></td><td></td><td></td><td></td></tr>
<tr><td></td><td></td><td></td><td></td><td></td><td></td><td></td></tr>
<tr><td></td><td></td><td></td><td></td><td></td><td></td><td></td></tr>
<tr><td colspan="5">备注：</td><td>合　计</td><td></td></tr>
</table>

记账：　　　　　　发料：　　　　　　审批：　　　　　　领料：

表5-4

产品入库单

凭证编号：

交库单位：　　　　　　年　　月　　日　　　　　　仓库：

<table>
<tr><td rowspan="2">产品编号</td><td rowspan="2">产品名称</td><td rowspan="2">规　格</td><td rowspan="2">计量单位</td><td rowspan="2">交付数量</td><td colspan="2">检验结果</td><td rowspan="2">实收数量</td><td rowspan="2">单　价</td><td rowspan="2">金　额</td></tr>
<tr><td>合格</td><td>不合格</td></tr>
<tr><td></td><td></td><td></td><td></td><td></td><td></td><td></td><td></td><td></td><td></td></tr>
<tr><td></td><td></td><td></td><td></td><td></td><td></td><td></td><td></td><td></td><td></td></tr>
<tr><td></td><td></td><td></td><td></td><td></td><td></td><td></td><td></td><td></td><td></td></tr>
<tr><td colspan="7">备注：</td><td colspan="2">合　计</td><td></td></tr>
</table>

部门负责人：　　　　　　　　　　仓库管理员：

（二）原始凭证按填制方法不同分类

原始凭证按填制方法不同分类，可以分为一次凭证、累计凭证和汇总凭证三种。

一次凭证是指填制手续一次性完成的原始凭证。它反映一笔经济业务或同时反映若干同类经济业务的内容。外来原始凭证一般均属一次凭证，自制原始凭证中的大多数也是一次凭证。日常的原始凭证多属此类，如现金收据、发票、收料单等。一次凭证能够清晰地反映经济业务活动情况，使用方便灵活，但数量较多。

累计凭证，是指在一张凭证上连续登记一定时期内不断重复发生的若干同类经济业务，直到期末才能填制完毕的原始凭证。累计凭证可以连续登记相同性质的经济业务，随时计算出累计数及结余数，期末按实际发生额记账，如费用限额卡、限额领料单等（见表5-5）。

表5-5

限额领料单

年　　月　　日

领料部门：　　　　产品名称：　　　　凭证编号：

计划产量：　　　　单位消耗定额：　　　　编号：

材料编号	材料名称	规　格	计量单位	计划单位	领料限额	全月实用	
						数量	金额
领料日期	请领数量	实发数量	领料人签章	发料人签章		限额结余	
合　计							

供应部门负责人：　　　　生产部门负责人：　　　　仓库管理员：

汇总凭证，也叫原始凭证汇总表，是根据许多同类经济业务的原始凭证或会计核算资料定期加以汇总而重新编制的原始凭证，如发出材料汇总表、差旅费报销单、工资汇总表等（见表5-6）。汇总凭证既可以提供经营管理所需要的总量指标，又可以大大简化核算手续。

表5-6

发出材料汇总表

年　月　日

会计科目		领料部门	原材料	燃　料	合　计
生产成本	基本生产车间	一车间			
		二车间			
		小　计			
	辅助生产车间	供电车间			
		供气车间			
		小　计			
制造费用		一车间			
		二车间			
		小　计			
管理费用		行政部门			
合　计					

财会负责人：　　　　复核：　　　　制表：

（三）原始凭证按用途不同分类

原始凭证按用途不同分类，可以分为通知凭证、执行凭证和计算凭证三种。

通知凭证是指要求、指示或命令企业进行某项经济业务的原始凭证，如罚款通知书、付款通知单等。

执行凭证是用来证明某项经济业务发生或已经完成的原始凭证，如销货发票、材料验收单、领料单等。

计算凭证是指根据原始凭证和有关会计核算资料编制的原始凭证。计算凭证一般是为了便于以后记账以及了解各项数据来源和产生的情况而编制的，如制造费用分配表、产品成本计算单、工资结算汇总表等。

（四）原始凭证按格式不同分类

原始凭证按格式不同分类，可以分为通用凭证和专用凭证两种。

通用凭证是指由有关部门统一印制、在一定范围内使用的具有统一格式和使用方法的原始凭证，如由银行统一印制的结算凭证、由税务部门统一印制的发票等。

专用凭证是指由单位自行印制、仅在本单位内部使用的原始凭证，如高速公路通过费收据、养路费缴款单等。

以上是按不同的标志对原始凭证进行的分类。它们之间是相互依存、密切联系的，有些原始凭证按照不同的分类标准分别属于不同的种类，如现金收据对出具收据的单位来说是自制原始凭证，对接收收据的单位来说则是外来原始凭证。同时，它既是一次凭证，又是执行凭证，也是专用凭证。外来的凭证大多为一次凭证，计算凭证、累计凭证大多为自制原始凭证（如图5-1所示）。

- 原始凭证
  - 按来源划分
    - 外来原始凭证
    - 自制原始凭证
  - 按填制方法划分
    - 一次凭证
    - 累计凭证
    - 汇总凭证
  - 按用途划分
    - 通知凭证
    - 执行凭证
    - 计算凭证
  - 按格式划分
    - 通用凭证
    - 专用凭证

图5-1 原始凭证的分类

三、原始凭证的填制

填制原始凭证，要由填制人员将原始凭证各项要素按规定方法填写齐全，办妥签章手续，明确经济责任。

由于各种原始凭证的内容和格式千差万别，因此其具体的填制方法也不尽相同。一般来说，自制原始凭证通常有三种填列方法：一是根据经济业务的执行和完成的实际情况直接填列，如根据实际领用材料的品名和数量填制领料单等；二是根据账簿记录对某项经济业务进行加工整理填列，如月末计算产品成本时，先要根据“制造费用”账户本月借方发生额填制“制造费用分配表”，将本月发生的制造费用按照一定的分配标准分配到有关产品成本中去，然后再计算出某种产品的生产成本；三是根据若干张反映同类业务的原始凭证定期汇总填列，如发出材料汇总表。外来原始凭证是由其他单位或个人填制的，即从外单位或个人取得的原始凭证。它同自制原始凭证一样，也必须具备能证明经济业务完成情况和明确经济责任所必需的内容。

原始凭证是具有法律效力的证明文件，是进行会计核算的原始依据，必须认真填制。为了保证原始凭证能清晰地反映各项经济业务的真实情况，原始凭证的填制必须符合以下要求：

（一）记录要真实

原始凭证上填写的日期、经济业务内容和数字必须符合经济业务发生或完成的实际情况，不得弄虚作假，不得填入匡算数或估计数，不得涂改、挖补。

（二）内容要完整

原始凭证中应该填写的项目要逐项填写，不可缺漏。名称要写全，不能简化。品名和用途要填写明确，不能含糊不清。有关部门和人员的签名和盖章必须齐全。

（三）手续要完备

单位自制的原始凭证必须有经办业务的部门和人员签名、盖章。对外开出的凭证必须加盖本单位的公章或财务专用章。从外部取得的原始凭证必须有填制单位公章或财务专用章。总之，取得的原始凭证必须符合手续完备的要求，以明确经济责任，确保凭证的合法性、真实性。

（四）填制要及时

所有业务的有关部门和人员，在经济业务实际发生或完成时，必须及时填写原始凭证，做到不拖延、不积压、不事后补填，并按规定的程序审核。

（五）编号要连续

原始凭证要顺序连续或分类编号，以便查找。凭证如果已预先印定编号，在写错作废时，应当加盖“作废”戳记，连同存根一起保管，不得撕毁。

（六）书写要规范

原始凭证要用蓝色或黑色笔书写（套写的用圆珠笔），填写支票必须使用碳素笔，其文字、数字的书写都要清晰、工整、规范，做到字迹端正、易于辨认，不潦草、不乱涂乱画。大小写金额要一致。复写的凭证不串行、不串格、不模糊，一式多联的原始凭证，应当注明各联的用途。数字、货币符号及日期的填写要符合下列要求：

（1）阿拉伯数字要逐个写清楚，不得连笔写。特别是在书写多个“0”时，也一定要单个写，不能将多个“0”连在一起一笔写完。数字排列要整齐，数字之间的距离要均匀，不宜过大。此外，阿拉伯数字的书写还应有高度的标准，一般要求数字的高度以占凭证横格的1/2为宜。书写者还要注意在书写凭证时紧靠横格底线，使上方能有一定的空位，以便需要进行更正时可以再次书写。

（2）阿拉伯数字前面应该书写货币币种或者货币名称简写和币种符号。币种符号与阿拉伯数字之间不得留有空白。凡阿拉伯金额数字前写有货币币种符号的，数字后面不再写货币单位。所有以“元”为单位（以其他货币种类为货币基本单位的，下同）的阿拉伯数字，除表示单价等情况外，一律填写到角、分；无角、分的，角位和分位写“00”，有角无分的，分位应写“0”，不得用符号“—”代替。在发票等须填写大写金额数字的原始凭证上，如果大写金额数字前未印有货币名称，应当加填货币名称，然后在其后紧接着填写大写金额数字，货币名称和金额数字之间不得留有空白。

（3）汉字大写金额数字，一律用正楷字或行书字书写，如零、壹、贰、叁、肆、伍、陆、柒、捌、玖、拾、佰、仟、万、亿等，不得用○、一、二、三、四、五、六、七、八、九、十、百、千等简化字代替。不得任意自造简化字。大写金额数字到元或角为止的，在“元”或“角”之后应当写“整”字。阿拉伯金额数字之间有“0”时，汉字大写金额应写“零”字。阿拉伯金额数字中间连续有几个“0”时，大写金额中可以只有一个“零”；阿拉伯金额数字元位为“0”或者数字中间连续有几个“0”，元位也是“0”，但角位不是“0”时，汉字大写金额可以只写一个“零”字，也可以不写“零”字。

（4）原始凭证的填制时间要求。从原始凭证填制的时间来看，可以区别为三种情况：第一种是在业务发生前根据要求或需要填制的，如领料单；第二种是在业务发生时，根据执行或完成情况填制的，如收料单；第三种是在业务完成后根据有关记录整理编制的，如发料汇总表、收料汇总表、产品成本计算单等。但是，不论何种情况，凭证上的日期一律以实际填制的当日日期为准。而业务发生日期，如有必要，可以填写在业务摘要栏中。

【例 5-1】2015 年 2 月 15 日，企业向开户银行提取现金 120 070 元以备发工资，出纳员根据工资汇总表填开现金支票，如图 5-2 所示。

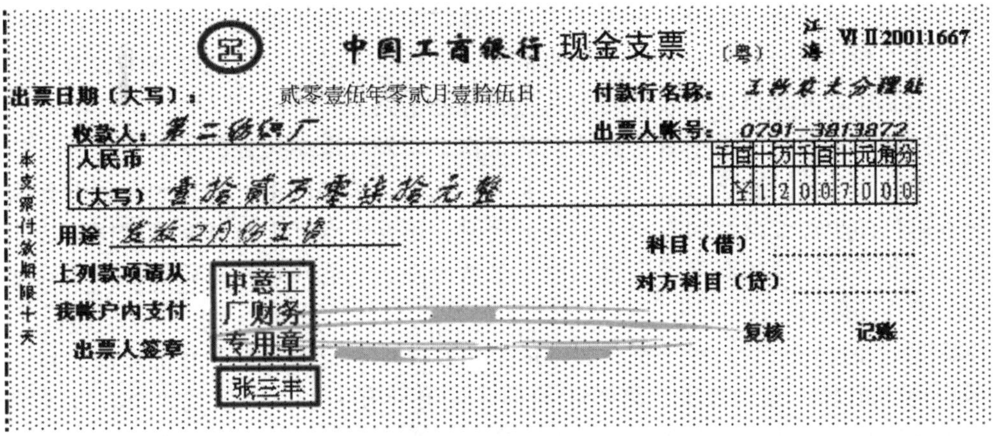
中国工商银行 现金支票 (粤) 江海 VI II 20011667

出票日期（大写）：贰零壹伍年零贰月壹拾伍日　付款行名称：工行农大分理处

收款人：第二纺织厂　出票人账号：0791-3813872

人民币（大写）壹拾贰万零柒拾元整　千百十万千百十元角分 ¥12007000

用途 发放2月份工资　科目（借）

上列款项请从我帐户内支付　对方科目（贷）

出票人签章　中意工厂财务专用章　张三丰　复核　记账

本支票付款期限十天

图 5-2 现金支票

【例 5-2】2023 年 12 月 5 日，中意工厂从光明公司购入甲材料 50 吨入库，由仓库收料员验收后，当即由保管员开出一张收料单（见表 5-7）。

表 5-7

收料单

供货单位：光明公司　　NO：00152

发票号：001236　　2023 年 12 月 5 日　　仓库：第二仓库

材料类别	材料编号	名称与规格	计量单位	数量		金额（元）			
				应收	实收	单价	买价	运杂费	合计
略	略	甲材料	吨	50	50	420	21 000	1 300	22 300
备注：货款未付				合计：¥22 300.00					

仓库保管员：杨梅军　　收料人：王子文

四、原始凭证的审核

为了正确反映和监督各项经济业务，财务部门对取得的原始凭证必须进行严格审查和核对，保证核算资料的真实、合法、完整。只有经过审查无误的凭证，才可以作为编制记账凭证和登记账簿的依据。原始凭证的审核是会计监督工作的一个重要环节，一般应从以下两方面进行：

（一）审查原始凭证所反映经济业务的合理性、合法性和真实性

这种审查是以有关政策、法规、制度以及计划与合同等为依据，审查凭证所记录的经济业务是否符合有关规定，有无贪污盗窃、虚报冒领、伪造凭证等违法乱纪现象，有无不经济、违反计划和标准的要求等。对于不合理、不合法及不真实的原始凭证，财会人员应拒绝受理。如果财会人员发现有伪造或涂改凭证，弄虚作假、虚报冒领等不法行为，除拒绝办理外，还应立即报告有关部门，提请严肃处理。

（二）审核原始凭证的填制是否符合规定

首先，审查所用的凭证格式是否符合规定，凭证的要素是否齐全，是否有经办单位和经办人员签章；其次，审查凭证上的数字是否完整，大、小写金额是否一致；最后，审查凭证上数字和文字是否有涂改、污损等不符合规定之处。如果通过审查发现凭证不符合上述要求，那么凭证本身就失去了作为记账依据的资格，会计部门应把那些不符合规定的凭证退还原编制凭证的单位或个人，要求其重新补办手续。

原始凭证的审核是一项细致而且严肃的工作。要做好原始凭证的审核，充分发挥会计的监督作用，会计人员应该做到精通会计业务，熟悉有关的政策、法规和各项财务规章制度，对本单位的生产经营活动有深入了解，同时，还要求会计人员具有维护国家法律法规和本单位财务管理制度的高度责任感，敢于坚持原则，才能在审核原始凭证时正确掌握标准，及时发现问题。

原始凭证经过审核后，对于符合要求的，应及时编制记账凭证并登记账簿；对于手续不完备、内容记载不全或数字计算不正确的，应退回有关经办部门或人员补办手续或更正；对于伪造、涂改或经济业务不合法的，应拒绝受理，并向本单位领导汇报，提出拒绝执行的意见。对于弄虚作假、徇私舞弊、伪造涂改凭证等违法乱纪行为，必须及时揭露并严肃处理。

第三节　记账凭证

一、记账凭证的基本内容

记账凭证是会计人员根据审核无误的原始凭证对经济业务事项的内容加以归类，并据以确定会计分录后填制的会计凭证。

由于原始凭证只表明经济业务的内容，而且种类繁多、数量庞大、格式不一，不能清楚地表明应记入账户的名称和方向，因而不能直接据以记账。为了分类反映经济业务的内容，必须按会计核算方法的要求，将其归类、整理，编制记账凭证，标明经济业务应记入的账户名称及应借、应贷的方向及金额，作为记账的直接依据。所以，记账凭证必须具备一些基本要素，其基本内容如下：

（1）记账凭证的名称；

（2）填制凭证的日期、凭证编号；

（3）经济业务的内容摘要；

（4）经济业务应记入账户的名称、记账方向和金额；

（5）所附原始凭证的张数和其他附件资料；

（6）会计主管、记账、复核、出纳、制单等有关人员的签名或盖章。

记账凭证和原始凭证同属于会计凭证，但二者存在以下不同：原始凭证是由经办人员填制，记账凭证则一律由会计人员填制；原始凭证根据发生或完成的经济业务填制，记账凭证根据审核无误的原始凭证填制；原始凭证仅用以记录、证明经济业务已经发生或完成，而记账凭证要依据会计科目对已经发生或完成的经济业务进行归类、整理，并确定应记账户的名称和记账方向；原始凭证是填制记账凭证的依据，而记账凭证则是登记账簿的直接依据。在实际工作中，原始凭证附在记账凭证后面，作为记账凭证的附件。

二、记账凭证的种类

由于原始凭证记录和反映的经济业务多种多样，因此，记账凭证也是多种多样的。记账凭证按不同的标志分类，可以分为不同的种类。

（一）记账凭证按其反映的经济内容不同，可分为收款凭证、付款凭证和转账凭证三种

1.收款凭证

收款凭证是指专门用于记录货币资金收款业务的会计凭证。收款凭证是出纳人员收讫款项的依据，也是登记有关总账、库存现金日记账和银行存款日记账以及有关明细账的依据，一般按库存现金和银行存款分别编制（见表5-8）。

表5-8 **收款凭证**

借方科目	

年　月　日　　　　收字第________号

摘要	贷方科目		金额										记账
	一级科目	明细科目	千	百	十	万	千	百	十	元	角	分	
金额合计													

会计主管：　　　　记账：　　　　制单：　　　　出纳：

2.付款凭证

付款凭证是指专门用于记录货币资金付款业务的会计凭证。付款凭证是出纳人员支付款项的依据，也是登记有关总账、库存现金日记账和银行存款日记账以及有关明细账的依据，一般按库存现金和银行存款分别编制（见表5-9）。

表5-9 付款凭证

贷方科目	

年　月　日　　　　付字第________号

摘要	借方科目		金　额										记　账
	一级科目	明细科目	千	百	十	万	千	百	十	元	角	分	
金额合计													

会计主管：　　记账：　　制单：　　出纳：

3.转账凭证

转账凭证是指专门用于记录不涉及货币资金收付款业务的会计凭证。它是登记有关总账和明细账的依据（见表5-10）。

表5-10 转账凭证

年　月　日　　　　转字________号

摘要	总账科目	明细科目	借方金额									贷方金额									记账
			百	十	万	千	百	十	元	角	分	百	十	万	千	百	十	元	角	分	
合　计：（附件　张）																					

会计主管：　　审核：　　制证：　　记账：

收款凭证、付款凭证和转账凭证分别用于记录货币资金收款业务、付款业务和转账业务（与货币资金收支无关的业务），为了便于识别，各种凭证印制成不同的颜色。在会计实务中，对于货币资金之间的收付款业务，为了避免重复记账，一般只编制付款凭证，不编制收款凭证。

（二）记账凭证按其填制方式不同，可分为单式记账凭证和复式记账凭证两种

1.单式记账凭证

单式记账凭证是在每张凭证上只填列经济业务事项所涉及的一个会计科目及金额的记账凭证。填列借方科目的称为借项记账凭证，填列贷方科目的称为贷项记账凭证。一笔经济业务涉及几个会计科目，就分别填制几张凭证，并采用一定的编号方法将它们联系起来。单式记账凭证中的对应科目只供参考，不据以记账。单式记账凭证的优点是内容单一，便于记账工作的分工，也便于按科目汇总，并可加速凭证的传递；缺点是凭证张数多，内容分散，在一张凭证上不能完整地反映一笔经济业务的全貌，不便于检验会计分录的正确性，故需加强凭证的复核审查、装订和保管工作。这种凭证分散、数量多，一般适用于业务工作量大、会计人员较多的单位。其格式见表5-11、表5-12。

表5-11 **借项记账凭证**

对应科目：　　　　年　　月　　日　　　　第　　号

摘　要	总账科目	明细科目	金　额	账　页

会计主管：　　记账：　　出纳：　　审核：　　制单：

表5-12 **贷项记账凭证**

对应科目：　　　　年　　月　　日　　　　第　　号

摘　要	总账科目	明细科目	金　额	账　页

会计主管：　　记账：　　出纳：　　审核：　　制单：

2.复式记账凭证

复式记账凭证是指将每一笔经济业务事项所涉及的全部会计科目及发生额均集中在同一张凭证中反映的一种记账凭证，即一张记账凭证上登记一项经济业务所涉及的两个或者两个以上的会计科目，既有“借方”，又有“贷方”。复式记账凭证的优点是可以把一笔经济业务完整地表现在一张凭证上，便于与所附的原始凭证对照分析经济业务的合法性、合理性，有利于了解经济业务的全貌；同时还可以减少凭证的数量，减轻编制记账凭证的工作量，便于检验会计分录的正确性，且填写方便，附件集中。其缺点是不便于分工记账，也不便于科目汇总。在实际工作中，各企事业单位普遍使用的都是复式记账凭证。上述介绍的收款凭证、付款凭证、转账凭证均属于复式记账凭证。

（三）记账凭证按汇总方法不同，可分为分类汇总记账凭证和全部汇总记账凭证两种

1.分类汇总记账凭证

分类汇总记账凭证是指定期按库存现金、银行存款及转账业务进行分类汇总，也可以按科目进行汇总。例如，可以将一定时期的收款凭证、付款凭证、转账凭证分别汇总，编制汇总收款凭证、汇总付款凭证、汇总转账凭证。这种凭证分类编制，便于分析和检查。

2.全部汇总记账凭证

全部汇总记账凭证是指将一定时期内编制的记账凭证，全部汇总编制在一张记账凭证中。例如，可以将一定时期的所有记账凭证按相同会计科目的借方和贷方分别汇总，编制记账凭证汇总表（或称科目汇总表）。这种凭证集中反映一定时期的经济活动情况，便于分析，有利于加强资金管理。采用此种凭证，会计科目汇总记录集中，便于登记总账。

汇总记账凭证是将许多同类记账凭证逐日或定期（3天、5天、10天等）加以汇总后编制的记账凭证，有利于简化总分类账的登记工作。其格式见第九章。

收款凭证、付款凭证和转账凭证，称为专用记账凭证。在实际工作中，货币资金的管理是财会人员的一项重要工作。为了单独反映货币资金的收付情况，在货币资金收付业务量较多的单位，往往对货币资金的收付业务编制专用的收、付款凭证。有些经济业务简单或收、付款业务不多的单位，可以使用一种通用格式的记账凭证。这种通用记账凭证既可用于收、付款业务，又可用于转账业务，所以称为通用记账凭证（见表5-13）。

表5-13　**记账凭证**

年　月　日　　凭证编号：

摘要	总账科目	明细科目	√	借方金额										√	贷方金额								
				千	百	十	万	千	百	十	元	角	分		千	百	十	万	千	百	十	元	角	分
合计（大写）																								

附件　张

会计主管：　　审核：　　记账：　　制单：

记账凭证分类如图5-3所示。

- 记账凭证
  - 按经济内容不同划分
    - 收款凭证
    - 付款凭证
    - 转账凭证
  - 按填制方式不同划分
    - 单式记账凭证
    - 复式记账凭证
  - 按汇总方法不同划分
    - 分类汇总凭证
    - 全部汇总凭证

图5-3 记账凭证分类

各单位在选用记账凭证时，要考虑本单位会计事项的多少并结合会计人员的分工情况和所采用的会计核算形式。

三、记账凭证的填制

（一）记账凭证的填制要求

填制记账凭证是一项重要的会计工作，为了便于登记账簿，保证账簿记录的正确性，填制记账凭证应符合以下要求：

1.依据要真实

除结账和更正错误外，记账凭证应根据审核无误的原始凭证及有关资料填制，记账凭证必须附有原始凭证并如实填写所附原始凭证的张数。记账凭证所附原始凭证张数的计算一般应以原始凭证的自然张数为准。如果在记账凭证中附有原始凭证汇总表，则应该把所附的原始凭证和原始凭证汇总表的张数一起计入附件的张数之内。但报销差旅费等零散票据，可以粘贴在一张纸上，作为一张原始凭证。一张原始凭证如果涉及几张记账凭证，可以将原始凭证附在一张主要的记账凭证后面，在该主要记账凭证摘要栏注明“本凭证附件包括××号记账凭证”字样，并在其他记账凭证上注明该主要记账凭证的编号或者附上该原始凭证的复印件，以便复核查阅。

2.内容要完整

记账凭证应具备的内容都要按照记账凭证上所列项目逐一填写清楚，有关人员的签名或者盖章要齐全，不可缺漏。如有以自制的原始凭证或者原始凭证汇总表代替记账凭证使用的，也必须具备记账凭证应有的内容。金额栏数字的填写必须规范、准确，与所附原始凭证的金额相符。金额登记方向、数字必须正确，角、分位不留空格。

3.凭证使用要正确

填制记账凭证，要根据经济业务的内容，区别不同类型的原始凭证，正确应用会计科目和记账凭证。记账凭证可以根据每一张原始凭证填制，或者根据若干张同类原始凭证汇总填制，也可以根据原始凭证汇总表填制，但不得将不同内容或类别的原始凭证汇总填制在一张记账凭证上，会计科目之间要保持正确的对应关系。在一般情况下，库存现金或银行存款的收、付款业务，应使用收款凭证或付款凭证。不涉及库存现金或银行存款收付的业务，应使用转账凭证。对于只涉及库存现金和银行存款之间的业务，如将库存现金送存银行，或者从银行提取库存现金，通常只填制付款凭证，以避免重复记账。在一笔经济业务中，如果既涉及库存现金或银行存款收、付业务，又涉及转账业务，则应分别填制收款或付款凭证和转账凭证。例如，当单位职工出差归来报销差旅费并交回剩余现金时，就应根据有关原始凭证按实际报销的金额填制一张转账凭证，同时按收回的现金数额填制一张收款凭证。各种记账凭证的使用格式应相对稳定，特别是在同一会计年度内，不宜随意更换，以免引起编号、装订、保管方面的不便与混乱。

4.日期填制要及时

记账凭证的填制日期一般应填制记账凭证当天的日期，不得提前或拖后。一般来说，收、付款凭证应按货币收付的日期填写。转账凭证原则上应按收到原始凭证的日期填写。如果一份转账凭证要依据不同日期的某类原始凭证填制，可按填制凭证日期填写。在月终时，按权责发生制原则计算收益、分配费用、结转成本利润等调整分录和结账分录的记账凭证，虽然需要到下月才能填制，但为了便于在当月的账内进行登记，仍应填写当月月末的日期。

5.编号要连续

为了分清会计事项处理的先后顺序，以便记账凭证与会计账簿之间的核对，确保记账凭证完整无缺，所填制的记账凭证在一个月内必须连续编号。记账凭证编号的方法有很多种：第一种是将全部记账凭证作为一类统一编号；第二种是分别按库存现金和银行存款收入业务、库存现金和银行存款付出业务、转账业务三类进行编号，这样记账凭证的编号应分为收字第×号、付字第×号、转字第×号；第三种是分别按库存现金收入、库存现金支出、银行存款收入、银行存款支出和转账业务五类进行编号，在这种情况下，记账凭证的编号应分为现收字第×号、现付字第×号、银收字第×号、银付字第×号和转字第×号，或者将转账业务按照具体内容再分成几类编号。各单位应当根据本单位的业务繁简程度、会计人员人数和分工情况来选择便于记账、查账、内部稽核的简单严密的编号方法。无论采用哪一种编号方法，都应该按月顺序编号，即每月都从1号编起，按自然数1、2、3、4、5…的顺序编至月末，不得跳号、重号。一笔经济业务需要填制两张或两张以上记账凭证的，可以采用分数编号法进行编号。例如，有一笔经济业务需要填制两张记账凭证，凭证顺序号为6，就可以编成$6\frac{1}{2}$、$6\frac{2}{2}$，前面的数表示凭证顺序号，后面分数的分母表示该号凭证共有两张，分子表示两张凭证中的第一张、第二张。

6.摘要要简明扼要

记账凭证的摘要栏是填写经济业务简要说明的，摘要应与原始凭证内容一致，能正确反映经济业务的主要内容，既要防止简而不明，又要防止过于烦琐。应使阅读者通过摘要就能了解该项经济业务的性质、特征，判断出会计分录的正确与否，一般不需要再去翻阅原始凭证或询问有关人员。

7.会计分录编制要正确

会计分录是记账凭证中的重要组成部分，要根据国家统一会计制度的规定和经济业务的内容，正确确定每一项经济业务所运用的会计科目，并保持借贷平衡，不得任意简化或变动。应填写会计科目的名称，或者同时填写会计科目的名称和会计科目编号，不应只填编号、不填名称。有关的二级或明细科目要填写齐全，以便于登记总账和明细账。会计科目的对应关系要填写清楚，应先借后贷，一般填制一借一贷、一借多贷或者多借一贷的会计分录。但如果某项经济业务本身就需要编制一个多借多贷的会计分录，也可以填制多借多贷的会计分录，以集中反映该项经济业务的全过程。填入金额数字后，要在记账凭证的合计行计算填写合计金额。在记账凭证中，借、贷方的金额必须相等，合计数必须计算正确。

8.注销空行

在填制记账凭证时，应按行次逐行填写，不得跳行或留有空行。记账凭证在填完经济业务后，如有空行，应当在金额栏自最后一笔金额数字下的空行至合计数上的空行处划斜线或“～”线注销。

在记账凭证中，文字、数字和货币符号的书写要求与原始凭证相同。实行会计电算化的单位，其机制记账凭证应当符合记账凭证的基本要求，在打印出来的机制凭证上要加盖制单人员、审核人员、记账人员和会计主管人员的印章或者签字，以明确责任。

（二）记账凭证的填制方法

1.单式记账凭证的填制

单式记账凭证，就是在一张凭证上只填列一个会计科目。一笔经济业务的会计分录涉及几个会计科目，就填几张记账凭证。为了保持会计科目间的对应关系，便于核对，在填制一个会计分录时编一个总号，再按凭证张数编几个分号，如第4笔经济业务涉及3个会计科目，编号则为$4\frac{1}{3}$、$4\frac{2}{3}$、$4\frac{3}{3}$。

在单式记账凭证中，填列借方账户名称的称为借项记账凭证，填列贷方账户名称的称为贷项记账凭证。为了便于区分，两者常用不同的颜色印制。

2.复式记账凭证的填制

复式记账凭证就是在一张记账凭证上记载一笔完整的经济业务所涉及的全部会计科目。为了清晰地反映经济业务的来龙去脉，不应将不同的经济业务合并填制。

（1）收款凭证的填制。

收款凭证是根据审核无误的库存现金和银行存款收款业务的原始凭证编制的。收款凭证左上角的借方科目，按收款的性质填写“库存现金”或者“银行存款”；日期填写的是编制本凭证的日期；右上角填写编制收款凭证的顺序号；摘要栏简明扼要地填写经济业务的内容梗概；贷方科目栏内填写与“库存现金”或“银行存款”科目相对应的总账科目及所属明细科目；金额栏内填写实际收到的库存现金或银行存款的数额，各总账科目与所属明细科目的应贷金额，应分别填写在与总账科目或明细科目同一行的“总账科目”或“明细科目”金额栏内；金额栏的合计数，只合计总账科目金额，表示借方科目“库存现金”或“银行存款”的金额；记账栏供记账人员在根据收款凭证登记有关账簿后作记号用，表示已经记账，防止经济业务事项的重记或漏记；该凭证右边“附件　张”根据所附原始凭证的张数填写；凭证最下方有关人员签章处供有关人员在履行了责任后签名或签章，以明确经济责任。

（2）付款凭证的填制。

付款凭证是根据经审核无误的库存现金和银行存款付款业务的原始凭证编制的。付款凭证的左上角贷方科目栏，应填列“库存现金”或者“银行存款”，借方科目栏应填列与“库存现金”或“银行存款”科目相对应的总账科目及所属的明细科目。其余各部分的填制方法与收款凭证基本相同，不再赘述。

（3）转账凭证的填制。

转账凭证是根据经审核无误的不涉及库存现金和银行存款收付的转账业务的原始凭证编制的。转账凭证的会计科目栏应按照先借后贷的顺序分别填写应借应贷的总账科目及所属的明细科目；借方总账科目及所属明细科目的应记金额，应在与科目同一行的借方金额栏内相应栏次填写，贷方总账科目及所属明细科目的应记金额，应在与科目同一行的贷方金额栏内相应栏次填写；合计行只合计借方总账科目金额和贷方总账科目金额，借方总账科目金额合计数与贷方总账科目金额合计数应相等。

下面分别举例说明收款凭证、付款凭证和转账凭证的填制。

【例5-3】某企业2023年6月12日收到蓝天公司偿还所欠货款1 000元，存入银行。根据经济业务的原始凭证填制的收款凭证见表5-14。

表5-14　　收款凭证

借方科目：银行存款　　2023年6月12日　　第123号

摘　要	贷方科目	明细科目	金　额											记账
			亿	千	百	十	万	千	百	十	元	角	分	
收到蓝天公司偿还货款	应收账款	蓝天公司						1	0	0	0	0	0	
合　计	人民币壹仟元整						¥	1	0	0	0	0	0	

附件3张

制单：　　审核：　　记账：　　出纳：

【例5-4】某企业2023年8月17日以现金支付采购员周伯通预借差旅费3 000元。根据这项经济业务的原始凭证填制的付款凭证见表5-15。

表5-15　　付款凭证

贷方科目：库存现金　　2023年8月17日　　第234号

摘　要	借方科目	明细科目	金额											记账
			亿	千	百	十	万	千	百	十	元	角	分	
预支差旅费	其他应收款	周伯通						3	0	0	0	0	0	
合　计	人民币叁仟元整						¥	3	0	0	0	0	0	

附件1张

制单：　　审核：　　记账：　　出纳：　　领款人：

【例5-5】某企业2023年10月28日销售产品30 000元（增值税暂不考虑）冲减桃花岛

公司的预收款。根据该项经济业务的原始凭证填制的转账凭证见表5-16。

表5-16 转账凭证

2023年10月28日 第345号

摘要	会计科目	明细科目	借方金额										贷方金额										记账
			千	百	十	万	千	百	十	元	角	分	千	百	十	万	千	百	十	元	角	分	
销售商品冲预收款	预收账款	桃花岛				3	0	0	0	0	0	0											
	主营业务收入															3	0	0	0	0	0	0	
合　计	人民币叁万元整					3	0	0	0	0	0	0			¥	3	0	0	0	0	0	0	

制单： 审核： 记账：

在实际工作中，对于经济业务比较简单的企业，由于业务量较少，凭证也不多，为了简化核算手续，可以只使用一种通用的记账凭证（即经济业务不再按经济业务的内容划分为收款凭证、付款凭证和转账凭证），用来记录所发生的各种经济业务，其格式和内容与转账凭证相同。

四、记账凭证的审核

记账凭证编制以后，必须由专人进行审核，借以监督经济业务的真实性、合法性和合理性，并检查记账凭证的编制是否符合要求。特别要审核最初证明经济业务实际发生、完成的原始凭证。因此，对记账凭证的审核是一项严肃细致、政策性很强的工作。只有做好这项工作才能正确地发挥会计反映和监督的作用。记账凭证审核的基本内容包括以下几项：

（一）填制依据是否真实

审核记账凭证是否有原始凭证为依据，所附原始凭证的内容是否与记账凭证的内容一致，记账凭证汇总表的内容与其所依据的记账凭证的内容是否一致等。

（二）填写项目是否齐全

审核记账凭证中的所有项目是否填写齐全、完整，如日期、摘要、凭证编号、金额、所附原始凭证张数及有关人员签章等。

（三）会计科目是否正确

审核记账凭证的应借、应贷科目是否正确，账户对应关系是否清晰，所使用的会计科目及核算内容是否符合国家统一的会计制度的规定等。

（四）金额是否正确

审核记账凭证所记录的金额与原始凭证的有关金额是否一致、计算是否正确，记账凭证汇总表的金额与记账凭证的金额合计数是否相符等。

（五）书写是否规范

审核记账凭证中的记录是否文字工整、数字清晰，不能有污渍、刮擦、挖补或使用修正液等情况。若发现有填制错误的记账凭证，必须重新填制。

在审核过程中，如果发现不符合要求的地方，应要求有关人员采取正确的方法进行更正和处理。只有经过审核无误的记账凭证，才能作为登记账簿的依据。

第四节　会计凭证的传递与保管

一、会计凭证的传递

会计凭证的传递，是指会计凭证从取得或填制起至归档保管时止，在单位内部有关部门和人员之间的传送程序。各种会计凭证所记载的经济业务不同，涉及的部门和人员不同，办理业务的手续也不同，因此，应当为各种会计凭证规定一个合理的传递程序，即一张会计凭证填制后应交到哪个部门、哪个岗位，由谁办理业务手续等，直到归档保管为止。

（一）会计凭证传递的意义

正确组织会计凭证的传递，对于提高会计核算资料的及时性、正确组织经济活动、加强经济责任、实行会计监督具有重要意义。

1.正确组织会计凭证的传递，有利于提高工作效率

正确组织会计凭证的传递，能够及时、真实地反映和监督各项经济业务的发生和完成情况，为经济管理提供可靠的经济信息。因为会计凭证传递的过程，既是组织协调经济活动的过程，又是传递会计数据的过程。例如，材料运到企业后，仓库保管员应在规定的时间内将材料验收入库，填制收料单，注明实收数量等情况，并将收料单及时送到财会部门及其他有关部门。财会部门接到收料单，经审核无误后，就应及时编制记账凭证并登记账簿，生产部门得到该批材料已验收入库的凭证后，便可办理有关领料手续，用于产品生产等。如果仓库保管员未按时填写收料单或虽填写收料单但没有及时送到有关部门，就会给人以材料尚未入库的假象，从而影响企业生产的正常进行。

2.正确组织会计凭证的传递，能更好地发挥会计的监督作用

正确组织会计凭证的传递，便于有关部门和人员分工协作，相互牵制，加强岗位责任制，从而更好地发挥会计的监督作用。例如，材料运到企业验收入库，需要多少时间，由谁填制收料单，何时将收料单送到供应部门和财会部门，财会部门收到收料单后由谁进行审核，并同供应部门的发货票进行核对，由谁何时编制记账凭证和登记账簿，由谁负责整理保管凭证等。这样，就把材料收入业务从验收入库到登记入账的全部工作，在本单位内部进行分工合作，共同完成。同时，可以考核经办业务的有关部门和人员是否按规定的会计手续办理，从而加强经营管理，提高工作质量。

（二）会计凭证传递的基本要求

各单位的经营业务性质是多种多样的，各种经营业务又有各自的特点，所以，办理各项经济业务的部门和人员以及办理凭证所需要的时间、传递程序也必然各不相同。这就要求每个单位都必须根据自己的业务特点和管理特点，由单位领导会同会计部门及有关部门

共同设计、制定一套会计凭证的传递程序，使各个部门有序、及时地按规定程序传递凭证。各单位在设计、制定会计凭证传递程序时，应考虑以下几点：

1.根据经济业务的特点、机构设置和人员分工情况，明确会计凭证的传递程序

由于企业生产经营业务的内容不同，企业管理的要求也不尽相同。在会计凭证的传递过程中，要根据本单位的具体情况，合理制定会计凭证流转的环节、凭证的份数和流转的次序，并确定各环节的责任人员。做到既可使各有关部门和人员了解经济活动的情况、及时办理手续，又可避免凭证传递经过不必要的环节，以提高工作效率。

2.规定会计凭证经过每个环节所需要的时间，以保证凭证传递的及时性

会计凭证的传递时间，应考虑各部门和有关人员的工作内容和工作量在正常情况下的完成时间，明确规定各种凭证在各个环节上停留的最长时间，不能拖延和积压会计凭证，以免影响会计工作的正常程序。一切会计凭证的传递和处理，都应在报告期内完成，不允许跨期，否则将影响会计核算的准确性和及时性。

会计凭证在传递过程中的衔接手续，应该做到既完备、严密，又简单易行。凭证的收发、交接都应当按一定的手续制度办理，以保证会计凭证的安全和完整。会计凭证的传递程序、传递时间和衔接手续明确后，制定凭证传递程序，规定凭证传递路线、环节及在各个环节上的时间、处理内容及交接手续，使凭证传递工作有条不紊、迅速有效地进行。

二、会计凭证的保管

会计凭证的保管是指会计凭证记账后的整理、装订和归档存查。

会计凭证既是记录经济业务、明确经济责任、具有法律效力的证明文件，又是登记账簿的依据，是重要的经济档案和历史资料。各企事业单位在完成经济业务手续和账务处理之后，必须按规定立卷归档，形成会计档案资料，妥善保管，以便日后随时查阅。

会计凭证整理保管的要求有：

（1）各种记账凭证，连同所附原始凭证和原始凭证汇总表，要分类按顺序编号，定期（1天、5天、10天或1个月）装订成册，并加具封面、封底，注明单位名称、凭证种类、所属年月和起讫日期、起止号码、凭证张数等。为防止任意拆装，应在装订处贴上封签，并由经办人员在封签处加盖骑缝章。

（2）对一些性质相同、数量很多或各种随时需要查阅的原始凭证，可以单独装订保管，在封面上写明记账凭证的时间、编号、种类，同时在记账凭证上注明“附件另订”。

（3）各种经济合同和重要的涉外文件等凭证，应另编目录，单独登记保管，并在有关原始凭证和记账凭证上注明。

（4）其他单位因有特殊原因需要使用原始凭证时，经本单位领导批准，可以复制，但应在专门的登记簿上进行登记，并由提供人员和收取人员共同签章。

（5）会计凭证装订成册后，应由专人负责分类保管，年终应登记归档。会计凭证的保管期限和销毁手续应严格执行《会计档案管理办法》，任何人无权自行随意销毁。

（6）会计凭证在归档后，应按年、月、日顺序排列，以便查阅。对已归档凭证的查

阅、调用和复制，都应得到批准，并办理必要的手续。会计凭证在保管中应防止霉烂破损和鼠咬虫蛀，以确保其安全和完整。

思政案例

寻乌调查：寻唯实求真之风

一、案例（材料）内容

习近平总书记在党的二十大报告中提出，我们必须坚持解放思想、实事求是、与时俱进、求真务实，一切从实际出发。会计人员在办理会计事务中，应当实事求是、客观公正。这是一种工作态度，也是会计人员追求的一种境界。做好会计工作，不仅要有过硬的技术本领，也同样需要有实事求是的精神和客观公正的态度。

1930年5月，红四军攻克寻乌县城，并在此停留了一个月左右的时间。毛泽东抓住这个机会，在寻乌进行了为期二十多天的社会调查。“没有调查，没有发言权”，“不做正确的调查同样没有发言权”。寻乌调查时，毛泽东坚持拜群众为师、拜事实为师、拜方法为师，获得了准确的一手资料，为后来作出正确决策奠定了坚实基础，对毛泽东调查研究思想的形成发展也具有重要意义。

拜事实为师是要“下马观花”，不能用“大概”行，坚持实事求是搞调查研究。在寻乌调查中，毛泽东“下马观花”到什么程度？连运往县城的鸡牛猪从哪里来的、经过哪些具体路段、有多少斤、每斤多少钱都一一写出。县城中有几家卖盐的、盐的种类和颜色都细细道来。正是毛泽东坚持“拼着精力把一个地方研究透彻，然后于研究别个地方，于明了一般情况，便都很容易了”的调研态度，深入细致开展调查，获取了十分翔实的资料，为毛泽东后来在宁都小布撰写《寻乌调查》手稿提供了重要支撑。

寻乌调查是毛泽东一生中最有代表性的调查研究之一，也是我们党开展调查研究的光辉典范。习近平总书记指出：“毛泽东同志1930年在寻乌县调查时，直接与各界群众开调查会，掌握了大量第一手材料……这种深入、唯实的作风值得我们学习。”

资料来源：[1] 王思文.毛泽东与寻乌调查[J]. 秘书工作，2023（5）：55-57. [2] 葛长银.会计素养是“实事求是”的重要“培养基”[J]. 财务与会计，2019（1）：81-82.

二、本案例（材料）的适用范围

本案例适用于“基础会计”课程第五章“会计凭证”内容。

三、问题思考

1. 本案例（材料）蕴含的思政元素有哪些？

2. 作为一名会计人员，为什么要实事求是？怎样做到实事求是？

思考与练习题

一、名词解释

会计凭证　原始凭证　记账凭证　收款凭证　付款凭证　转账凭证　复式记账凭证

二、选择题

1. 在下列凭证中，属于外来原始凭证的是（　　）。

A. 借款单　　B. 工资发放明细表

C. 领料单　　D. 购货时取得的增值税专用发票

2.原始凭证按其填列的方法不同，可分为（　　）。

A.一次凭证　　　　B.累计凭证

C.收款凭证　　　　D.原始凭证汇总表

3.记账凭证可以根据（　　）填列。

A.每一张原始凭证　　　　B.原始凭证汇总表

C.经济业务的内容　　　　D.若干张同类原始凭证汇总

4.在下列经济业务中，应填制付款凭证的是（　　）。

A.采购员预借差旅费，付给现金

B.购入一批材料，货款以银行存款支付

C.销售一批商品，收到货款并存入银行

D.将现金存入银行

5.记账凭证应具备的基本内容有（　　）等。

A.经济业务的内容摘要　　　　B.接受凭证单位的全称

C.应记账户的名称、方向及金额　　　　D.所附原始凭证张数

三、判断题

1.会计凭证按填制程序和用途分类，可分为原始凭证和记账凭证两大类。（　　）

2.原始凭证按其来源不同可分为外来原始凭证和自制原始凭证。（　　）

3.复式记账凭证是指将多笔经济业务所涉及的全部会计科目及内容在同一张记账凭证中反映的记账凭证。（　　）

4.每项经济业务的发生都必须从外部取得原始凭证。（　　）

5.从银行提取现金应填制现金收款凭证。（　　）

6.会计凭证是登记账簿的依据。（　　）

四、问答题

1.填制和审核会计凭证的意义是什么？

2.会计凭证分为哪几类？有何区别和联系？

3.原始凭证与记账凭证的基本内容各有哪些？

4.记账凭证的填制应遵循哪些要求？

5.怎样审核原始凭证和记账凭证？

6.会计凭证的传递有何意义？其保管有何要求？

第五章思考与练习题参考答案

第六章

会计账簿

学习目标

◇掌握会计账簿的基本概念、作用与主要分类。

◇掌握会计账簿的设置、登记规则与错账更正方法。

◇掌握对账、结账与账簿的保管要求。

第一节 会计账簿概述

一、会计账簿的概念

会计账簿，简称账簿，是指以审核无误的会计凭证为依据，由专门格式、相互联系的若干账页所组成，对所有经济业务进行全面、系统、连续、分类记录与核算的一种会计簿籍。企业与行政事业等各单位应当根据国家统一会计制度规定设置会计账簿。

二、会计账簿的作用

设置与登记会计账簿是会计核算的专门方法之一，是连接会计凭证与财务报告的中间环节，是编制财务报告的基础及依据。科学设置和正确登记会计账簿是一项重要的会计核算工作，对于各单位保障财产物资安全、编制财务报告及加强经营管理等具有重要作用。会计账簿的具体作用概括如下：

（一）为开展财产物资清查提供重要依据

会计账簿是对会计凭证信息的进一步加工整理，不仅能够提供反映财产物资增减变动情况的总括信息，还能够提供具体的明细信息，为各单位开展财产物资清查提供重要依据，从而保障财产物资安全。

（二）为编制财务报告提供可靠的数据来源

各单位编制财务报告所需的数据来源于会计账簿，会计账簿设置科学与否、会计账簿记录正确与否，将直接影响财务报告质量。为此，科学设置和正确登记会计账簿，能够为编制财务报告提供可靠的数据来源，将账簿记录输出为财务报告信息，对保障财务报告质量具有重要作用。

（三）为加强经营管理提供重要参考

通过设置与登记会计账簿，能够对各单位的会计信息进行记载、存储、分类及汇总，对会计凭证上分散反映个别经济业务的信息资料进行归类整理，从而有利于全面、系统、连续和分类反映企业及行政事业等各单位的经济业务活动，为各单位加强经营管理提供重要参考。

三、会计账簿的分类

为更好地了解会计账簿的外在形式，理解账户的具体内容，在实际工作中有必要对账簿进行科学分类。一般根据账簿用途与外表形式进行分类。

（一）根据会计账簿用途分类

根据会计账簿具体用途的不同，将其分为日记账簿、分类账簿与备查账簿。

1.日记账簿

日记账簿，也称序时账簿，是指按照经济业务发生的时间顺序逐日逐笔登记的账簿。根据日记账登记内容的不同，分为普通日记账与特种日记账两种。

普通日记账，也称通用日记账、分录日记账，是指用于登记全部经济业务的序时账簿。各单位对所有经济业务都要根据其发生时间先后顺序，在普通日记账中逐日逐笔登记。其登记内容类似填制记账凭证，即各项经济业务发生时，将会计分录直接登记在普通日记账中，无须填制记账凭证，这种日记账也称“分录账”或“分录簿”。

特种日记账是指专门用于登记某一类经济业务的序时账簿。各单位一般主要根据某一类经济业务发生的频繁程度与单位性质设置特种日记账。例如，为加强货币资金管理，各单位需要设置现金日记账与银行存款日记账，以分别登记现金收付及银行存款收付情况。现金日记账、银行存款日记账是最常见、应用最广的特种日记账。

在会计实务中，各单位通常不设置普通日记账，只设置特种日记账。为避免重复，设置普通日记账的单位，一般不再单独设置特种日记账。

2.分类账簿

分类账簿，也称分类账，是指根据会计要素的具体类别设置分类账户进行登记的账簿。根据分类账簿所提供会计核算指标的详细程度不同，可将其分为总分类账簿与明细分类账簿。总分类账簿，也称总分类账，简称总账，是指根据总账科目设置，能够提供总括会计核算指标（某一大类经济业务）的账簿；明细分类账簿，也称明细分类账，简称明细账，是指根据明细科目设置，能够提供详细会计核算指标（某一特定经济业务）的账簿。总账与明细账具有不同的作用，但互为补充。

3.备查账簿

备查账簿，也称备查簿、备查登记簿或辅助账簿，简称备查账，是指对一些在序时账和分类账中没有登记、登记不全或不能登记的经济业务进行补充登记的账簿，对序时账和分类账等主要账簿起到补充作用的账簿。相对于序时账和分类账而言，备查账作为一种辅助账簿，能够对某些经济业务内容提供必要的参考资料。国家统一会计制度规定各单位必须按要求依法设置会计账簿体系，包括日记账、总账、明细账与备查账。备查账无须根据会计凭证进行登记，也无固定格式与登记方法，各单位可以根据实际工作需要自行设置一些常见的备查账，例如：租入固定资产备查账、应收账款备查账、应收票据备查账、委托加工材料备查账等。

（二）根据会计账簿外表形式分类

根据会计账簿外表形式的不同，将其分为订本式账簿、活页式账簿与卡片式账簿。

1.订本式账簿

订本式账簿，简称订本账，是指在启用之前已将账页装订成册并对账页顺序编页码的账簿。订本账的优点是可以避免账页散失，防止账页被抽换。其缺点是账页固定，使用时不够灵活，必须为每一账户预留空白账页，预留多了造成浪费，预留少了又无法增加账页。订本账主要适用于银行存款日记账、库存现金日记账与总分类账。

2.活页式账簿

活页式账簿，简称活页账，是指在账簿登记完毕之后（通常在一个会计年度结束之后），将账页装订成册并对账页顺序编页码的账簿。与订本账正好相反，活页账的优点是使用时灵活便捷，可以根据实际需求增减和更换账页，便于多人同时分工记账。其缺点是账页易散失和被非法抽换。各种明细账一般采用活页账。

3.卡片式账簿

卡片式账簿，简称卡片账，是指将若干数量的卡片式账页放置于专门的卡片箱内，可以根据实际需要随时增加或抽减账页的账簿。卡片账的优缺点与活页账基本相同。在会计实务中，固定资产明细账多采用卡片账的形式，即固定资产卡片账。活页账和卡片账在使用结束、不再继续登记时，必须装订成册，妥善保管。

（三）根据会计账簿账页格式分类

根据会计账簿账页格式的不同，将其分为三栏式账簿、多栏式账簿、数量金额式账簿与横线登记式账簿（具体内容在明细账中予以详述）。

四、会计账簿与账户之间的关系

登记会计账簿与设置账户都是会计核算的专门方法。账户与账簿之间既有密切联系，也有区别。账户是一种以会计科目为名称，具有一定格式与结构，用于全面、系统、连续、分类记录各项经济业务增减变动情况的载体。账簿与账户之间的关系就是形式和内容的关系，账簿是一种外在形式，账户是记录账簿内容的载体。账户是在账簿中开设的户头，账户存在于账簿之中，是账簿内容的具体表现，没有账簿，账页无法独立存在，而账簿需要通过不同的账户，序时、分类地记录不同的经济业务。

第二节　会计账簿的设置与登记

一、会计账簿的设置原则

《会计基础工作规范》第五十六条规定“各单位应当按照国家统一会计制度的规定和会计业务的需要设置会计账簿”。会计账簿包括总账、明细账、日记账和其他辅助性账簿。会计账簿设置主要包括确定账簿种类、设计账页格式与内容、规定账簿登记方法。通常情况下，各单位应遵循统一性、科学性与实用性的原则，依法设置账簿。

（一）统一性原则

各单位应根据国家有关规章制度规定的会计科目、账簿格式、种类，以及设置账簿的基本要求来设置适合本单位经济业务特点的会计账簿，以便于会计人员核算、汇总、比较与记录经济业务情况。

（二）科学性原则

各单位应根据本单位生产经营规模，考虑人力物力资源与经济业务实际需要，科学设置账簿的种类及数量，避免重复和遗漏，确保账簿能够全面、系统、分类地反映各项经济业务情况，为生产经营管理提供必要的核算资料。

（三）实用性原则

各单位应根据本单位经济业务的特点及需提供的核算指标、管理要求与会计机构设置情况来设计账簿的格式，格式应力求精简实用，便于记账和查账，满足内部管理需求与外部信息使用者的需要。

二、会计账簿的基本内容

不同会计账簿的形式与格式多种多样，但均应具备下列基本内容：

（一）封面

主要标明账簿的名称，如总分类账、现金日记账、银行存款日记账等，以及记账单位名称。

（二）扉页

主要标明账簿的启用日期、截止日期、页数、册次、经管账簿人员一览表及签章、会计主管人员签章、账户目录等。

记账人员在账簿中开设账页户头后，应按顺序将每个账户名称和页数登记到账户目录中，以便于查阅账簿的登记内容。若是活页账簿，账簿启用时无法确定页数，可先填写账户名称，待年终装订归档时，再填写页数。

（三）账页

账页是组成会计账簿的主体，基本内容主要包括账户名称（总账科目、二级或明细科目）、登账日期栏、凭证种类和号数栏、摘要栏、金额栏、总页次和分户页次等。

由于会计账簿记录的经济业务内容不同，其基本结构与登记方法存在差异。下面将重点介绍日记账与分类账的设置及登记方法。

三、日记账的设置与登记

（一）普通日记账的设置与登记

普通日记账的基本格式见表6-1。它一般分为“借方金额”与“贷方金额”两栏，登记每一分录的借方账户和贷方账户及金额。普通日记账的内容是各项经济业务的会计分录，可以反映借贷双方账户的对应关系，但不结余额，适用于运用电子计算机进行会计核算的经济单位。

表6-1　　普通日记账　　第　页

年		会计科目	摘　要	借方金额	贷方金额	过　账
月	日					

（二）特种日记账的设置与登记

各单位都应设置库存现金日记账与银行存款日记账，以序时核算库存现金和银行存款的收入、支出与结余情况，加强货币资金安全管理。

1.库存现金日记账的设置与登记

库存现金日记账是指由出纳人员依据审核无误的现金收款凭证和现金付款凭证，逐日逐笔登记，并随时结出余额的账簿。库存现金日记账可以用来核算和监督库存现金每日收入、支出与结余情况。

库存现金日记账一般采用“三栏式”格式，基本结构见表6-2，包括“收入”、“支出”与“结余”三栏。其中，“日期栏”“凭证号数”“摘要”“对方科目”均按照现金收款凭证、现金付款凭证的有关内容逐日逐笔登记。“收入”栏根据收款凭证登记，“支出”栏根据付款凭证登记。每日终了，应根据公式“本日结余=上日结余+本日收入-本日支出”结出当日的现金收入合计数、现金支出合计数、现金结余合计数，并将现金结余合计数与库存现金实际数额进行核对，做到账实相符。

表6-2　　库存现金日记账　　第　页

年		凭　证		摘　要	对方科目	收　入	支　出	结　余
月	日	种类	号数					

为更好地反映每一笔现金收支业务的来龙去脉，以便分析和汇总对应科目的发生额，库存现金日记账也可以采用“多栏式”格式，其基本结构是按照与现金收入相对应的贷方账户、与现金支出相对应的借方账户分别设置专栏，以序时、分类地反映现金收支业务。其基本格式见表6-3、表6-4、表6-5。

三栏式现金日记账与多栏式现金日记账，外表形式均必须采用订本账。

多栏式现金日记账的登记原理与三栏式现金日记账的区别在于，收入和支出现金时，应根据对应科目分别记入所设置的各专栏中。若是现金收入，则将金额记入“对应账户贷方”栏内，并记入“现金收入合计”栏内；若是现金支出，则将金额记入“对应账户借方”栏内，并记入“现金支出合计”栏内。同时，月末应计算出各专栏的合计数，以反映现金收入的具体来源与现金支出的具体用途。

当现金收入和支出分别设置两本账时，应根据现金收款凭证及部分银行存款付款凭证（从银行提取现金应填制银行存款付款凭证）登记现金收入日记账，并按日结出每日现金收入合计数，登记在收入合计栏内；根据现金付款凭证登记现金支出日记账，并按日结出每日现金支出合计数，登记在支出合计栏内。

为便于计算每日现金余额，应同时将现金支出日记账中的支出合计数转记到现金收入日记账中。每日终了，根据公式“本日结余=上日结余+本日收入-本日支出”结出当日现金结存余额，并与现金实有数核对相符。

表6-3 **库存现金（银行存款）日记账** 第　　页

年		凭证		摘要	收入				支出				结余
月	日	种类	号数					合计				合计	

表6-4 **库存现金（银行存款）收入日记账** 第　　页

年		收款凭证号数	摘要	贷方科目					支出合计	余额
月	日							收入合计		

表6-5　　　　**库存现金（银行存款）支出日记账**　　　　第　　页

年		付款凭证号数	摘　要	借方科目							
月	日										支出合计

2.银行存款日记账的设置与登记

银行存款日记账是指由出纳人员依据审核无误的银行存款收款凭证和银行存款付款凭证，逐日逐笔登记，并随时结出余额的账簿。银行存款日记账可以用来核算和监督银行存款每日的收入、支出和结余情况。

通常各单位开设的银行账户较多，且可能涉及外币交易。因此，银行存款日记账应根据不同的开户银行、存款种类（币种）等设置明细账。其格式分为三栏式和多栏式，其外表形式必须为订本账。

“三栏式”银行存款日记账见表6-6，“多栏式”银行存款日记账见表6-3、表6-4、表6-5。“三栏式”银行存款日记账中的“日期栏”“凭证号数”“摘要”“对方科目”等栏目，应根据银行存款收款凭证、银行存款付款凭证的有关内容逐日逐笔登记，每日终了时应结出银行存款余额。银行存款日记账应定期与银行对账单核对，至少每月核对一次。月末，若各单位的银行存款账面余额与银行对账单余额之间有差额，必须查明原因，并按月编制“银行存款余额调节表”，以调整相符。

表6-6　　　　**银行存款日记账**　　　　第　　页

年		凭　证		摘　要	结算凭证		对方科目	收　入	支　出	余　额
月	日	种类	号数		种类	号数				

“三栏式”银行存款日记账与“三栏式”库存现金日记账的不同之处在于“三栏式”银行存款日记账设有“结算凭证”栏目。若企业采用支票结算，“结算凭证”栏中的种类应填写“现金支票”或“转账支票”，号数应填写支票编号最后四位数。

四、总分类账的设置与登记

总分类账简称总账，是指按照总分类账户分类登记全部经济业务，以提供总括会计信息的账簿。各单位都应依法设置总账，根据会计科目编码顺序开设总账账户。总账的格式具有三栏式和多栏式两种，但最常用的格式是三栏式。

总账一般采用三栏式的订本账，登记时只采用货币计量单位，其基本结构包括借方、贷方和余额三个金额栏目，基本格式见表6-7。

表6-7 **总分类账**

账户名称： 第 页

年		凭证号数	摘要	借方	贷方	借或贷	余额
月	日						

总账的登记依据因采取的会计账务处理程序不同而有所不同。经济业务量较少的单位，总账可以根据记账凭证逐笔登记；经济业务量较多的单位，总账可以根据记账凭证汇总表（又称科目汇总表或汇总记账凭证）定期登记，定期登记时间可以是5天、10天、半个月或一个月。

总账能够全面、总括地反映各项经济业务情况。各单位每月应将当月已完成的经济业务全部登记入账，并于月终结出总账中各账户的本期发生额和期末余额，再与明细账余额核对相符，为编制财务报告提供主要依据。

五、明细分类账的设置与登记

明细分类账简称明细账，是指根据二级账户或明细账户开设账页，分类、连续地登记经济业务，以提供明细核算资料的账簿。明细账能够具体详细地反映经济业务情况，以弥补总账所提供核算资料的不足，对总账起着补充作用，也为编制财务报告提供必要的明细资料。因此，各单位设置总账的同时还应设置必要的明细账。

明细账根据记账凭证和相应的原始凭证来登记，登记时主要采用货币计量单位，有的也同时采用实物计量单位。明细账的格式主要有三栏式、数量金额式、多栏式与横线登记式四种，且在外表形式上一般采用活页式账簿、卡片式账簿。

（一）三栏式明细账的设置与登记

三栏式明细账的基本结构包括借方、贷方和余额三个金额栏目，其基本格式与三栏式总账格式相同，见表6-8。它适用于只需金额核算而无须数量核算的资本、债权债务等明细账，如实收资本、短期借款、应收账款、应付账款等。

表6-8　　实收资本明细账

明细科目：　　第　　页

年		凭证号数	摘　要	借　方	贷　方	借或贷	余　额
月	日						

（二）数量金额式明细账的设置与登记

数量金额式明细账的基本结构包括收入（借方）、发出（贷方）和结存（余额）三栏，每栏内设有数量、单价和金额三个专栏。这体现了数量金额式明细账最大的特点，因此它适用于需要同时进行金额核算和数量核算的存货明细账，如原材料、周转材料、库存商品等。其基本格式见表6-9。

表6-9　　原材料明细账　　第　　页

材料类别：　　存放地点：

名称和规格：　　计量单位：　　储备定额：

年		凭证号数	摘　要	收　入			发　出			结　存		
月	日			数量	单价	金额	数量	单价	金额	数量	单价	金额

（三）多栏式明细账的设置与登记

多栏式明细账不是按照明细科目分设账页，而是将属于同一个总账科目的各个明细科目合并在一张账页上进行登记，即在借方和贷方金额栏内按照明细项目设若干专栏，以便为不同经济业务提供详细资料。它适用于登记明细项目多、借贷方向单一的收入、成本、费用等科目的明细账，如主营业务收入、生产成本、制造费用、管理费用、本年利润、利润分配等。多栏式明细账可以分为借方贷方多栏式明细分类账、借方多栏式明细分类账和贷方多栏式明细分类账，下面分别介绍。

1.借方贷方多栏式明细分类账的设置与登记

借方贷方多栏式明细分类账的特点是借方贷方均设置多栏（多个明细科目或明细项目的账户），如“应交税费——应交增值税”“本年利润”账户的明细分类核算。以“应交税费——应交增值税”为例，其格式和内容见表6-10。

表6-10 **多栏式明细分类账（一）**

应交税费——应交增值税明细账 第 页

年		凭证		摘要	借方				贷方				借或贷	余额
月	日	种类	编号		进项税额	已交税金	…	合计	销项税额	进项税转出	…	合计		

2.借方多栏式明细分类账的设置与登记

借方多栏式明细分类账主要适用于借方需设多个明细科目或明细项目的成本、费用类明细账，如生产成本、制造费用、管理费用、财务费用、税金及附加等账户的明细分类核算。以“制造费用”为例，其格式和内容见表6-11。

表6-11 **多栏式明细分类账（二）**

制造费用明细账 第 页

年		凭证		摘要	借方（项目）							余额
月	日	种类	编号		工资和福利费	折旧费	修理费	办公费	水电费	…	合计	

3.贷方多栏式明细分类账的设置与登记

贷方多栏式明细分类账主要适用于贷方需设多个明细科目或明细项目的收入类明细账户，如主营业务收入、营业外收入等账户的明细分类核算。以“主营业务收入”为例，其格式和内容见表6-12。

表6-12　　**多栏式明细分类账（三）**

主营业务收入明细账　　第　　页

年		凭　证		摘　要	贷方（项目）				余额
月	日	种类	编号		主营业务收入	加工收入	…	合　计	

（四）横线登记式明细账的设置与登记

横线登记式明细账，又称平行式明细账，是指将前后紧密相关的经济业务登记在同一行上，以记录每一笔经济业务发生与完成过程的账簿。它主要适用于需逐笔结算经济业务、根据客户或供应商进行明细核算的往来账，如其他应收款、材料采购、在途物资和应收票据等明细账。以“其他应收款——备用金”为例，其格式和内容见表6-13。

表6-13　　**其他应收款——备用金明细账**　　第　　页

年		凭证号数	户名	摘　要	借方金额（借支）	贷方金额（报销和收回）					备　注
						年		凭证号数	报销金额	收回金额	
月	日					月	日				

横线登记式明细账的借方一般应按会计凭证编号顺序逐日逐笔登记，贷方不要求按会计凭证编号逐日逐笔登记，而应在其借方记录的同一行内进行登记。同一行内借方、贷方均有记录时，表示该经济业务已处理完毕。若只有借方记录，无贷方记录，则表示该项经济业务尚未结束。

六、总账与明细账的平行登记

总账根据总分类科目开设，对经济业务进行总括核算，提供总括性指标；明细账根据明细科目开设，对总账的经济内容进行明细核算，提供具体详细的核算资料。

总账与明细账之间存在统驭（控制）与从属（被控制）关系：总账是明细账的统驭账户，即总账对其所属的明细账起着统驭作用；明细账是总账的从属账户，即明细账对其所从属的总账起着辅助及补充作用。两者相结合能够总括且具体详细地反映同一笔经济业务的核算内容。因此，为确保两者核算内容相同、核算金额相等，通常采用“平行登记法”登记总账和明细账。

平行登记法是指对每一笔经济业务都要在相关总账及其所属明细账中进行登记。该方法的具体登记规则可以概括为同期间、同方向、同依据、等金额。

（1）同期间。对发生的每一笔经济业务，都要同时在相关总账及其所属明细账中进行登记。总账根据经济业务发生时间逐笔登记，也可以汇总登记。明细账一般根据经济业务发生时间逐笔登记。若同时涉及多个明细账，则应分别在各明细账中登记，不能漏记和重记。

（2）同方向。登记总账及其所属明细账时，记账方向应保持一致。总账若记在借方，则其所属明细账也记在借方；总账若记在贷方，则其所属明细账也记在贷方。但是总账及其所属明细账的期末余额方向可能不一致。

（3）同依据。登记总账及其所属明细账所依据的原始凭证相同，即根据同一原始凭证编制的记账凭证进行登记。

（4）等金额。登记总账及其所属明细账时，记入总账的金额应与记入其所属的一个或多个明细账的金额合计数相等。

根据总账与明细账平行登记规则记账以后，总账与其所属明细账之间形成相互核对的数量关系，用公式表示如下：

总账本期借（贷）方发生额合计=所属各个明细账本期借（贷）方发生额合计

总账期末（期初）余额合计=所属各个明细账期末（期初）余额合计

在会计实务中，可以利用上述两个公式对总账及其所属明细账进行对账，检查总账及其所属明细账记录的正确性。下面是平行登记方法的应用举例。

【例6-1】甲公司20××年6月1日“原材料”和“应付账款”账户期初余额如下：

“原材料”账户期初余额50 000元。

其中：A材料3 000千克，单价10元，合计30 000元；B材料100件，单价200元，合计20 000元。

“应付账款”账户期初余额6 000元。

其中：乙公司1 000元；丙公司5 000元。（注：其他账户省略）

20××年6月甲公司发生下列经济业务（假设甲公司为小规模纳税人）：

（1）6月6日，购入B材料200件，已验收入库，单价200元，合计40 000元，货款已经用银行存款支付。

（2）6月10日，向银行借入流动资金6 000元，用于归还应付账款，其中：归还乙公司1 000元，归还丙公司5 000元。

（3）6月15日，购入A材料1 000千克，单价10元，合计10 000元。购入B材料100件，单价200元，合计20 000元，材料均已验收入库，其中A材料货款用银行存款支付；B材料向乙公司购买，货款尚未支付。

（4）6月30日，用银行存款归还前欠乙公司的应付账款20 000元。

根据上述资料，采用平行登记法登记“原材料”账户和“应付账款”账户以及各自所属的明细账户。具体登记如下（注：其他账户省略不记）：

（1）将月初余额记入“原材料”和“应付账款”总账账户及其所属明细账户。

（2）根据上述经济业务编制会计分录（代替记账凭证）如下：

①借：原材料——B材料　40 000
　贷：银行存款　40 000

②借：应付账款——乙公司　1 000
　　　　　　——丙公司　5 000
　贷：短期借款　6 000

③借：原材料——A材料　10 000
　　　　　——B材料　20 000
　贷：银行存款　10 000
　　　应付账款——乙公司　20 000

④借：应付账款——乙公司　20 000
　贷：银行存款　20 000

（3）根据以上会计分录，平行登记“原材料”和“应付账款”总账及其所属明细账，并分别计算出本期发生额和期末余额，登记结果见表6-14、表6-15、表6-16、表6-17、表6-18和表6-19。

表6-14　**总账**

账户名称：原材料　单位：元

20××年		凭证号数	摘　要	借　方	贷　方	借/贷	余　额
月	日						
6	1		期初余额			借	50 000
6	6	（1）	收入外购材料	40 000		借	90 000
6	15	（3）	收入外购材料	30 000		借	120 000
6	30		本期发生额和余额	70 000	0	借	120 000

表6-15　**原材料明细账（一）**

账户名称：A材料　金额单位：元

20××年		凭证号数	摘　要	计量单位	单价	收　入		发　出		结　存	
月	日					数量	金额	数量	金额	数量	金额
6	1		期初余额	千克	10					3 000	30 000
6	15	（3）	收入外购材料	千克	10	1 000	10 000			4 000	40 000
6	30		本期发生额和余额			1 000	10 000			4 000	40 000

表6-16

原材料明细账（二）

账户名称：B材料　　　　金额单位：元

20××年		凭证号数	摘　要	计量单位	单价	收　入		发　出		结　存	
月	日					数量	金额	数量	金额	数量	金额
6	1		期初余额	件	200					100	20 000
6	6	（1）	收入外购材料	件	200	200	40 000			300	60 000
6	15	（3）	收入外购材料	件	200	100	20 000			400	80 000
6	30		本期发生额和余额			300	60 000			400	80 000

表6-17

总账

账户名称：应付账款　　　　单位：元

20××年		凭证号数	摘　要	借　方	贷　方	借/贷	余　额
月	日						
6	1		期初余额			贷	6 000
6	10	（2）	以银行借款偿还欠款	6 000		平	0
6	15	（3）	购买材料		20 000	贷	20 000
6	30	（4）	以银行存款偿还欠款	20 000		平	0
6	30		本期发生额和余额	26 000	20 000	平	0

表6-18

应付账款明细账（一）

账户名称：乙公司　　　　单位：元

20××年		凭证号数	摘　要	借　方	贷　方	借/贷	余　额
月	日						
6	1		期初余额			贷	1 000
6	10	（2）	偿还欠款	1 000		平	0
6	15	（3）	购买材料		20 000	贷	20 000
6	30	（4）	偿还欠款	20 000		平	0
6	30		本期发生额和余额	21 000	20 000	平	0

表6-19　　应付账款明细账（二）

账户名称：丙公司　　单位：元

20××年		凭证号数	摘　要	借　方	贷　方	借/贷	余　额
月	日						
6	1		期初余额			贷	5 000
6	10	（2）	偿还欠款	5 000		平	0
6	30		本期发生额和余额	5 000		平	0

为检验总账及其所属明细账平行登记的结果是否正确，一般通过编制“明细账本期发生额及余额表”，对总账有关账户与其所属明细账户的发生额和余额进行核对。如核对不符，则说明登账存在差错，应查找原因并予以及时改正。

根据上述“原材料”和“应付账款”两个总账所属明细账，编制明细账本期发生额及余额表，并与其总账核对。明细账本期发生额及余额表见表6-20、表6-21。

表6-20　　原材料明细账本期发生额及余额表

20××年6月　　金额单位：元

明细分类账户名称	计量单位	单价	期初余额		本期发生额				期末余额	
					收入		支出			
			数量	金额	数量	金额	数量	金额	数量	金额
A材料	千克	10	3 000	30 000	1 000	10 000			4 000	40 000
B材料	件	200	100	20 000	300	60 000			400	80 000
合　计				50 000		70 000				120 000

表6-21　　应付账款明细账本期发生额及余额表

20××年6月　　单位：元

明细分类账户名称	期初余额		本期发生额		期末余额	
	借方	贷方	借方	贷方	借方	贷方
乙公司		1 000	21 000	20 000		0
丙公司		5 000	5 000			0
合　计		6 000	26 000	20 000		0

第三节　会计账簿的登记规则与错账更正

会计账簿是各单位十分重要的会计资料，应由专门的记账人员负责登记会计账簿。登记会计账簿是会计核算的专门方法之一，是一项介于编制会计凭证与编制财务报告之间的重要的会计核算工作。为此，会计账簿质量直接影响会计核算工作质量。为确保会计账簿记录的合规性与会计账簿资料的完整性，避免漏记账、错记账和重复记账，为编制财务报告提供可靠的数据资料，登记会计账簿必须遵守下列规则：

一、会计账簿的启用规则

为确保会计账簿记录的合法性和合理性，明确记账责任，便于会计监督与检查，启用会计账簿时，应在账簿有关的位置记录以下相关信息：

（1）设置账簿封面与封底，在封面上填写单位名称、账簿名称和所属会计年度。

（2）在账簿扉页上设置“账簿启用和经管人员一览表”，格式见表6-22，并填写账簿名称、单位名称、账簿编号、账簿册数、账簿页数、启用日期、会计主管与记账人员姓名并加盖单位公章和个人印章等。会计主管或记账人员调动工作或离职时，应办理账簿登记工作交接手续，在交接记录栏内填写交接日期、交接人员姓名（签章）。

（3）填写账户目录。总账应根据会计科目的编号顺序填写科目名称及页码。启用订本式账簿，应从第一页到最后一页顺序编写页码，不得跳页或缺号。启用活页式账簿，应根据账页顺序编写页码，定期装订成册，装订后再根据实际使用的账页顺序编写页码、建立账户目录，记录每个账户的名称与页次。

表6-22　　**账簿启用和经管人员一览表**

账簿名称：__________　　单位名称：__________

账簿编号：__________　　账簿册数：__________

账簿页数：__________　　启用日期：__________

会计主管（签章）：　　记账人员（签章）：

移交日期			移交人		接管日期			接管人		会计主管	
年	月	日	姓名	签章	年	月	日	姓名	签章	姓名	盖章

二、会计账簿的登记规则

会计账簿必须按照规定的方法，依据审核无误的会计凭证进行登记。会计账簿登记规则是指登记会计账簿时应遵循的基本规定与要求，也称为会计账簿记账规则。

（一）及时登记，内容准确

记账人员应依据审核无误的会计凭证及时地登记会计账簿，将会计凭证上的日期、编号、经济业务内容的摘要、金额与其他有关资料逐项过账到账簿中（该过程也称为过账），做到数字准确、摘要清楚、登记及时，确保账簿内容准确无误。为防止漏记和重记，应在记账凭证上签章，并在记账凭证上打上“√”符号，表示已经记账。

（二）格式规范、记账科学

一是书写格式规范。登记账簿时，书写的文字和数字应紧靠底线书写，确保规范、清晰、整洁，不得写繁体字、错别字，字迹不得潦草，不得刮擦、挖补、涂改或清除字迹。账簿记录一旦发现错误，应根据错账的具体情况，采取恰当的方法进行规范更正。书写文字和数字的上方应留有适当空格，不要写满格，一般占行高的1/2。字体大致向右侧倾斜60°书写。

二是合理选用书写工具。登记账簿时必须选用蓝、黑墨水笔或碳素墨水笔书写，不得使用铅笔或圆珠笔书写（银行的复写账簿除外），水笔一般选用较细的笔芯。国家规定各种账簿归档保管年限一般在10年以上，有些记录了重要经济资料的账簿，则要长期保管。因此，账簿记录要求清晰、耐久，防止涂改，以便长期查核使用。

下列情况可以选用红色墨水笔记账：①按照红字冲账的记账凭证，冲销错误记录；②在不设借方、贷方的多栏式账页中，登记减少数；③划线改错和结账划线；④在三栏式账户的余额栏前，如未印明余额方向，在余额栏内登记负数余额；⑤国家统一会计制度中规定可以用红字登记的其他会计记录。

三是逐行逐页按顺序登记。各种账簿必须按编定的页次顺序连续登记，不得跳行、隔页。若发现跳行、隔页，应将空行、空页从右上角向左下角画红线注销，并在摘要栏内注明“此行空白”“此页空白”字样，同时加盖记账人员印章（压线盖章）。

四是各账页登记结束结转次页。每一张账页登记结束结转下页时，应在最后一行结出本账页的发生额合计数和余额，“摘要”栏注明“转次页”；同时将本页的余额记入下一页第一行有关栏内，并在“摘要”栏注明“承前页”，然后再根据会计凭证继续记账。

五是账户余额书写要求。凡要结出余额的账户，结出余额后，应在“借”或“贷”栏内写明“借”或“贷”字样，以表示金额的方向。没有余额的账户，应在“借”或“贷”栏内写“平”字，同时在“余额”栏内填写“0”，“0”写在“元”位，并在“0”字内画一条斜线或波浪线。库存现金日记账和银行存款日记账应逐日结出余额。

六是订本式账簿都编有账页的顺序号，不能任意撕毁；活页式账簿也不得随便抽换账页。

三、错账更正

会计人员对经济业务的处理过程实质上是先根据经济业务的原始凭证编制记账凭证，该过程被称为“记账”（也称为制单过程），然后将记账凭证上的会计分录信息登记到账簿中，该过程被称为“过账”。错账通常发生在“记账”与“过账”两个环节。为此，错账更正是指在记账或过账过程中，可能发生重记、漏记、数字颠倒、数字错位、数字记错、科目记错、借贷方向记反等各种差错，这会影响会计信息的准确性，因此一旦发现错账，应及时找出差错，并采取恰当的方法进行规范更正。常见的错账更正方法主要有下列三种：

（一）划线更正法

划线更正法是指会计人员在结账前发现账簿记录有文字或数字错误，而记账凭证没有错误，只是过账错误，应采用“划线更正法”予以更正。更正时，在错误的文字或数字上划一条红线表示注销（注意应保持划去的文字或数字清晰可辨），并在红线的正上方填写正确的文字或数字，同时由经办人员在更正处盖章，以明确责任。例如，过账时发生笔误，将数字124误记为142，应更正为“$\dfrac{124}{\cancel{142}}$”，不能更正为“$\dfrac{24}{\cancel{142}}$”。若是文字错误，则可以只更正错误的文字部分。

（二）红字更正法

红字更正法，也称为红笔订正法或红字冲销法，是指会计人员在记账以后，发现记账凭证中应借、应贷账户发生错误（如借贷方向写错或会计科目名称写错）或实记金额大于应记金额，造成过账时账簿记录出现错误，可采用“红字更正法”进行更正。该方法适用于以下两种情况：

（1）记账后发现记账凭证中应借、应贷账户发生错误，并已过账到账簿中（已登记入账），可采用“红字更正法”进行更正。

更正步骤：第一步，用红字冲销错误的记账凭证。用红字填写一张与错误的记账凭证内容完全相同的红字记账凭证，并据以用红字登记入账，在凭证和账簿的“摘要”栏注明“冲销×月×日×字第×号凭证错误”，以冲销错误的记账凭证。第二步，用蓝字填写正确的记账凭证。用蓝字填写一张正确的记账凭证，并据以登记入账，在凭证和账簿的“摘要”栏注明“更正×月×日×字第×号凭证错误”。举例说明：

【例6-2】A公司基本生产车间为制造A产品领用甲材料一批，共计30 000元。填制6月6号转字第18号记账凭证时，误作如下分录，并已登记入账：

借：管理费用　　30 000

　贷：原材料　　30 000

发现上述错误时，采用“红字更正法”进行更正：首先用红字填制与错误的记账凭证相同的记账凭证，并用红字据以登记入账，以冲销错误记录。“摘要”栏注明“冲销6月6号转字第18号凭证错误”。其分录为：

借：管理费用　　$\boxed{30\ 000}$

　贷：原材料　　$\boxed{30\ 000}$

（注：上述□内的数字表示红字，下同）

然后再用蓝字填制一张正确的记账凭证，并登记入账，“摘要”栏注明“更正6月6号转字第18号凭证错误”。其分录为：

借：生产成本　　30 000

　贷：原材料　　30 000

根据以上记账凭证记账后的账户记录如下所示：

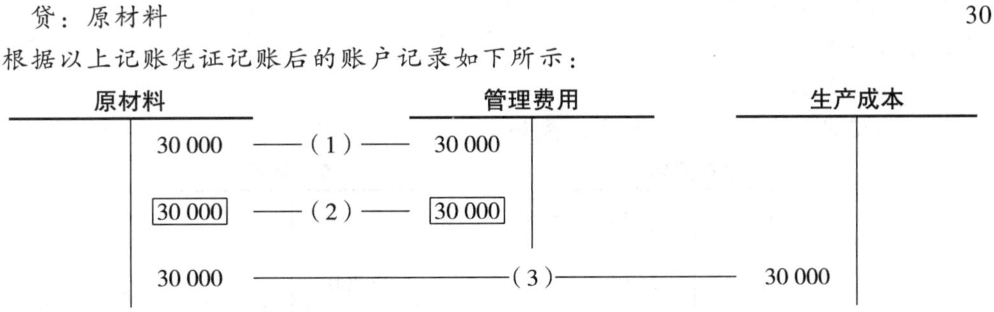

（2）记账后发现记账凭证中应借、应贷账户没有错误，但记账凭证上金额多记（所记金额大于应记金额），也采用“红字更正法”进行更正。

更正步骤：按照多记的金额，用红字填制一张与原记账凭证应借、应贷账户相同的记账凭证，并据以登记入账，以冲销多记金额。举例说明：

【例 6-3】A公司收到某企业归还上月所欠货款5 000元，已存入银行。填制6月7号银收字第26号凭证时，误作如下分录，并已登记入账：

借：银行存款　　50 000

　贷：应收账款　　50 000

发现上述错误时，采用“红字更正法”进行更正：按照多记金额45 000元用红字填制与错误的记账凭证账户相同的记账凭证，并用红字登记入账，以冲销多记金额。“摘要”栏注明“冲销6月7号银收字第26号凭证多记金额”，其分录为：

借：银行存款　　45 000

　贷：应收账款　　45 000

根据上述记账凭证记账后的账户记录如下：

应收账款			银行存款	
	50 000	——（1）——	50 000	
	45 000	——（2）——	45 000	

（三）补充登记法

补充登记法是指会计人员在记账以后，发现记账凭证中应借、应贷账户没有错误，但记账凭证上金额少记（所记金额小于应记金额），可采用“补充登记法”进行更正。

更正步骤：按照少记金额用蓝字填制一张与原记账凭证应借、应贷账户相同的记账凭证，在“摘要”栏内注明“补记×月×日×字第×号凭证少记金额”，并用蓝字据以登记入账。举例说明：

【例 6-4】某企业基本生产车间完工一批A产品，验收入库，生产成本5 287元，填制7月10日转字第60号记账凭证时，误作如下分录，并已登记入账：

借：库存商品　　2 587

　贷：生产成本　　2 587

发现上述错误时，采用“补充登记法”进行更正：按照少记金额2 700元，用蓝字填制一张记账凭证，并据以登记入账，以补记少记金额。在“摘要”栏注明“补记7月10日转字第60号凭证少记金额”。

借：库存商品　　2 700

　贷：生产成本　　2 700

根据上述记账凭证记账后的账户记录如下：

生产成本			库存商品	
	2 587	——（1）——	2 587	
	2 700	——（2）——	2 700	

第四节 对账、结账与会计账簿的保管

一、对账

对账是期末会计工作的一个重要环节。对账就是核对账目，是指在会计人员记账后、结账前，为保证会计账簿记录准确、完整和可靠，将账簿记录与会计凭证进行核对，将各种账簿之间有关数据进行核对，将账簿记录与实物及货币资金的实存数进行核对。对账的主要内容包括账证核对、账账核对、账实核对、账表核对。

（一）账证核对

账证核对是指将会计账簿记录（总账、明细账、库存现金日记账和银行存款日记账等）与会计凭证（记账凭证及其所附的原始凭证）进行核对，包括核对时间、凭证字号、内容、金额是否一致，记账方向是否相符。

账证相符是保证账账相符、账实相符的基础。会计人员应在日常编制记账凭证和登记会计账簿的过程中进行账证核对，以便及时发现错账并更正。

（二）账账核对

账账核对是指将不同会计账簿之间的账簿记录进行核对。这种核对至少在每月末进行一次，主要核对内容包括：

（1）日记账与总账核对。库存现金日记账、银行存款日记账的本期发生额及期末余额与库存现金总账、银行存款总账的相应数字核对相符。

（2）总账有关账户核对。总账各账户本期借方发生额合计数=总账各账户本期贷方发生额合计数，总账各账户期末（期初）借方余额合计数=总账各账户期末（期初）贷方余额合计数。该核对可通过编制总账试算平衡表进行。

（3）总账与其所属明细账核对。根据总账与其所属明细账的平行登记原理，总账各账户本期借方（贷方）发生额合计数=所属明细账账户本期借方（贷方）发生额合计数，总账各账户期末（期初）余额=所属明细账账户期末（期初）余额。该核对可通过编制明细账本期发生额及余额表进行。

（4）会计部门有关财产物资明细账的期末余额与财产物资保管或使用部门的明细账的期末结存数核对相符。例如，将会计部门的材料账簿的期末余额与仓库保管部门的材料登记簿期末余额进行核对。

（三）账实核对

账实核对是指在账账核对的基础上，将各种财产物资、债权债务等账户的账面余额与实存数额进行核对，做到账实相符。判断账实是否相符一般通过年终财产清查进行核对，平时也可通过清查盘点进行核对，核对的主要内容包括：

（1）库存现金日记账的账面余额与库存现金实存数额核对。

（2）银行存款日记账的账面余额与银行对账单核对。若存在未达账项，应编制“银行存款余额调节表”进行调整。

（3）各种应收、应付款明细账的账面余额与有关债权、债务单位或个人核对。

（4）各种财产物资明细账的账面余额与财产物资实存数额核对。

（四）账表核对

账表核对是指将会计账簿的记录信息与财务报告有关数字核对相符。各种账簿记录是编制财务报告的主要依据，因此各单位应在账证核对、账账核对、账实核对三个方面核对相符的基础上进行账表核对。

二、结账

结账的目的在于计算和总结一定会计期间内的经营成果，为编制财务报告提供依据。结账是指在会计期末（月末、季末、年末）将一定会计期间内发生的经济业务全部登记入账，结算出各个账户的本期发生额与期末余额，并将期末余额转入下期或下年新账的过程。

（一）结账的主要内容

结账内容包括结清实账户（实际账户）与虚账户（名义账户）。实账户是指期末有余额的账户，主要指资产类、负债类和所有者权益类账户。虚账户是指期末无余额的账户，主要指损益类账户，即收入类和费用类账户。

1.结清实账户

实账户的期末余额反映了各单位在一定会计期间的资产、负债和所有者权益情况。结清实账户是指期末结算出资产、负债和所有者权益类账户的本期发生额和余额，并结转到下一期。此过程不需要编制结转分录，直接在会计账簿中完成结转。

2.结清虚账户

所有虚账户的期末余额都要结转到“本年利润”账户，结转后期末无余额。结清虚账户是指通过编制结转会计分录的方式，将收入类、费用类等账户的期末余额结转到“本年利润”账户的过程。具体结转会计分录如下：

（1）结转各项收入类账户。将各单位在一定会计期间内的所有收入类账户期末余额结转到“本年利润”账户的贷方。具体会计分录为：

借：主营业务收入
　　其他业务收入
　　投资收益
　　资产处置收益
　　营业外收入等
　贷：本年利润

（2）结转费用类账户。将各单位在一定会计期间内的所有费用类账户期末余额结转到“本年利润”账户的借方。具体会计分录为：

借：本年利润
　贷：主营业务成本
　　　其他业务成本
　　　销售费用
　　　管理费用
　　　财务费用
　　　税金及附加

贷：资产减值损失
　　信用减值损失
　　营业外支出
　　所得税费用等

(3) 结转“本年利润”账户。期末，将“本年利润”账户余额结转到“利润分配——未分配利润”账户，结转后“本年利润”账户无余额。若“本年利润”账户为贷方余额，会计分录为：

借：本年利润
　贷：利润分配——未分配利润

(注：若“本年利润”账户为借方余额，则做相反的会计分录)

在会计期末时，结转“本年利润”账户的方法包括表结法和账结法两种。

表结法是指各损益类账户每月月末只需结算出本月发生额和月末累计余额，不需要结转到“本年利润”账户，但每月月末要将损益类账户的本月发生额合计数填入利润表中的本月合计数栏，同时将本月末累计余额填入利润表中的本年累计数栏，通过利润表计算反映各期的利润（或亏损）。

账结法是指每月月末均需编制结账分录，并将结算出的各损益类账户的余额结转到“本年利润”账户。结转后“本年利润”账户的本月余额反映当月实现的利润或发生的亏损。

在会计实务中，平时月份采用表结法，年末采用账结法。

(二) 结账的主要程序

(1) 结账之前，先检查本期发生的经济业务是否全部填制记账凭证，并已准确、完整地登记入账，避免漏记、重复记。

(2) 结账之前，根据权责发生制原则，将属于本期的有关费用和成本、收入和财务成果的账项进行调整和结转，以便合理确定本期应计的收入和费用。

(3) 将损益类账户余额结转到“本年利润”账户，将“本年利润”账户余额转入“利润分配——未分配利润”账户。

(4) 结算资产类、负债类和所有者权益类账户的本期发生额和余额，并结转到下一期。收入类和费用类账户虽没有期末余额，但也需结算出本期发生额。

上述四个程序中（1）和（2）是结账前的准备工作，(3) 和（4）是正式结账。

(三) 结账的主要时间

根据结账时间的不同，结账分为月度结账（月结）、季度结账（季结）和年度结账（年结）三种。

(1) 月结，即每月终了所进行的结账。月结时，在账户本月最后一笔记录的下面划一道红线并结出本月发生额和期末余额，如无余额，应在“借”或“贷”栏写上“平”字，“余额”栏写上“0”。在“摘要”栏内注明“本月合计”或“本月发生额及余额”；也可用“月结”表示，并在下面划一道红线，以示与下月发生额分开。

(2) 季结，即在季末进行的结账。季结时，将本季度的借、贷发生额合计以及余额写在本季最后一个月的月结下一行内，并在“摘要”栏内注明“本季合计”或“本季发生额及余额”，也可注明“季结”字样，然后在“季结”下面划一道红线。

（3）年结，即年度终了所进行的结账。年结时，将本年度四个季度的借、贷方发生额合计及年末余额写在第四季度“季结”的下一行内，并在“摘要”栏内注明“本年度发生额及余额”（或“年结”）字样，然后在“年结”下面划两道红线，表示全年封账。

年终结账后，应将全部账户的余额结转至下年度新账簿的相应账户。结账时，应在上年度账户最后一笔记录的下行的“摘要”栏中，注明“结转下年度”字样。

下年度新开账户的第一行，填写的日期是1月1日，“摘要”栏注明“上年结转”字样，同时将上年结转余额记入“余额”栏，并注明余额方向。上年度该账户的借方余额转至下年度新账内仍为借方余额，上年度该账户的贷方余额转至下年度新账内仍为贷方余额。

下面以银行存款总账为例，说明月结、季结、年结的方法及更换新账的方法，其格式见表6-23。

表6-23　**总分类账**　单位：万元

账户：银行存款　第　页

20××年		凭证号数	摘　要	借　方	贷　方	借或贷	余　额
月	日						
1	1		上年结转			借	300
1	6				200	借	100
1	11			100		借	200
1	20				50	借	150
1	31		本月发生额合计及月末余额	100	250	借	150
2	7			350		借	500
2	15				50	借	450
2	26				250	借	200
2	28		本月发生额合计及月末余额	350	300	借	200
3	8			50		借	250
3	16			100		借	350
3	27				200	借	150
3	31		本月发生额合计及月末余额	150	200	借	150
3	31		本季发生额合计及季末余额	600	750	借	150
⋮	⋮		⋮	⋮	⋮	⋮	⋮
12	31		本年发生额合计及年末余额	16 500	15 300	借	350
			结转下年				

三、会计账簿的保管

会计账簿是重要的会计档案。根据我国会计档案管理的有关规定，总账、明细账、日记账、固定资产卡片与其他辅助性账簿等会计账簿，都应依法妥善保管，不得丢失和销毁，保管期满后，应按照规定的审批程序报经批准以后，再行销毁。

会计账簿的保管形式包括纸质版会计账簿与电子版会计账簿两种储存形式。会计账簿的保管期限从会计年度终了后的第一天算起。总账账簿、明细账账簿、日记账账簿与其他辅助性账簿的保管期限为30年，固定资产卡片在固定资产报废清理后保管期限为5年。

思政案例

从儒家文化看会计诚信

一、案例（材料）内容

《孟子·万章》中有云："孔子尝为委吏矣，曰：'会计当而已矣'。"其意为：孔子曾经做过管理库房的小吏，他说："算账计数必须要准确才行啊!"。其中阐释的道理是：士人做官必须是为了推行道义而不是去谋求私欲，接受厚禄；士人为社会做事必须尽职尽责，按规则办事，而不能在做事的过程中，靠谋求私利去致富。如若不然，那就不如去"抱关击柝"，即守城门打更鼓。为了说明这个道理，孟子引述了孔子的话。据史料记载，20岁左右的孔子先后做过管理仓库账目和管理牛羊畜牧的小头目。孔子后来在谈论他做这些事的感受时说：做会计就要确保账目的精确，牧牛羊就要让牲口长得肥壮。

儒家圣贤的思想和理念对从事会计工作的人来说，教益是十分深刻的。儒家思想体系十分强调"诚""信"两字。孔子有言：人而无信，不知其可也。并将"信"与"恭、宽、敏、惠"一起并列，创建了人的品德修养伦理体系。孟子传承了孔子的伦理哲学思想，着重研究了"诚"，把"诚"作为世间一切事物的本源和人们安身立命于社会、于自然界的必备秉性，提出并阐释了"诚者，天之道也；诚之者，人之道也"的重要思想。

在现代生活中，会计工作的基本要求就是要真实准确、全面及时地反映财务状况，维护社会各方财产的安全，为国家进行宏观经济决策服务。会计信息的真实性和会计职业道德的操守为重乃是会计工作的灵魂所在。目前，由于诚信缺失，假账频出，国家损失惨重，人们怨声载道，会计行业的生存发展也面临着生死攸关。对于会计从业者而言，要力戒假账，坚守诚信，做到"会计当而已矣"。

资料来源：根据"中国会计视野"网站"立信会计中的潘序伦、李文杰和李鸿寿"的报道内容编写。

二、本案例（材料）的适用范围

本案例适用于"基础会计"课程第六章"会计账簿"内容。

三、问题思考

儒家文化和会计职业道德为何均强调诚信？

思考与练习题

一、单项选择题

1.库存现金日记账一般采用（　　）。

A.三栏式　　B.多栏式

C.卡片式　　D.活页式

2.下列采用数量金额式明细账核算的是（　　）。

A.原材料　　B.库存现金

C.生产成本　　D.短期借款

3.登记会计账簿的依据是（　　）。

A.会计凭证　　B.会计报表

C.经济合同　　D.银行对账单

4.下列采用多栏式明细账核算的是（　　）。

A.本年利润　　B.银行存款

C.库存商品　　D.应收账款

5.应付账款明细账一般采用（　　）账页。

A.多栏式　　B.三栏式

C.数量金额式　　D.横线式

二、多项选择题

1.根据账簿的外表形式分类（　　）。

A.活页式　　B.数量金额式

C.订本式　　D.卡片式

2.下列明细账中采用数量金额式的有（　　）。

A.原材料明细账　　B.库存商品明细账

C.资本公积明细账　　D.预付账款明细账

3.下列明细账中采用三栏式的有（　　）。

A.销售费用明细账　　B.库存商品明细账

C.应收账款明细账　　D.实收资本明细账

4.总账与明细账的平行登记规则包括（　　）。

A.同期间　　B.同方向

C.同依据　　D.等金额

5.对账的主要内容包括（　　）。

A.账证核对　　B.账账核对

C.账实核对　　D.账表核对

三、判断题

1.会计账簿是根据审核无误的会计凭证进行登记。（　　）

2.分类账簿必须用订本式。（　　）

3.租入固定资产登记簿属于备查账簿。（　　）

4.总分类账和明细分类账应平行登记，两者之间不能互为记账依据。（　　）

5.记账后发现记账凭证中应借、应贷账户无误，只是所记金额大于应记金额，应采用“红字更正法”进行更正。 ( )

四、问答题

1.什么是总账与明细账的平行登记？简述总账与明细账平行登记的规则。

2.错账更正方法主要有哪些？分别简述各种方法的适用情形与更正步骤，并举例说明。

五、业务题

习题一

某企业20××年8月31日银行存款日记账和库存现金日记账的余额分别为200 000元和3 000元。

9月份发生下列涉及银行存款和库存现金的经济业务：

（1）3日，从银行借入短期借款30 000元，存入银行。(银收字901)

（2）5日，从银行提取现金5 000元。(银付字901)

（3）7日，职工李四借支差旅费，现金1 000元。(现付字901)

（4）8日，收到前欠销货款50 000元存入银行。(银收字902)

（5）12日，用银行存款支付销售费用10 000元。(银付字902)

（6）18日，收到职工王五赔偿款，现金700元。(现收字901)

（7）25日，用银行存款支付厂部水电费8 000元。(银付字903)

（8）30日，用银行存款上缴税费2 000元。(银付字904)

要求：

1.根据9月份的经济业务编制会计分录。

2.将“银行存款”及“库存现金”账户的月初余额记入三栏式银行存款及库存现金日记账，根据编制的会计分录登记银行存款日记账及库存现金日记账，并结出本月发生额及期末余额。

习题二

1.某企业20××年8月末“原材料”和“应收账款”总账和明细账的余额见表6-24。

表6-24 **“原材料”和“应收账款”总账和明细账的余额** 金额单位：元

总　账	金　额	明细账	单　位	数　量	单　价	金　额
原材料	104 000	甲材料	千克	4 000	2	8 000
		丙材料	吨	240	400	96 000
应付账款	19 200	A公司				3 200
		B公司				16 000

2.9月份发生下列经济业务：

（1）从A公司购进甲材料3 000千克，货款6 000元，材料已验收入库，货款未付。

（2）从B公司购进丙材料20吨，货款8 000元，材料已验收入库，货款未付。

（3）用银行存款归还欠A公司材料款3 000元，归还欠B公司材料款2 000元。

（4）生产车间为生产产品领用材料，见表6-25。

表 6-25　　　　**生产车间领用材料情况**　　　　金额单位：元

材料名称	单　位	数　量	单　价	金　额
甲材料	千克	5 000	2	10 000
丙材料	吨	100	400	40 000
合　计				50 000

要求：

1. 开设“原材料”和“应付账款”总账及明细账，并分别登记期初余额。

2. 根据9月份经济业务编制会计分录。

3. 根据编制的会计分录，记入“原材料”和“应收账款”的总账和明细账（其他账户在此从略），并分别计算出各账户的本期发生额和期末余额。

4. 根据各明细账户的登记结果，编制“原材料”和“应付账款”明细分类账本期发生额及余额表，与其相应的总账核对相符。

习题三

1. 企业为生产甲产品领用原材料60 000元，编制记账凭证时的会计分录如下，并已入账：

借：管理费用　　60 000

　贷：原材料　　60 000

2. 结转本月已销售产品的成本49 000元，编制记账凭证时的会计分录如下，并已入账：

借：主营业务成本　　94 000

　贷：库存商品　　94 000

3. 收到A企业归还上月所欠货款78 000元，编制记账凭证时的会计分录如下，并已入账：

借：银行存款　　70 000

　贷：应收账款——A企业　　70 000

4. 结转本月应付生产工人的工资18 000元，编制记账凭证时的会计分录如下：

借：生产成本　　18 000

　贷：应付职工薪酬　　18 000

登记账簿时，误将金额记为78 000元。

要求：指出更正方法，写出更正步骤（列出正确的分录并据以登记有关账户）。

第六章思考与练习题参考答案

第七章

财产清查

学习目标

◇理解财产清查的概念及重要意义。

◇熟悉财产清查的不同类别。

◇掌握财产清查的方法以及财产清查结果的账务处理。

第一节 财产清查概述

一、财产清查的内涵

（一）财产清查的概念

财产清查是指通过对货币资金、实物资产和往来款项的盘点或核对，确定其实存数，查明账存数与实存数是否相符的一种专门的方法。通过财产清查，可以明确经济责任，挖掘财产物资的潜力，加强对财产物资的管理，加速资金周转，保证账簿记录和会计报表信息的真实性。

任何单位的会计工作，都通过填制和审核会计凭证，及时地在账簿中进行全面、连续、系统的登记，以反映其各项财产物资的增减变动和结存情况，并通过财产管理，保证账簿记录与实物、款项相符。应该说，这一过程能够有效保证账簿记录的正确性，也能真实反映企业各项财产的实有数，各项财产的账、实应该是一致的。但是，在实际工作中，由于种种原因，财产物资的账簿记录往往与财产物资的实存数产生差异，造成账实不符，这就需要进行财产清查。在清查中如果发现财产物资的实存数与账存数不符，应进一步查明原因，并及时调整账面记录，以保证账实相符。

（二）造成账实不符的原因

造成账实不符的原因，可能有账簿记录方面的，可能有财产管理方面的，此外，也可能是自然因素、技术等其他原因：

（1）在财产物资收发中，由于计量、检验不准确而发生的品种、规格、数量和质量上的差错。

（2）在财产物资上的记账错误，如漏记账、重复记账和记错账等。

（3）在财产物资的保管过程中，由于财产物资本身的物理或化学性能变化引起的损耗，如风干、受潮、挥发等。

（4）管理不善或工作人员失职，造成财产物资损失、变质或短缺等。

（5）贪污盗窃、营私舞弊造成财产物资的短缺和损失。

（6）自然灾害和其他不测造成的非正常损失。

（7）未达账项等形成的银行存款及其他债权债务各方记载不一致。

（三）财产清查的意义

上述种种原因都会影响账实的一致性，因此，运用财产清查的手段，对各种财产物资进行定期或不定期的核对和盘点，具有十分重要的意义。

1.保证账实相符，使会计资料真实可靠

通过财产清查可以确定各项财产物资的实际结存数，将账面结存数和实际结存数进行核对，可以揭示各项财产物资的多缺情况，从而及时地调整账面结存数，保证账簿记录真实、完整、可靠。

2.保护财产物资的安全和完整

通过财产清查，可以查明企业财产物资是否完整，有无缺损和霉变现象，以便堵塞漏洞、改进和健全各种责任制，切实保证财产物资的安全和完整。

3.盘活资产存量，加速资金周转

通过财产清查可以及时查明各种财产物资的结存和利用情况。如发现企业有闲置不用的财产物资，应及时加以处理，以充分发挥其效能，如发现企业有呆滞积压的财产物资，也应及时加以处理，并分析原因，采取措施，改善经营管理。这样，可以使财产物资得到充分合理的利用，加速资金周转，提高企业资金的使用效益。

4.保证财经纪律和结算制度的贯彻执行

通过对财产、物资、货币资金及各项债权债务的清查，可以查明有关业务人员是否遵守财经纪律和结算纪律，有无贪污盗窃、挪用公款的情况；查明资金使用是否合理，是否符合党和国家的方针政策和有关法规、制度，从而使工作人员更加自觉地遵纪守法，自觉维护和遵守财经纪律。

二、财产清查的种类

财产清查可以按不同的标准进行分类。按照清查的对象和范围，可以分为全面清查和局部清查；按照清查的时间，可以分为定期清查和不定期清查；按照清查的执行单位，可以分为内部清查和外部清查。

（一）全面清查和局部清查

全面清查就是对所有的财产进行全面盘点和核对。其清查对象主要包括：原材料、在产品、自制半成品、库存商品、库存现金、短期存（借）款、有价证券及外币、在途物资、委托加工物资、往来款项、固定资产等。全面清查范围广，工作量大，一般在年终决算或企业撤销、合并或改变隶属关系时进行。

局部清查也称重点清查，是根据需要或依据有关规定对部分财产进行盘点或核对。如流动资金中变化较频繁的原材料、库存商品等，除年度全面清查外，还应根据需要随时轮流盘点或重点抽查。各种贵重物资要每月至少清查一次，库存现金要每天核对，银行存

(借)款要按银行对账单每月逐笔核对，原材料、在产品和库存商品等，除年度清查外，每月要有计划地重点抽查，各项债权债务，每年应核对1～2次，有问题的应及时核对。

(二)定期清查和不定期清查

定期清查是按照预先计划，在某些固定的时间如年末、季末、月末结账时依照会计程序的要求对财产物资进行的清查，一般是在年、季、月终了后进行。定期清查可以是全面清查，也可以是局部清查，年终结账时所进行的定期清查一般为全面清查。

不定期清查是事先无规定的清查时间，根据特定的需要所进行的临时性财产清查，一般是在更换财产物资保管人员，企业撤销、合并或发生财产损失等情况时所进行的清查。

定期清查和不定期清查可以是全面清查，也可以是局部清查，清查的范围应根据企业的实际情况和需要而定。

(三)内部清查和外部清查

内部清查是在企业内部组织清查工作小组来承担财产清查工作，对企业所进行的财产清查。在大多数情况下，财产清查都是内部清查。

外部清查是由上级主管部门、审计机关、司法部门、注册会计师等根据国家有关规定或有关情况的需要，对企业所进行的财产清查，如清产核资、资产评估等。

第二节 财产清查的方法

一、财产清查的准备工作

财产清查是一项复杂细致的工作，它涉及面广、政策性强、工作量大。为了加强领导，保质保量地完成此项工作，一般应在企业单位负责人(如厂长、经理等)的领导下，由会计、业务、仓库等有关部门的人员组成财产清查的专门班子，具体负责财产清查的领导工作。在清查前，必须首先做好各项准备工作。

(一)组织准备

无论是内部清查还是外部清查，都应抽调专职人员组成财产清查小组，执行财产清查的任务。清查小组应制订清查计划，确定清查对象、范围，明确清查任务。在清查工作开始前必须对清查人员进行短期的培训，使其掌握清查的方法。清查完毕，要如实地写出清查报告。

(二)业务准备

为了使财产清查工作顺利进行，清查之前必须做好以下几方面工作：

(1)将所有经济业务全部入账并进行试算平衡，认真核对总账与其所属明细账的余额，以保证账簿记录的正确性。

(2)仓库管理人员必须在月结之前将各种实物进行整理，按其分类整齐排列，并挂上标签，标明财产物资的品种、规格、型号及结存数量，以便清查时与账簿记录核对。

(3)对需要使用的度量衡器，要提前校验正确，以减少误差。

(4)准备好各种空白的清查盘点表(表7-1为现金盘点报告表)。

表7-1　　　　现金盘点报告表

单位名称：　　　　年　月　日

实存金额	账存金额	对比结果		备　注
		盘　盈	盘　亏	

盘点人签章：　　　　出纳员签章：

二、货币资金的清查

企业的货币资金包括库存现金、银行存款和其他货币资金等。对货币资金的清查，主要是对库存现金和银行存款的清查。

（一）库存现金的清查

库存现金的清查，通常采用实地盘点的方法，即通过实地盘点先确定库存现金的实存数，并与现金日记账的账面余额相核对，来判断账实是否一致。如果不一致，要查明原因，并根据不同情况提出处理意见。

库存现金的清查，一般由盘点人员和出纳人员共同进行。对于存放在不同地点的库存现金或备用现金，应同时进行清点。对于尚未入账的临时性借条以及尚未领取的代保管现金，都不应该计入实存金额。此外，还应注意有无违反现金管理制度的现象。为了增强库存现金清查的有效性，可以采取不定期突击检查的方式。

清查完毕后，编制现金盘点报告表（见表7-1），并由盘点人员和出纳人员签章。现金盘点报告表兼有盘存单和实存账存对比表的作用，是反映现金实有数和调整账簿记录的重要原始凭证。

（二）银行存款的清查

银行存款的清查，与现金的清查方法不同，它是采用与银行核对账目的方法来进行的，即将企业单位的银行存款日记账与从银行取得的对账单逐笔核对，以查明银行存款的收入、付出和结余的记录是否正确。

银行对账单是银行记录企业单位存款的打印账页，它完整地记录了企业单位存放在银行的款项的增减变动情况及结存余额，是进行银行存款清查的重要依据。

由于银行存款收付业务很多，企业和银行的入账时间又各不相同，所以在实际工作中，企业银行存款日记账余额与银行对账单余额往往不一致，其原因主要有两个方面：一是双方账目发生错账、漏账；二是存在正常的“未达账项”。所谓“未达账项”，是指单位和银行之间，由于双方记账时间不一致而发生的一方已经入账，而另一方尚未入账的款项。未达账项，有以下四种情况：

1.企业已收，银行未收的款项

如企业将收到的支票送存银行，即根据银行加盖印章的进账单回单联登记银行存款的增加；而银行则需待款项从付款人账户转进企业账户后才能进行账务处理。

2.企业已付，银行未付的款项

如企业开出支票，即可根据支票存根及其他原始凭证登记银行存款的减少，而收款人接受支票后并不一定立刻送交银行（支票规定有10天的提示付款期限），此时银行由于未收到支票，也就未进行账务处理。

3.银行已收，企业未收的款项

如银行已经结算的企业存款利息，因利息结算凭证（利息清单回单）尚未送达，企业银行存款账中未登记银行存款的增加。

4.银行已付，企业未付的款项

如银行代扣企业水电费等业务，银行已取得支付款项的凭证并已登记入账，而企业尚未接到结算凭证，未登记银行存款的减少。

上述四种情况中任何一种情况的发生，都会使银企双方的账面存款余额不一致。因此，为了查明企业单位和银行双方账目的记录有无差错，同时也是为了发现未达账项，在进行银行存款清查时，必须将企业单位的银行存款日记账与银行对账单逐笔核对。核对的内容包括收付金额、结算凭证的种类和号数、发生的时间等。通过核对，如果发现企业单位有错账或漏账，应立即更正；如果发现银行有错账或漏账，应及时通知银行查明更正；如果发现有未达账项，则应据以编制“银行存款余额调节表”进行调节，并验证调节后余额是否相等。

【例7-1】20××年9月30日，某企业银行存款日记账的账面余额为310 000元，银行对账单的余额为360 000元，经逐笔核对，发现有下列未达账项：

（1）29日，企业销售产品后收到转账支票一张，计40 000元，将支票存入银行，银行尚未办理入账手续。

（2）29日，企业采购原材料开出转账支票一张，计13 000元，企业已作银行存款付出，银行尚未收到支票而未入账。

（3）30日，银行代企业收回货款80 000元，收款通知尚未到达企业，企业尚未入账。

（4）30日，银行代付电费3 000元，付款通知尚未到达企业，企业尚未入账。

根据以上资料编制“银行存款余额调节表”，见表7-2。

表7-2 **银行存款余额调节表**

20××年9月30日 单位：元

项 目	金 额	项 目	金 额
企业银行存款日记账余额	310 000	银行对账单余额	360 000
加：银行已收，企业未收的款项	80 000	加：企业已收，银行未收的款项	40 000
减：银行已付，企业未付的款项	3 000	减：企业已付，银行未付的款项	13 000
调节后余额	387 000	调节后余额	387 000

如果调节后双方余额相等，则一般说明双方记账没有差错；若不相等，则表明企业方或银行方或双方记账有差错，应进一步核对，查明原因予以更正。

需要注意的是，银行存款余额调节表只起到核对账簿记录和核实企业银行存款实有数额的作用，不能作为登记账簿的依据。对于未达账项，无须进行账面调整，待以后收到银行的有关凭证（收付款通知或回单）后方可按正常程序入账。

三、存货的清查

（一）存货的盘存制度

存货清查的重要环节是盘点存货的实存数量，为了使盘点工作顺利进行，应建立一定的盘存制度。存货的盘存制度主要有两种：一种是“永续盘存制”；另一种是“实地盘存制”。在不同的盘存制度下，在账簿中记录存货的方法和清查盘点存货的目的都不相同。

1.永续盘存制

永续盘存制又称账面盘存制，是指各项存货的收入和发出都必须根据会计凭证，在存货的有关账簿中逐笔地进行连续登记，并随时结出余额的方法。进行实物盘点时，只需根据账面结存数进行即可，计算公式为：

存货期末账面数量=期初账面数量+本期购进数量-本期发出数量

永续盘存制的优点是核算手续严密，能及时反映各项存货的收、发、存情况，有利于对存货的日常监督和管理（但与实地盘存制相比，其日常核算工作量大）。在实际工作中，除少数特殊存货外，一般都采用永续盘存制。

2.实地盘存制

实地盘存制又称定期盘存制，是指对企业存货的账面记录平时只登记收入数，不登记发出数，月末结账时，以实地盘点存货的实际结存数作为该项存货期末账面结存数，据此倒轧推算出该项存货的本期发出数，并据以登记入账的方法，计算公式为：

某项存货本期发出数=账面期初数+本期增加数-期末盘点结存数

实地盘存制的优点是可简化存货的核算手续。其缺点是存货的收、发手续不严密；不能通过账簿记录随时反映存货的收、发、存情况；对存货因管理不善造成的不合理短缺、霉烂变质、超定额损耗，以及贪污盗窃的损失，不能进行反映和控制，而全部算入本期发出数中；反映的数字不够准确，不利于加强对企业存货的管理。所以，在实际工作中，除那些价值较低、进出频繁的库存物资（如煤炭、矿石等）采用实地盘存制外，一般情况下不采用这种盘存制度。

在两种不同的盘存制度下，对库存物资进行盘点的目的也不同。永续盘存制下的盘点，是为了保证账实相符；实地盘存制下的盘点，是为了计算库存物资的成本。

（二）存货的清查方法

对于各项存货，如原材料、半成品、在产品、产成品等，都要从数量和质量上进行清查。由于存货的形态、体积、重量、堆放方式等不尽相同，因而所采用的清查方法也不尽相同。清查的方法主要有以下两种：

1.实地盘点法

在实地通过现场逐一清点或用计量器具来确定存货的实存数量。其适用的范围较广，在大多数情况下，存货的清查都可以采用这种方法。

2.技术推算法

采用这种方法，对存货不是逐一清点计数，而是通过量方、计尺等技术推算存货的结存数量。这种方法只适用于成堆、量大，而价值又不高的，难以逐一清点的存货的清查。如露天堆放的煤炭、矿石等，可采用技术推算法，而不必详细清点。

对于存货的质量，应根据不同的物品采用不同的检查方法。例如，有的采用物理方法，有的采用化学方法。

在存货清查过程中，实物保管人员和盘点人员必须同时在场。对于盘点结果，应如实登记盘存单，并由盘点人员和实物保管人员签字或盖章，以明确经济责任。盘存单既是记录盘点结果的书面证明，也是反映存货实存数的原始凭证。在实际工作中，为了加快盘点速度，一般都事先按实物明细账中的顺序，将存货的编号、名称、规格、计量单位和单价等在盘存单中写好，盘点时只填列实存数量即可。盘存单的一般格式见表7-3。

表7-3 **盘存单**

单位名称： 盘点时间：

财产类别： 存放地点： 编号：

编　号	名　称	规格型号	计量单位	数　量	单　价	金　额	备　注

盘点人员签章： 保管人员签章：

对于在盘点中发现的实存数与账存数不相符的情况，应根据盘存单和有关账簿的记录，编制实存账存对比表。实存账存对比表是用以调整账簿记录的重要原始凭证，也是分析产生差异的原因、明确经济责任、提出处理意见的依据。实存账存对比表的一般格式见表7-4。

表7-4 **实存账存对比表**

年　月　日

编号	名称及规格	计量单位	单价	对比结果								备　注
				实存		账存		盘盈		盘亏		
				数量	金额	数量	金额	数量	金额	数量	金额	

主管人员： 会计： 制表：

对于委托外单位加工、保管的材料、商品、物资以及在途的材料、商品、物资等，可以用函件询证的方法与有关单位进行核对，以查明账实是否相符。

四、固定资产的清查

固定资产的清查一般在年末进行。清查时按照固定资产的分类，成立清查小组，分别清查房屋建筑物、机器设备、交通工具等。其清查的常用方法与前述存货清查的方法基本相同，不再赘述。清查完毕应编制固定资产盘盈盘亏报告表。固定资产盘盈盘亏报告表的一般格式见表7-5。

表7-5　　　　**固定资产盘盈盘亏报告表**

部门：　　　　　　　　　　年　月　日

<table>
<tr><th rowspan="2">编号</th><th rowspan="2">名称</th><th rowspan="2">规格及型号</th><th colspan="3">盘　盈</th><th colspan="3">盘　亏</th><th colspan="3">毁　损</th><th rowspan="2">原　因</th></tr>
<tr><th>数量</th><th>重估价</th><th>累计折旧</th><th>数量</th><th>原价</th><th>已提折旧</th><th>数量</th><th>原价</th><th>已提折旧</th></tr>
<tr><td></td><td></td><td></td><td></td><td></td><td></td><td></td><td></td><td></td><td></td><td></td><td></td><td></td></tr>
<tr><td></td><td></td><td></td><td></td><td></td><td></td><td></td><td></td><td></td><td></td><td></td><td></td><td></td></tr>
<tr><td></td><td></td><td></td><td></td><td></td><td></td><td></td><td></td><td></td><td></td><td></td><td></td><td></td></tr>
<tr><td></td><td></td><td></td><td></td><td></td><td></td><td></td><td></td><td></td><td></td><td></td><td></td><td></td></tr>
<tr><td></td><td></td><td></td><td></td><td></td><td></td><td></td><td></td><td></td><td></td><td></td><td></td><td></td></tr>
<tr><td rowspan="2">处理意见</td><td colspan="3">审批部门</td><td colspan="4">清查小组</td><td colspan="4">使用保管部门</td><td></td></tr>
<tr><td colspan="3"></td><td colspan="4"></td><td colspan="4"></td><td></td></tr>
</table>

主管人员：　　　　　　　　会计：　　　　　　　　制表：

五、债权债务的清查

债权债务的清查是指企业对各项应收应付款、预收预付款等往来款项的核实和查对。清查时，采用与对方单位核对账目的方法。在清查过程中，不仅要查明债权债务的余额，还要查明形成的原因，尤其应注意查明有无双方发生争议的款项、无法收回的款项以及无法支付的款项，以便及时采取措施进行处理，避免或减少坏账损失。清查的一般程序为：

（一）检查核对账簿记录

会计人员应将本单位的债权债务全部登记入账，保证账簿记录的完整性，并通过与有关凭证相核对，保证账簿记录准确无误。

（二）编制对账单

按债权债务人逐个编制对账单，并将编制的对账单交债权债务人进行核对，确认债权债务情况。对账单一般有两联，其中一联由对方留存，另一联作为回单，要求对方单位核对后注明核对结果并盖章退回。如果退回的对账单注明是核对相符的，可以直接在对账单上注明“核对无误”；如果注明是核对不符的，则要求标注对方账面金额及不符情况，作为进一步核对的依据。债权债务款项对账单的一般格式见表7-6。

表 7-6　　债权债务款项对账单

对账单位名称：　　年　月　日　　编号：

会计科目名称	截止日期	会计事项摘要	账面余额（元）

单位名称及签章：

（三）编制债权债务清查结果报告表

清查结束后，清查人员应根据清查的问题和情况，及时编制债权债务清查结果报告表。对于本单位同对方单位或个人有争议的款项，收回希望较小和无法支付的款项，应当在报告中尽可能详细地说明，以便有关部门及时采取措施，减少不必要的坏账损失。债权债务清查结果报告表的一般格式见表 7-7。

表 7-7　　债权债务清查结果报告表

总分类账户名称：　　年　月　日

明细分类账户		清查结果		核对不符原因分析			备　注
名　称	账面余额	核对相符金额	核对不符金额	未达账项金额	有争议款项金额	其他	

主管人员：　　会计：　　制表：

财产清查工作结束后，应认真整理清查资料，对清查工作中发现的问题，要分析原因并提出解决措施，撰写财产清查报告，对财产清查中发现的问题作出客观公正的评价。

第三节　财产清查结果的账务处理

在财产清查中发现的各种财产物资盘盈、盘亏和毁损，应当在会计期末前查明原因，并根据企业财产物资盈亏处理的管理权限，经股东大会或董事会，或经理（厂长）会议或类似机构批准后，在期末结账前处理完毕。

一、账户设置

为了核算和监督企业在财产清查中财产物资的盘盈、盘亏和毁损情况，应设置“待处理财产损溢”账户。该账户用来核算企业在财产清查中查明的各种财产物资的盘盈、盘亏和毁损的价值。其贷方登记待处理财产物资的盘盈数，以及报经批准后的盘亏、毁损的转销数，借方登记待处理财产物资的盘亏和毁损数，以及报经批准后盘盈的转销数。该账户处理前的借方余额，反映企业尚未处理的各种财产物资的净损失；处理前的贷方余额，反映企业尚未处理的各种财产物资的净溢余。期末处理后该账户应无余额。在此账户下，应设置“待处理流动资产损溢”和“待处理固定资产损溢”两个明细账户进行明细分类核算。“待处理财产损溢”账户核算的内容参见图7-1。

待处理财产损溢

尚未处理的各种财产物资的净损失 批准处理的各种财产物资的净溢余	尚未处理的各种财产物资的净溢余 批准处理的各种财产物资的净损失

图7-1 “待处理财产损溢”账户的核算内容

由于财产清查结果的处理需要报经批准，所以，在账务处理上通常要分两步进行。首先，将财产物资清查中发现的盘盈、盘亏或毁损数，通过“待处理财产损溢”账户，登记有关账簿，以调整账面记录，使账存数与实存数相一致；之后，按照财产物资清查处理权限规定，在经有权审批人员或机构审批的基础上，根据批准的处理意见，从“待处理财产损溢”账户转入有关账户。

二、流动资金清查结果的账务处理

（一）现金清查结果的账务处理

1.现金盘盈

发现现金盘盈，应查明原因，及时办理现金入账手续，调整现金账面记录。借记“库存现金”账户，贷记“待处理财产损溢”账户。经有关部门或有关人员批准后，借记“待处理财产损溢”账户，贷记有关账户。

【例7-2】某企业在现金清查中发现现金长款500元，其中300元是在与甲单位结算零星销货款时多收的现金，另外200元原因不明，经批准计入营业外收入。

在清点后（报批前），为做到账实相符，应列账待查。根据“现金盘点报告表”确认长款数额，作调整分录：

借：库存现金　　500

　贷：待处理财产损溢——待处理流动资产损溢　　500

经批准后，作会计分录：

借：待处理财产损溢——待处理流动资产损溢　　500

　贷：营业外收入　　200

　　　应付账款——甲单位　　300

2.现金盘亏

发现现金盘亏，应先转入“待处理财产损溢”账户，待批准后根据不同情况进行处理：能确定具体交款单位的错点、少收款，先记入“其他应收款”；不能确定具体交款单位的错点、少收款，一般由责任人赔偿，超过责任人赔偿额部分，记入“营业外支出”账户。

【例7-3】某企业在现金清查中发现短款600元，出纳人员无法说明原因，经有关部门研究决定由出纳人员赔偿。

在清点后（报批前），为做到账实相符，应列账待查。根据“现金盘点报告表”确认短款数额，作调整分录：

借：待处理财产损溢——待处理流动资产损溢　　600

　贷：库存现金　　600

经批准后，作会计分录：

借：其他应收款——出纳人员　　600

　贷：待处理财产损溢——待处理流动资产损溢　　600

（二）存货清查结果的账务处理

1.存货盘盈

对于财产清查中发现的存货盘盈，应及时根据“实存账存对比表”所确定的盘盈数额入账，调整存货账面数，以免形成账外资产。在报经批准以前，按盘盈存货的计划成本或估计成本，借记“原材料”“库存商品”等有关存货账户，贷记“待处理财产损溢——待处理流动资产损溢”账户。经查明，确定是由于收发计量差错造成的，经有关部门批准后，冲减管理费用。

【例7-4】某企业在存货清查中盘盈A材料200千克，该类材料的市场价格为50元/千克。经查明，确定系由于收发计量器具不准确所造成。

批准前，应作如下会计分录：

借：原材料——A材料　　10 000

　贷：待处理财产损溢——待处理流动资产损溢　　10 000

批准后，应编制如下会计分录：

借：待处理财产损溢——待处理流动资产损溢　　10 000

　贷：管理费用　　10 000

2.存货盘亏及毁损

对于盘亏及毁损的存货，在报经批准以前，按盘亏或毁损存货的实际成本，贷记“原材料”“库存商品”等有关存货账户；同时，根据国家有关增值税暂行条例的规定，非正常消耗材料等相应的进项税额不允许抵扣，应予以转出，贷记“应交税费——应交增值税（进项税额转出）”账户；按其实际成本和进项税额的合计数，借记“待处理财产损溢——待处理流动资产损溢”账户。

待确定原因并报经批准后，根据盘亏或毁损的形成原因，分别按以下处理原则进行处理：

（1）属于定额内的自然损耗，经批准后转作管理费用。

（2）属于计量收发差错或管理不善等原因造成的存货短缺和毁损，应先扣除残料价值和可以收回的保险赔偿及过失人的赔偿，然后将净损失计入管理费用。

（3）属于自然灾害或意外事故造成的存货毁损，应先扣除残料价值和可以收回的保险赔偿，然后将净损失转作营业外支出。

进行账务处理时，对应该由企业承担的部分，借记“管理费用”账户；对保险赔偿或过失人赔偿的部分，借记“其他应收款”账户；自然灾害造成的净损失，借记“营业外支出”账户，贷记“待处理财产损溢——待处理流动资产损溢”账户。

【例7-5】在财产清查中发现购进的甲材料实际库存较账面库存短缺10 000元，该批材料的进项税额为1 300元。

（1）报经批准前，先调整账面余额，作如下会计分录：

借：待处理财产损溢——待处理流动资产损溢　　11 300

　贷：原材料——甲材料　　10 000

　　　应交税费——应交增值税（进项税额转出）　　1 300

（2）报经批准，如属于定额内的自然损耗，则应作为管理费用，计入本期损益，作如下会计分录：

借：管理费用　　11 300

　贷：待处理财产损溢——待处理流动资产损溢　　11 300

（注：按照增值税暂行条例的有关规定，如属于定额内的自然损耗，不需转出进项税额，上述记账金额则为10 000元）

（3）如果经查实，上述盘亏材料属于管理人员过失造成，应由过失人赔偿，作如下会计分录：

借：其他应收款——过失人　　11 300

　贷：待处理财产损溢——待处理流动资产损溢　　11 300

（4）如果属于非常灾害造成的损失，经批准列作营业外支出，作如下会计分录：

借：营业外支出　　11 300

　贷：待处理财产损溢——待处理流动资产损溢　　11 300

（注：按照增值税暂行条例的有关规定，如属于非常灾害造成的损失，不需转出进项税额，上述记账金额则为10 000元）

（三）固定资产清查结果的账务处理

1.固定资产盘盈

对于盘盈的固定资产，经查明确属企业所有，应调整有关账户记录。企业盘盈的固定资产，一般是以前年度发生的会计差错，应根据固定资产的重置价值，借记“固定资产”账户，贷记“以前年度损益调整”账户。

【例7-6】某企业在财产清查过程中盘盈机器设备一台，该机器设备的重置价值为100 000元。报有关部门审批后，作如下会计分录：

借：固定资产　　100 000

　贷：以前年度损益调整　　100 000

2.固定资产盘亏

发生固定资产盘亏时，按盘亏的固定资产的净值，借记“待处理财产损溢——待处理固定资产损溢”账户；按已提折旧额，借记“累计折旧”账户；按固定资产的原价，贷记“固定资产”账户。经批准后，将盘亏的固定资产的净值转作营业外支出，借记“营业外支出”账户，贷记“待处理财产损溢——待处理固定资产损溢”账户。

【例 7-7】某企业在财产清查过程中发现短缺办公设备一台，该设备原值50 000元，已提折旧20 000元。

报经批准以前，作如下会计分录：

借：待处理财产损溢——待处理固定资产损溢　　30 000

　　累计折旧　　20 000

　贷：固定资产　　50 000

报经批准以后，作为营业外支出处理，作如下会计分录：

借：营业外支出　　30 000

　贷：待处理财产损溢——待处理固定资产损溢　　30 000

如应追究有关人员责任，责成当事人赔偿的，暂列入"其他应收款"账户。

（四）各项债权债务清查结果的账务处理

在企业各项债权债务的清查过程中发现的确实无法收回的应收账款，以及由于债权单位撤销或不存在等原因造成的确实无法支付的应付账款，不需要通过"待处理财产损溢"账户处理，而是在报经批准后直接转销。

对于确实无法收回的应收账款，借记"坏账准备"账户，贷记"应收账款"账户；对于确实无法支付的应付账款，直接确认为营业外收入，借记"应付账款"账户，贷记"营业外收入"账户。

【例 7-8】某企业在财产清查中查明确实无法收回的账款30 000元，经批准作为坏账损失。

作如下会计分录：

借：坏账准备　　30 000

　贷：应收账款（或其他应收款）　　30 000

【例 7-9】某企业在财产清查中查明应付某单位的货款2 000元确实无法支付，经批准列作营业外收入。

作如下会计分录：

借：应付账款　　2 000

　贷：营业外收入　　2 000

思政案例

家国情怀：众志成城，共克时艰

一、案例（材料）内容

2020年疫情暴发以来，在党和政府的领导下，各行各业众志成城，积极展开抗疫工作。而在疫情发生后，会计行业上下齐心协力，共同抗疫，在财政部党组的领导下，中国注册会计师行业党委、中注协多次印发通知，引领行业在做好自身疫情防控的同时，积极承担社会责任，助力社会抗击与防控新冠疫情。

（1）发挥监督优势，保障抗疫工作高效廉洁运转

抗疫期间，注册会计师行业充分发挥财会监督作用，助力各项防疫抗疫工作高效廉洁运转。在疫情之初，不少行业从业人员克服心理恐惧，应召而战，毅然投身抗疫防疫第一线，通过提供审计、咨询服务等多种形式，保障抗疫防疫工作的高效廉洁运转。

据了解，北京天圆全武汉分所、瑞华集团分别受托对火神山医院、雷神山医院建设项

目进行全程跟踪审核，工作小组成员克服各种困难，始终坚持战斗在各个施工场地，保证每个细节都做到数据记录清晰，为医院快速建成并投入使用提供专业支持。

广东金铭、天津中审联、天津丞明会计师事务所分别为钟南山医学基金会、天津医科大学总医院、天津市卫生健康委员会综合服务中心等单位提供专项审计服务，协助建立防疫资金和物资使用制度，规范防疫物资管理。

（2）发挥专业优势，助力企业有序复工复产

抗疫期间，全国政协委员、德勤中国副主席蒋颖向全国政协、中央统战部、地方政府提交《政府如何进一步帮扶企业渡过疫情难关的一些建议》；武汉民革党员、银河会计师事务所合伙人陈文达提出的关于疫情期间减税免税、免征城镇土地使用税和房产税等建议被民革中央采用。

广东省行业党委、注协发起“财务援企”行动，共组织158家事务所和217名专家参加，推出包括协助企业争取税收、财政和金融等政策支持，提供企业复工复产财务风险诊断，帮助企业解决抗疫物资捐赠、享受国家优惠政策的财税处理问题等7项具体服务措施。

许多事务所还积极通过系列公益微课、为企业复工复产提供义诊、酌情减免审计费用等方式，协助企业复工复产。

比如，安永发布“共克时艰”系列公益课程，为不同行业企业制定抗疫策略等提供参考；德勤发布《面对疫情、从容应对，企业立刻要做的十件事》，帮助中国企业应对未来不确定性；毕马威发布应对疫情、确保企业连续性管理能力的建议；普华永道推出“防疫应变”和“纾困重振”系列免费线上微课，帮助企业动态应对难题与挑战；天职国际会计师事务所推出财务机器人，帮助企业复工复产。

（3）严格年报审计关，有效服务资本市场

针对疫情带来的相关审计程序执行难题，中注协先后发布《关于2019年年报审计工作中应对新冠肺炎疫情的专项提示》《关于在新冠肺炎疫情下执行审计工作的指导意见》等，加强对疫情期间审计工作的指导。其中明确，不得以任何理由降低审计质量，引导事务所在审计准则框架下充分借助信息技术，灵活采取审计方式，创新审计方法，并就如何高效组织和管理审计工作、调整审计计划和审计方法等予以指导。

一些事务所积极利用信息化系统，稳妥推进年报审计工作。如立信会计师事务所推出线上应用平台，制定实施《远程审计工作指引》等，规范开展远程审计。

四、组织捐款捐物，投身防疫一线开展志愿服务

从捐款捐物，到投身一线开展志愿者服务，行业用行动展现了责任和担当。疫情期间，行业各级党组织、注协积极组织党员从业人员深入社区防疫一线，开展志愿服务工作，积极参与疫情防控知识宣传、小区出入口值守、防控物资采购分发、环境消毒整治等工作。

如湖北省和广东省茂名市行业党组织、注协组织党员从业人员协助社区发放生活物资，摸底了解社区困难家庭疫情期间困难和需求。湖北荆松、宁夏天华等会计师事务所党员同志深入社区防疫一线，帮助社区做好走街串巷摸底排查、路口执守等工作。

江苏华星会计师事务所党支部响应号召，针对口罩等医疗物资短缺、企业工人不足问题，大年初三冒着冬雨组织多名党员员工奔赴口罩加工厂进行义务劳动，一干就是一整夜；中兴财光华四川分所通过多种方式帮助农民销售受疫情影响滞销的柑橘，挽回当地农民的经济损失。

所有这些，无不展现出注册会计师行业的专业价值和责任担当。

资料来源：佚名.抗疫防疫和复工复产中注册会计师行业的责任担当［J］. 中国注册会计师，2020，254（7）：9-10.

二、本案例（材料）的适用范围

本案例适用于“基础会计”课程第七章“财产清查”内容。

三、问题思考

作为会计从业人员，如何为国家和社会做贡献？

思考与练习题

一、选择题

1.财产清查是通过对各项资产的实地盘点或核对，来查明（　　）是否相符的一种专门方法。

A.账簿记录与会计凭证　　B.有关会计账簿之间

C.实有数与账面数　　D.会计账簿与会计报表

2.按预先计划安排的时间对财产进行盘点和核对是（　　）。

A.全面清查　　B.局部清查

C.定期清查　　D.不定期清查

3.企业进行破产清算时，应采用（　　）方法进行财产清查。

A.局部清查　　B.全部清查

C.定期清查　　D.往来款项清查

4.“累计折旧”账户属于（　　）账户。

A.损益类　　B.资产类

C.成本类　　D.所有者权益类

5.下列项目可以采用实地盘点方法的是（　　）。

A.银行存款　　B.预付账款

C.应收账款　　D.现金

6.对各项财产物资的收入和发出的数量和金额，平时都要在有关账簿中进行连续登记的存货盘存制度是（　　）。

A.实地盘存制　　B.权责发生制

C.收付实现制　　D.永续盘存制

二、判断题

1.盘点结束后，发现有账实不符的实物财产项目，应填制账存实存对比表。（　　）

2.属于自然灾害造成的存货毁损的，扣除保险公司赔款和残值后的净损失，应计入管理费用。（　　）

3.对于盘亏固定资产的净损失，报经批准后应转入营业外支出。（　　）

4.对于财产清查结果的账务处理一般分两步进行，即审批前先调整有关账面记录，审批后转入有关账户。（　　）

5.对库存现金的清查，一般由出纳人员进行。（　　）

6.对于尚未入账的暂时性借条和暂未领取的代保管现金，都不应该计入现金实存金额。（　　）

三、问答题

1.什么是财产清查？为什么要进行财产清查？

2.财产清查的种类有哪些？

3.简述局部清查的适用范围。

4.什么是永续盘存制和实地盘存制？其各自的优缺点和适用范围如何？

5.造成账实不符的原因有哪些？

6.库存现金、银行存款的清查应注意哪些问题？

7.什么是未达账项？它包括哪几种情况？

8.简述“待处理财产损溢”账户的结构。

四、业务题

习题一

C公司6月30日银行存款日记账余额为195 100元，银行对账单余额为203 100元。经逐笔核对，发现两者有下列不符之处：

（1）6月21日，本季度银行存款利息2 000元，公司尚未收到入账通知。

（2）6月22日，公司销售货物一批，收到转账支票一张，金额8 000元，送存银行，银行尚未入账。

（3）6月25日，本公司开出转账支票一张，购买原材料货款14 000元，银行尚未入账。

（4）6月26日，银行代C公司收回销货款3 000元，公司尚未收到收款通知。

（5）6月28日，银行代C公司支付公用事业费3 000元，公司尚未收到付款通知。

要求：根据以上资料，编制“银行存款余额调节表”，并确定C公司20××年6月30日银行存款的实际结存额。

习题二

D公司在6月30日的财产清查中发现下列有关情况：

（1）库存A产品账面结存数量2 000件，单位成本200元，金额400 000元。实存1 990件，盘亏10件，价值2 000元。经查明系保管人员过失所致，经批准责令赔偿。

（2）甲材料账面结存数量200千克，每千克50元，金额10 000元，全部毁损，作为废料处理，计价600元。经查明是由于自然灾害所致，其损失经批准作为非常损失处理。

（3）发现账外机器一台，估计原价80 000元，七成新，原因待查，经批准转作营业外收入。

（4）乙材料账面结存数量20吨，每吨成本10 000元，价值200 000元，实存19.5吨，盘亏0.5吨，价值5 000元。经查明属于定额内损耗，经批准转作管理费用。

（5）丙材料账面结存数量300千克，每千克100元，价值30 000元；实存310千克，盘盈10千克，价值1 000元。经查明为收发计量差错造成，经批准作冲减管理费用处理。

（6）应付某单位货款50 000元，因该单位已不存在，长期无法支付，经批准列作营业外收入。

要求：根据以上资料，编制财产清查的相关会计分录。

第七章思考与练习题参考答案

第八章

财务报告

学习目标

◇理解会计科目、会计账户的基本含义。

◇理解财务报告的概念及编制意义。

◇熟悉财务报告的种类。

◇掌握资产负债表、利润表等主要财务报表的内容、结构及编制方法。

第一节 财务报告概述

《企业会计准则——基本准则》规定，企业应当编制财务会计报告。财务会计报告，一般也称财务报告，是指企业对外提供的反映企业某一特定日期的财务状况和某一会计期间的经营成果、现金流量等会计信息的文件。

我国目前的财务报告包括会计报表及其附注和其他应当在财务报告中披露的相关信息与资料。其中，会计报表是企业财务报告的主要组成部分，是以企业日常会计核算资料为依据，以货币为计量单位，按规定的格式和内容编制的，总括反映会计主体在特定日期财务状况和某一会计期间经营成果、现金流量和权益变动等会计信息的书面文件。

根据《企业会计准则第30号——财务报表列报》的规定，会计报表至少应当包括下列组成部分：①资产负债表；②利润表；③现金流量表；④所有者权益（或股东权益）变动表；⑤附注。

一、财务报告的作用

编制财务报告是会计核算的一项专门方法，是会计核算工作的重要环节。企业在日常的会计核算中，对发生的各项经济业务，都已经通过设置账户、复式记账、填制和审核凭证、登记账簿、成本计算、财产清查等会计核算方法，在会计账簿中进行了反映，但它们比较分散，不能集中、概括地说明企业经济活动的全貌。因此，有必要根据信息使用者的共同需要，将企业账簿中的资料进行归集、加工和汇总，使之成为简明、综合、系统的指标体系，并以财务报告的形式予以反映。

财务报告的目标是向财务报告的使用者提供与企业财务状况、经营成果和现金流量等有关的会计信息，反映企业管理层受托责任履行情况，有助于财务会计报告使用者作出经济决策。财务会计报告使用者包括投资者、债权人、政府及其有关部门和社会公众等。

具体来说，财务报告的作用主要体现在以下几个方面：

（1）财务报告所提供的资料，可以帮助企业领导和管理人员分析检查企业的经济活动是否符合有关制度规定；考核企业资金、成本、利润等计划指标的完成程度；分析评价经营管理中的成绩和缺点，以采取措施改善经营管理、提高经济效益；运用财务报告提供的资料进行分析，为编制下期计划提供依据。同时，通过财务报告，把企业经营情况和结果向职工交底，以便进行监督，进一步发挥职工的主人翁作用，以便从各方面提出改进建议，促进企业增产节约措施的落实。

（2）单位主管部门可以利用财务报告考核所属单位的业绩以及各项经济政策贯彻执行情况，并通过对各单位同类指标的对比分析，可及时总结成绩，推广先进经验；对所发现的问题分析原因，采取措施，克服薄弱环节；同时，通过财务报告逐级汇总所提供的资料，可以在一定范围内反映国民经济计划的执行情况，为国家宏观管理提供依据。

（3）财政、税务部门利用财务报告所提供的资料，可以了解企业资金的筹集运用是否合理、检查企业税收的计算与解缴情况以及有无违反税法和财经纪律的现象，更好地发挥财政、税收的监督职能；银行部门可以考查企业流动资金的利用情况，分析企业银行借款的物资保证程度，研究企业流动资金的正常需要量，了解银行借款的归还以及信贷纪律的执行情况，充分发挥银行的经济监督和经济杠杆作用；审计部门可以利用财务报告了解企业财务状况和经营情况及财经政策、法令和纪律执行情况，从而为进行财务审计和经济效益审计提供必要的资料。

（4）企业的投资者、债权人和其他利益群体利用财务报告所提供的企业财务状况和偿债能力等信息，作为投资、借款和交易的决策依据。机关团体、行政事业等单位的财务报告，可以总括反映预算资金收支情况和预算执行的结果，以便总结经验教训，改进工作，提高单位的管理水平，并为编制下期预算提供必要的资料。

二、财务报告的种类

由于各会计主体的经济性质不同，会计核算的内容不一样，经济管理的要求及所编制财务报告的种类也不尽相同。就一般企业而言，其所编制的财务报告可按其反映的内容、服务的对象、编制的时间、编制的主体等不同的标志划分为不同的种类。

（一）按财务报告编制的时间分类

按财务报告编制的时间不同，可分为年度财务报告和中期财务报告（半年度财务报告、季度财务报告和月度财务报告）。年度财务报告是年终编制的财务报告，它是全面反映企业财务状况、经营成果及其分配、现金流量等方面信息的报告。中期财务报告则是指短于一个完整的会计年度的财务报告，至少应当包括资产负债表、利润表、现金流量表和附注。

在编制财务报告时，哪些报告为年度报告，哪些报告为季度报告，哪些报告为月度报告，都应根据企业会计准则的规定办理。一般说来，企业在持续经营的条件下，是按年、季、月编制财务报告，但在某种特殊情况下则需编制不定期财务报告，例如，在企业宣布破产时应编制和报送破产清算财务报告。

（二）按财务报告报送对象分类

财务报告按其服务的对象不同，可以分为对外财务报告和对内财务报告两种类型。对外财务报告是对外报送的财务报告。这些报告也可用于企业内部管理，但更倾向于满足投资者、贷款人、供应商和其他债权人、顾客、政府机构、社会公众等外部使用者的信息需要。这类报告一般有统一的格式、内容和编制要求。对内财务报告是对内报送的财务报告。这类报告是根据企业内部管理需要自行设置和编制的，主要用于企业内部成本控制、定价决策、投资或筹资方案的选择等，内部报告没有统一规定的格式、内容。

（三）其他分类

财务报告按会计报表反映的经济内容不同，可以分为三种类型：

（1）反映企业财务状况的会计报表，主要包括资产负债表、现金流量表和所有者权益（股东权益）变动表。

（2）反映企业经营成果的会计报表，主要包括利润表、利润分配表。

（3）反映企业成本费用情况的会计报表，主要包括管理费用明细表、制造费用明细表、生产成本明细表等。

以上会计报表又可以划分为静态报表和动态报表。静态报表是反映企业在某一特定时点全部资产、负债和所有者权益等财务状况的报表，如资产负债表。动态报表是反映企业在一定期间的经营成果和现金流量的报表，如利润表、现金流量表。

另外，按会计报表主从关系不同，可以分为主要报表和附属报表。主要报表（简称主表）是反映企业财务状况和经营成果的会计报表，现行制度规定的主要报表有资产负债表、利润表、现金流量表和所有者权益变动表。附属报表（简称附表）是对主要报表的某些项目进行详细描述的会计报表，现行制度规定的附属报表有资产减值准备明细表、股东权益变动表、应交增值税明细表、分部报表等。

三、财务报告编制的基本要求

财务报告的种类、格式、内容和编制方法，都应由财政部统一制定。为了充分发挥财务报告的作用，使会计信息使用者能够准确及时地了解并分析企业的财务状况、经营业绩、现金流量和权益变动的信息，客观评价企业管理层受托责任的履行情况，企业应严格地按照统一规定填制和上报财务报告。财务报告的编制必须符合以下基本要求：

（一）数字真实

根据会计信息的质量要求，企业财务报告所填列的数据必须真实可靠，能准确地反映企业的财务状况和经营成果。不得以估计数字填列财务报告，更不得弄虚作假，篡改、伪造数字。为了确保财务报告的数据真实准确，应做到如下几点：

（1）报告期内所有的经济业务必须全部登记入账，应根据核对无误的账簿记录编制财务报告，不得使用估计数字，不得以任何形式弄虚作假，不得篡改数字。

（2）在编制财务报告之前，应认真核对账簿记录，做到账证相符、账账相符。发现有不符之处，应先查明原因，加以更正，再据以编制财务报告。

（3）企业应定期进行财产清查，对各项财产物资、货币资金和各项债权债务款项进行盘点、核实，在账实相符的基础上编制财务报告。

（4）在编制财务报告时，要核对会计报表之间的数字，有勾稽关系的数字要认真核对；本期财务报告与上期财务报告之间数字应衔接一致、本年度财务报告与上年度财务报告之间相关指标数字应衔接一致。

（二）内容完整

按规定对外报送的财务报告，必须按规定的格式和方法逐一编报，内容必须填列齐全、完整，不得漏填、漏报，更不能任意改变报送的内容。会计报表规定项目无法包含的内容，如会计政策的变动、会计方法的改变等，可以利用附表、附注以及其他形式加以说明。企业除了完成报表数据的填列外，还应当在会计报表的显著位置至少披露下列各项：

（1）编报企业的名称；

（2）资产负债表日或会计报表涵盖的会计期间；

（3）人民币金额单位；

（4）会计报表是合并会计报表的，应当予以标明。

（三）编报及时

会计信息的使用价值具有很大的时效性，因此，财务报告应在保证质量的前提下，按规定的期限和程序及时编制完毕，并如期报送相关部门，以满足报告使用者对财务报告资料的需要，及时了解企业报告期内财务状况和经营成果等信息，以保证信息的决策有用性。为此，企业应科学地组织好会计的日常核算工作，选择适合本企业具体情况的会计核算组织程序并认真做好记账、算账、对账和按期结账工作。

企业至少应当按年编制财务报告。年度财务报告涵盖的期间短于一年的，应当披露年度财务报告的涵盖期间，以及短于一年的原因。

第二节 资产负债表

一、资产负债表的含义

资产负债表是总括反映企业在某一特定日期（如月末、季末、半年末及年末）财务状况的会计报表，又称为财务状况表。它是反映企业财务状况的静态报表。它是根据资产、负债、所有者权益之间的相互关系，即“资产=负债+所有者权益”这一会计等式，按照一定的分类标准和一定的顺序，将企业在某一特定日期的资产、负债、所有者权益各项目予以适当排列，并对日常核算工作中形成的大量数据进行整理后编制而成的。

资产负债表的主要作用是：

（1）通过资产负债表可以了解企业所掌握的经济资源及其分布的情况，经营者可据此分析企业资产分布是否合理，以便改善经营管理，提高企业的经营管理水平。

（2）通过资产负债表可以了解企业资金的来源渠道和构成，投资者和债权人可据此分析企业所面临的财务风险，以监督企业合理使用资金。

（3）通过资产负债表可以了解企业的财务实力、短期偿债能力和支付能力，投资者和债权人可据此作出投资和贷款的正确决策。

（4）通过对资产负债表前后期数据的对比分析，可了解企业资金结构的变化情况，经营者、投资者和债权人可据此掌握企业财务状况的变化趋势，预测企业未来的财务安全程度。

二、资产负债表的内容和格式

（一）资产负债表的内容

资产负债表应提供的主要会计信息有：

1.流动资产的信息

资产满足下列条件之一的，应当归类为流动资产：

（1）预计在一个正常营业周期中变现、出售或耗用；

（2）主要为交易目的而持有；

（3）预计在资产负债表日起一年内（含一年，下同）变现；

（4）自资产负债表日起一年内，交换其他资产或清偿负债的能力不受限制的现金或现金等价物。

一般情况下，企业的流动资产包括货币资金、交易性金融资产、衍生金融资产、应收票据、应收账款、应收款项融资、预付款项、其他应收款、存货、合同资产、持有待售资产、一年内到期的非流动资产等项目。

2.非流动资产的信息

流动资产以外的资产应当归类为非流动资产，应按其性质分类列示。

一般情况下，企业的非流动资产具体包括债权投资、长期应收款、长期股权投资、投资性房地产、固定资产、在建工程、无形资产、商誉等非流动资产项目。

3.流动负债的信息

负债满足下列条件之一的，应当归类为流动负债：

（1）预计在一个正常营业周期内清偿；

（2）主要为交易目的而持有；

（3）自资产负债表日起一年内到期应予以清偿；

（4）企业无权自主地将清偿推迟至资产负债表日后一年以上。

一般情况下，企业的流动负债包括短期借款、交易性金融负债、衍生金融负债、应付票据、应付账款、预收款项、应付职工薪酬、应交税费、其他应付款及一年内到期的非流动负债等流动负债项目。

4.非流动负债的信息

流动负债以外的负债应当归类为非流动负债，并应按其性质分类列示。

一般情况下，企业的非流动负债主要包括长期借款、应付债券、租赁负债、长期应付款、预计负债、递延所得税负债及其他非流动负债项目。

5.所有者权益的信息

所有者权益主要包括实收资本（或股本）、资本公积、盈余公积和未分配利润等项目。

（二）资产负债表的格式

资产负债表按各要素及要素项目的不同排列方式，可分为两种格式：报告式资产负债表和账户式资产负债表。

报告式资产负债表是上下结构，上半部分列示资产，下半部分列示负债和所有者权益。在排列形式上又可分为两种：一种是按“资产=负债+所有者权益”的原理排列；另一种是按“资产-负债=所有者权益”的原理排列。其一般格式参见表8-1、表8-2。

表 8-1　　**报告式资产负债表（一）**　　单位：元

资产=负债+所有者权益	
资产：	
流动资产	5 436 000
固定资产	3 400 000
无形资产及其他资产	
递延所得税资产	
资产合计	8 836 000
负债：	
流动负债	1 436 620
非流动负债	2 000 000
负债合计	3 436 620
加：所有者权益	
实收资本	4 000 000
资本公积	532 020
盈余公积	100 220
未分配利润	767 140
所有者权益合计	5 399 380
负债和所有者权益合计	8 836 000

表 8-2　　**报告式资产负债表（二）**　　单位：元

资产-负债=所有者权益	
资产：	
流动资产	5 436 000
固定资产	3 400 000
无形资产及其他资产	
递延所得税资产	
资产合计	8 836 000
减：负债	
流动负债	1 436 620
非流动负债	2 000 000
负债合计	3 436 620
所有者权益：	
实收资本	4 000 000
资本公积	532 020
盈余公积	100 220
未分配利润	767 140
所有者权益合计	5 399 380

账户式资产负债表是按照“T”形账户的形式设计的，这种格式的资产负债表是将资

产项目排列在表的左方，负债和所有者权益项目排列在表的右方，资产负债表左右双方总额相等。我国的资产负债表按规定采用账户式结构。其格式参见表8-3。

表8-3　　　　资产负债表（一）

会企01表

编制单位：××股份有限公司　　　　年　月　日　　　　单位：元

资　产	期末余额	年初余额	负债和所有者权益（或股东权益）	期末余额	年初余额
流动资产：			流动负债：		
货币资金			短期借款		
交易性金融资产			交易性金融负债		
衍生金融资产			衍生金融负债		
应收票据			应付票据		
应收账款			应付账款		
应收款项融资			预收款项		
预付款项			合同负债		
其他应收款			应付职工薪酬		
存货			应交税费		
合同资产			其他应付款		
持有待售资产			持有待售负债		
一年内到期的非流动资产			一年内到期的非流动负债		
其他流动资产			其他流动负债		
流动资产合计			流动负债合计		
非流动资产：			非流动负债：		
债权投资			长期借款		
其他债券投资			应付债券		
长期应收款			其中：优先股		
长期股权投资			永续债		
其他权益工具投资			租赁负债		
其他非流动金融资产			长期应付款		
投资性房地产			预计负债		
固定资产			递延收益		

续表

资　产	期末余额	年初余额	负债和所有者权益（或股东权益）	期末余额	年初余额
在建工程			递延所得税负债		
生产性生物资产			其他非流动负债		
油气资产			非流动负债合计		
使用权资产			负债合计		
无形资产			所有者权益（或股东权益）：		
开发支出			实收资本（或股本）		
商誉			其他权益工具		
长期待摊费用			其中：优先股		
递延所得税资产			永续债		
其他非流动资产			资本公积		
非流动资产合计			减：库存股		
			其他综合收益		
			专项储备		
			盈余公积		
			未分配利润		
			所有者权益（或股东权益）合计		
资产总计			负债和所有者权益（或股东权益）总计		

资产负债表的具体结构为：

1.资产

其排列规则是按流动性排列。

（1）流动资产：包括在一年或超过一年的一个经营周期以内可以变现或耗用、售出的全部资产。

各流动资产项目在资产负债表上的排列顺序为：货币资金、交易性金融资产、衍生金融资产、应收票据、应收账款、应收款项融资、预付款项、其他应收款、存货、合同资产、持有待售资产、一年内到期的非流动资产、其他流动资产等。

（2）非流动资产：包括变现能力在一年或超过一年的一个经营周期以上的资产。

各非流动资产项目在资产负债表上的排列顺序为：债权投资、其他债权投资、长期应收款、长期股权投资、其他权益工具投资、其他非流动金融资产、投资性房地产、固定资产、在建工程、生产性生物资产、油气资产、使用权资产、无形资产、开发支出、商誉、长期待摊费用、递延所得税资产、其他非流动资产等。

2.负债

其排列规则是按偿还期限长短排列。

（1）流动负债：偿还期在一年以内的全部负债。

各流动负债项目在资产负债表上的排列顺序为：短期借款、交易性金融负债、衍生金融负债、应付票据、应付账款、预收款项、合同负债、应付职工薪酬、应交税费、其他应付款、持有待售负债、一年内到期的非流动负债、其他流动负债等。

（2）非流动负债：偿还期在一年或超过一年的一个经营周期以上的债务。

各非流动负债项目在资产负债表上的排列顺序为：长期借款、应付债券、租赁负债、长期应付款、预计负债、递延收益、递延所得税负债、其他非流动负债等。

3.所有者权益

其排列顺序是：按项目的永久性排列。

各所有者权益项目在资产负债表上的排列顺序为：实收资本、其他权益工具、资本公积、其他综合收益、专项储备、盈余公积和未分配利润等。

三、资产负债表的编制方法

（一）资产负债表编制的基本方法

1.年初余额

资产负债表中“年初余额”栏各项的金额，应根据上年末（中期报表根据上一期）资产负债表中“期末余额”栏内所列的数字填列。“期末余额”栏内各项金额根据会计期末各总账账户及所属明细账户的数字分析填列。如果本年度资产负债表中规定的各项目的名称和内容与上年度不一致，应对上年末资产负债表各项目的名称和数字按照本年度的规定进行调整，再将调整后的项目及数字填入表中的“年初余额”栏。

2.期末余额

资产负债表“期末余额”栏的金额可以通过以下几种方法进行填列：

（1）根据总账科目余额直接填列。

资产负债表中的大部分项目，可以根据有关总账科目的期末余额直接填列，例如，“应收票据”“短期借款”“应付票据”“应付职工薪酬”“应交税费”“实收资本”“盈余公积”“资本公积”等项目。

（2）根据总账科目余额计算填列。

资产负债表中的某些项目，需要根据若干个总账科目的期末余额计算填列，例如，“货币资金”项目，根据“库存现金”、“银行存款”和“其他货币资金”三个科目总账的期末余额合计数填列。

（3）根据明细科目余额分析计算填列。

资产负债表中的某些项目，需要根据明细账的期末余额分析计算填列。这主要是针对“应付账款”、“预付款项”和“应收账款”、“预收款项”四个项目。因为在企业实际工作中，当预付与预收业务不多时，可以不设“预付款项”和“预收款项”科目，而将预付和预收的款项分别记入“应付账款”科目的借方和“应收账款”科目的贷方。这时，就不能单纯地以“应付账款”和“应收账款”的期末余额直接填列，而应对各个明细科目的余额进行具体分析计算填列。

（4）根据总账科目和明细科目余额分析填列。

有些项目，既不能按总账科目余额直接或计算填列，也不能按明细科目余额直接或计算填列，而需要分析总账科目和明细科目余额后再计算填列。如“长期借款”项目，就是根据“长期借款”的期末余额减去“长期借款——一年内到期的长期借款”明细科目的余额后填列。

（5）根据科目余额减去备抵科目或加上附加科目后的净额填列。

例如，“固定资产”项目，就是根据“固定资产”科目的期末余额减去“固定资产减值准备”及“累计折旧”科目后的净额填列；“无形资产”项目，就是根据“无形资产”科目的期末余额减去“无形资产减值准备”及“累计摊销”科目后的净额填列。

（二）资产负债表各项目的具体填列方法

（1）“货币资金”项目：反映企业库存现金、银行结算户存款、外埠存款、银行汇票存款、银行本票存款、信用卡存款、信用证保证金存款等的合计数。本项目应根据“库存现金”“银行存款”“其他货币资金”科目的期末余额合计数填列。

（2）“交易性金融资产”项目：反映资产负债表日企业分类为以公允价值计量且其变动计入当期损益的金融资产，以及企业持有的指定为以公允价值计量且其变动计入当期损益的金融资产的期末账面价值。该项目应根据“交易性金融资产”科目的相关明细科目的期末余额分析填列。

（3）“应收票据”项目：反映资产负债表日以摊余成本计量的，企业因销售商品、提供服务等收到的商业汇票，包括银行承兑汇票和商业承兑汇票。该项目应根据“应收票据”科目的期末余额，减去“坏账准备”科目中相关坏账准备期末余额后的金额分析填列。

（4）“应收账款”项目：反映资产负债表日以摊余成本计量的，企业因销售商品、提供服务等经营活动应收取的款项。该项目应根据“应收账款”科目的期末余额，减去“坏账准备”科目中相关坏账准备期末余额后的金额分析填列。

（5）“应收款项融资”项目：反映资产负债表日以公允价值计量且其变动计入其他综合收益的应收票据和应收账款等。

（6）“其他应收款”项目：应根据“应收利息”、“应收股利”和“其他应收款”科目的期末余额合计数，减去“坏账准备”科目中相关坏账准备期末余额后的金额填列。

（7）“预付款项”项目：反映企业预付给供货单位的款项。本项目应根据“预付账款”科目所属各明细科目的期末借方余额合计数填列。如“预付账款”科目所属有关明细科目期末有贷方余额的，应在 “应付账款”项目内填列。如“应付账款”科目所属明细科目有借方余额的，也应包括在本项目内。

（8）“存货”项目：反映企业期末在库、在途和在加工中的各项存货的可变现净值，包括各种材料、商品、在产品、半成品、包装物、低值易耗品、分期收款发出商品、委托代销商品、受托代销商品等。本项目应根据“在途物资”“原材料”“材料成本差异”“生产成本”“库存商品”“周转材料”“发出商品”“委托加工物资”“商品进销差价”等科目的期末余额合计减去“存货跌价准备”科目期末余额后的金额填列。

（9）“持有待售资产” 项目：反映资产负债表日划分为持有待售类别的非流动资产及划分为持有待售类别的处置组中的流动资产和非流动资产的期末账面价值。该项目应根据

"持有待售资产"科目的期末余额，减去"持有待售资产减值准备"科目的期末余额后的金额填列。

（10）"一年内到期的非流动资产"项目：反映企业将于一年内到期的非流动资产。本项目应根据有关科目的期末余额分析计算填列。

（11）"其他流动资产"项目：反映企业除以上流动资产项目外的其他流动资产。本项目应根据有关科目的期末余额填列。如其他流动资产价值较大的，应在财务报表附注中披露其内容和金额。

（12）"债权投资"项目：反映资产负债表日企业以摊余成本计量的长期债权投资的期末账面价值。该项目应根据"债权投资"科目的相关明细科目期末余额，减去"债权投资减值准备"科目中相关减值准备的期末余额后的金额分析填列。

（13）"其他债权投资"项目：反映资产负债表日企业分类为以公允价值计量且其变动计入其他综合收益的长期债权投资的期末账面价值。该项目应根据"其他债权投资"科目的相关明细科目的期末余额分析填列。

（14）"其他权益工具投资"项目：反映资产负债表日企业指定为以公允价值计量且其变动计入其他综合收益的非交易性权益工具投资的期末账面价值。该项目应根据"其他权益工具投资"科目的期末余额填列。

（15）"投资性房地产"项目：反映企业持有的投资性房地产。本项目应根据"投资性房地产"科目的期末余额，减去"投资性房地产累计折旧""投资性房地产减值准备""投资性房地产累计摊销"所属有关明细科目期末余额后的金额分析计算填列。

（16）"长期股权投资"项目：反映企业不准备在一年内（含一年）变现的各种股权性质的投资的可收回金额。本项目应根据"长期股权投资"科目的期末余额，减去"长期股权投资减值准备"科目期末余额后的金额填列。

（17）"长期应收款"项目：反映企业持有的长期应收款的可收回金额。本项目应根据"长期应收款"科目的期末余额，减去"坏账准备"科目所属相关明细科目的期末余额，再减去"未确认融资收益"科目期末余额后的金额分析计算填列。

（18）"固定资产"项目：反映资产负债表日企业固定资产的期末账面价值和企业尚未清理完毕的固定资产清理净损益。该项目应根据"固定资产"科目的期末余额，减去"累计折旧"和"固定资产减值准备"科目的期末余额后的金额，以及"固定资产清理"科目的期末余额填列。

（19）"在建工程"项目：反映资产负债表日企业尚未达到预定可使用状态的在建工程的期末账面价值和企业为在建工程准备的各种物资的期末账面价值。本项目应根据"在建工程"科目的期末余额，减去"在建工程减值准备"科目的期末余额后的金额，以及"工程物资"科目的期末余额，减去"工程物资减值准备"科目的期末余额后的金额填列。

（20）"工程物资"项目：反映企业各项工程尚未使用的工程物资的实际成本。本项目应根据"工程物资"科目的期末余额填列。

（21）"使用权资产"项目：反映资产负债表日承租人企业持有的使用权资产的期末账面价值。该项目应根据"使用权资产"科目的期末余额，减去"使用权资产累计折旧"和"使用权资产减值准备"科目的期末余额后的金额填列。

（22）“无形资产”项目：反映企业各项无形资产的期末可收回金额。本项目应根据“无形资产”科目的期末余额，减去“累计摊销”“无形资产减值准备”科目的期末余额后的金额填列。

（23）“递延所得税资产”项目：反映企业确认的递延所得税资产。本项目应根据“递延所得税资产”科目的期末余额分析填列。

（24）“一年内到期的非流动资产”项目：通常反映预计自资产负债表日起一年内变现的非流动资产。

（25）“其他非流动资产”项目：反映企业除以上资产以外的其他长期资产。本项目应根据有关科目的期末余额填列。如其他长期资产价值较大，则应在财务报表附注中披露其内容和金额。

（26）“短期借款”项目：反映企业借入尚未归还的一年期以下（含一年）的借款。本项目应根据“短期借款”科目的期末余额填列。

（27）“交易性金融负债”项目：反映资产负债表日企业承担的交易性金融负债，以及企业持有的指定为以公允价值计量且其变动计入当期损益的金融负债的期末账面价值。该项目应根据“交易性金融负债”科目的相关明细科目的期末余额填列。

（28）“应付票据”项目：反映资产负债表日以摊余成本计量的，企业因购买材料、商品和接受服务等开出、承兑的商业汇票，包括银行承兑汇票和商业承兑汇票。该项目应根据“应付票据”科目的期末余额填列。

（29）“应付账款”项目：反映资产负债表日以摊余成本计量的，企业因购买材料、商品和接受服务等经营活动应支付的款项。该项目应根据“应付账款”和“预付账款”科目所属的相关明细科目的期末贷方余额合计数填列。

（30）“预收款项”项目：反映企业预收购买单位的账款。本项目应根据“预收账款”科目所属各有关明细科目的期末贷方余额合计填列。“预收账款”科目所属有关明细科目有借方余额的，应在本表“应收账款”项目内填列；“应收账款”科目所属明细科目有贷方余额的，也应包括在本项目内。

（31）“应付职工薪酬”项目：反映企业应付未付的职工薪酬。本项目应根据“应付职工薪酬”科目期末贷方余额填列。如“应付职工薪酬”科目期末为借方余额，则以“-”号填列。

（32）“应交税费”项目：反映企业期末未交、多交或未抵扣的各种税费。本项目应根据“应交税费”科目的期末贷方余额填列，如“应交税费”科目期末为借方余额，则以“-”号填列。

（33）“其他应付款”项目：应根据“应付利息”、“应付股利”和“其他应付款”科目的期末余额合计数填列。

（34）“持有待售负债”项目：反映资产负债表日处置组中与划分为持有待售类别的资产直接相关的负债的期末账面价值。该项目应根据“持有待售负债”科目的期末余额填列。

（35）“一年内到期的非流动负债”项目：反映企业承担的将于一年内到期的非流动负债。本项目应根据有关非流动负债科目的期末余额分析计算填列。

（36）“其他流动负债”项目：反映企业除以上流动负债以外的其他流动负债。本项目应根据有关科目的期末余额填列，如“待转资产价值”科目的期末余额可在本项目内反映。其他流动负债价值较大的，应在财务报表附注中披露其内容及金额。

（37）“长期借款”项目：反映企业借入尚未归还的一年期以上（不含一年）的借款本息。本项目应根据“长期借款”科目的期末余额，减去将于一年内到期的长期借款后的金额填列。

（38）“应付债券”项目：反映企业发行的尚未偿还的各种长期债券的本息。本项目应根据“应付债券”科目的期末余额填列。

（39）“租赁负债”项目：反映资产负债表日承租人企业尚未支付的租赁付款额的期末账面价值。该项目应根据“租赁负债”科目的期末余额填列。

（40）“长期应付款”项目：反映资产负债表日企业除长期借款和应付债券以外的其他各种长期应付款项的期末账面价值。该项目应根据“长期应付款”科目的期末余额，减去相关的“未确认融资费用”科目的期末余额后的金额，以及“专项应付款”科目的期末余额填列。

（41）“预计负债”项目：反映企业预计负债的期末余额。本项目应根据“预计负债”科目的期末余额填列。

（42）“递延所得税负债”项目：反映企业确认的递延所得税负债。本项目应根据“递延所得税负债”科目的期末余额分析填列。

（43）“其他非流动负债”项目：反映企业除以上非流动负债项目以外的其他非流动负债。本项目应根据有关科目的期末余额填列。其他非流动负债价值较大的，应在财务报表附注中披露其内容和金额。

（44）“实收资本”（或“股本”）项目：反映企业各投资者实际投入的资本总额。本项目应根据“实收资本”（或“股本”）科目的期末余额填列。

（45）“其他权益工具”项目：反映资产负债表日企业发行在外的除普通股以外分类为权益工具的金融工具的期末账面价值。对于资产负债表日企业发行的金融工具，分类为金融负债的，应在“应付债券”项目填列，对于优先股和永续债，还应在“应付债券”项目下的“优先股”项目和“永续债”项目分别填列；分类为权益工具的，应在“其他权益工具”项目填列，对于优先股和永续债，还应在“其他权益工具”项目下的“优先股”项目和“永续债”项目分别填列。

（46）“资本公积”项目：反映企业资本公积的期末余额。本项目应根据“资本公积”科目的期末余额填列。

（47）“专项储备”项目：反映高危行业企业按国家规定提取的安全生产费的期末账面价值。该项目应根据“专项储备”科目的期末余额填列。

（48）“盈余公积”项目：反映企业盈余公积的期末余额。本项目应根据“盈余公积”科目的期末余额填列。

（49）“未分配利润”项目：反映企业尚未分配的利润。本项目应根据“本年利润”科目和“利润分配”科目的余额计算填列。未弥补的亏损，在本项目内以“-”号填列。

（三）资产负债表编制举例

现简要举例说明资产负债表的编制方法，这里只列举一些常见项目的填列，更加详细和完整的资产负债表的编制，将在后续的“财务会计”课程中学习。

【例8-1】银海公司20××年3月31日有关账户的期末余额见表8-4。

表8-4　　银海公司有关账户期末余额

20××年3月31日　　单位：元

账户名称	借方余额	贷方余额	账户名称	借方余额	贷方余额
库存现金	30 000		短期借款		40 000
银行存款	520 000		应付账款		360 000
交易性金融资产	300 000		——A公司		400 000
应收账款	400 000		——B公司	40 000	
——甲公司	500 000		预收账款		20 000
——乙公司		100 000	应付职工薪酬		150 000
坏账准备		30 000	应交税费		500 000
预付账款	40 000		应付股利		200 000
其他应收款	10 000		实收资本		5 000 000
原材料	400 000		资本公积		500 000
生产成本	200 000		盈余公积		300 000
库存商品	600 000		利润分配——未分配利润		600 000
固定资产	5 500 000				
累计折旧		800 000			
无形资产	500 000				

现将该公司20××年3月31日资产负债表各项目的应填列金额计算分析如下：

（1）“货币资金”项目。将“库存现金”“银行存款”账户余额合并列入“货币资金”项目，即：

“货币资金”项目金额=30 000+520 000=550 000（元）

（2）“交易性金融资产”项目。按交易性金融资产账面余额直接填列，即：300 000元。

（3）“应收账款”项目。将“应收账款”账户所属明细账户的借方余额合计，减去“坏账准备”账户的余额填列，即：

“应收账款”项目金额=500 000−30 000=470 000（元）

（4）“预付款项”项目。将“预付账款”所属明细账户的借方余额合计，加上“应付账款”所属明细账户的借方余额合计填列，即：

“预付款项”项目金额=40 000+40 000=80 000（元）

（5）“其他应收款”项目。按“其他应收款”账户期末账面余额直接填列，即：10 000元。

（6）“存货”项目。将“原材料”“生产成本”“库存商品”等账户的余额相加填列，即：

“存货”项目金额=400 000+200 000+600 000=1 200 000（元）

（7）“固定资产”项目。用“固定资产”账户余额减去“累计折旧”账户余额填列，即：

“固定资产”项目金额=5 500 000−800 000=4 700 000（元）

（8）“无形资产”项目。用“无形资产”账户余额减去“累计摊销”账户余额填列，即：

“无形资产”项目金额=500 000−0=500 000（元）

（9）“短期借款”项目。按期末账面余额直接填列，即：40 000元。

（10）“应付账款”项目。将“应付账款”所属明细账户的贷方余额合计填列，即：400 000元。

（11）“预收款项”项目。将“预收账款”所属明细账户的贷方余额合计，加上“应收账款”所属明细账户的贷方余额合计数填列，即：

“预收款项”项目金额=20 000+100 000=120 000（元）

（12）“应付职工薪酬”项目。按期末账面余额直接填列，即：150 000元。

（13）“应交税费”项目。按期末账面余额直接填列，即：500 000元。

（14）“其他应付款”项目。按“应付股利”科目期末账面余额直接填列，即：200 000元。

（15）“实收资本”“资本公积”“盈余公积”“未分配利润”项目。分别按其同名账户期末账面余额直接填列，即：5 000 000元、500 000元、300 000元、600 000元。

银海公司20××年3月31日资产负债表编制结果见表8-5。

表8-5　　**资产负债表（二）**

编制单位：银海公司　　20××年3月31日　　单位：元

资　产	年初余额	期末余额	负债及所有者权益	年初余额	期末余额
流动资产			流动负债		
货币资金		550 000	短期借款		40 000
交易性金融资产		300 000	应付账款		400 000
应收账款		470 000	预收款项		120 000
预付款项		80 000	应付职工薪酬		150 000
其他应收款		10 000	应交税费		500 000
存货		1 200 000	其他应付款		200 000
流动资产合计		2 610 000	流动负债合计		1 410 000
非流动资产			负债合计		1 410 000
固定资产		4 700 000	所有者权益		
无形资产		500 000	实收资本		5 000 000
非流动资产合计		5 200 000	资本公积		500 000
			盈余公积		300 000
			未分配利润		600 000
			所有者权益合计		6 400 000
资产总计		7 810 000	负债及所有者权益总计		7 810 000

第三节 利润表

一、利润表的含义

利润表又称损益表，是总括反映企业在一定会计期间（如年度、季度或月份）内经营成果的会计报表。利润表以“收入-费用=利润”这一会计方程式为基础，用以反映企业一定会计期间内盈利（或亏损）的实际情况。它是一种动态报表，一般按月编制，是对外报送的主要报表之一。

利润表的主要作用是：

（1）通过利润表，能反映企业一定时期内的经营成果，展示一定会计期间的经营业绩，从而可以分析和评价企业的盈利能力和经济效益，为投资者、债权人、财政与税收等部门进行管理、监督与决策提供依据。

（2）利润表总括地反映企业收入、费用、成本等利润的构成要素，可以从中了解企业利润构成及影响利润增减变动的原因，并通过对不同时期利润增减变化趋势的分析，找出差距，明确工作重点，促使企业改善经营管理，提高盈利水平，为企业内部决策提供依据。

二、利润表的内容和格式

（一）利润表的内容

利润表应提供的主要会计信息内容有：

（1）企业在一定会计期间内取得的全部收入和利得，包括营业收入、投资收益和营业外收入。

（2）企业在一定会计期间内发生的全部费用和损失，包括营业成本、销售费用、管理费用、财务费用和营业外支出。

（3）全部收入与费用、利得与损失相抵后计算出企业一定时期内实现的利润（或亏损）总额。

（二）利润表的格式

按照编制报表的步骤不同，利润表的格式主要有单步式和多步式两种。

单步式利润表的编制方法是将本期各项收入的合计数与本期各项成本、费用的合计数相减后，经过一步就计算出本期利润的方法。

多步式利润表增加了一些中间指标，它是按利润构成的主次进行分段，从核心业务到非核心业务，经过多个步骤计算编制的。我国企业通常使用的是多步式利润表。其格式参见表8-6。

表8-6　　**利润表（多步式）**　　会企02表

编制单位：××股份有限公司　　年　月　　单位：元

项　目	本期金额	上期金额
一、营业收入		
减：营业成本		

续表

项　目	本期金额	上期金额
税金及附加		
销售费用		
管理费用		
研发费用		
财务费用		
加：其他收益		
投资收益（损失以“-”号填列）		
净敞口套期收益（损失以“-”号填列）		
公允价值变动收益（损失以“-”号填列）		
信用减值损失（损失以“-”号填列）		
资产减值损失（损失以“-”号填列）		
资产处置收益（损失以“-”号填列）		
二、营业利润（亏损以“-”号填列）		
加：营业外收入		
减：营业外支出		
其中：非流动资产处置损失		
三、利润总额（亏损总额以“-”号填列）		
减：所得税费用		
四、净利润（净亏损以“-”号填列）		
五、其他综合收益的税后净额		
（一）不能重分类进损益的其他综合收益		
（二）将重分类进损益的其他综合收益		
六、综合收益总额		
七、每股收益		
（一）基本每股收益		
（二）稀释每股收益		

三、利润表的编制方法

（一）利润表各项目的填列

利润表中“上期金额”栏各项的金额，应根据上期利润表中“本期金额”栏内所列的数字填列。“本期金额”栏内各项金额数字的填列方法可归纳为两种：一是根据账户的发生额分析填列。利润表中的大部分项目都可以根据账户的发生额分析填列，如销售费用、税金及附加、管理费用、财务费用、营业外收入、营业外支出、所得税费用等。二是根据报表项目之间的关系计算填列。利润表中的某些项目需要根据项目之间的关系计算填列，如营业利润、利润总额、净利润等。

利润表各项目的具体填列方法为：

（1）“营业收入”项目：反映企业经营活动所取得的收入总额。本项目应根据“主营业务收入”“其他业务收入”等科目的发生额分析填列。

（2）“营业成本”项目：反映企业经营活动发生的实际成本。本项目应根据“主营业务成本”“其他业务成本”等科目的发生额分析填列。

（3）“税金及附加”项目：反映企业经营活动应负担的消费税、城市维护建设税、资源税、土地增值税和教育费附加等。本项目应根据“税金及附加”科目的发生额分析填列。

（4）“销售费用”项目：反映企业在销售商品和商品流通企业在购入商品等过程中发生的费用。本项目应根据“销售费用”科目的发生额分析填列。

（5）“管理费用”项目：反映企业发生的应由管理部门负担的费用。本项目应根据“管理费用”科目的发生额分析填列。

（6）“研发费用”项目：反映企业进行研究与开发过程中发生的费用化支出，以及计入管理费用的自行开发无形资产的摊销。该项目应根据“管理费用”科目下的“研究费用”明细科目的发生额，以及“管理费用”科目下的“无形资产摊销”明细科目的发生额分析填列。

（7）“财务费用”项目：反映企业发生的财务费用。本项目应根据“财务费用”科目的发生额分析填列。

（8）“其他收益”项目：反映计入其他收益的政府补助，以及其他与日常活动相关且计入其他收益的项目。该项目应根据“其他收益”科目的发生额分析填列。

（9）“净敞口套期收益”项目：反映净敞口套期下被套期项目累计公允价值变动转入当期损益的金额或现金流量套期储备转入当期损益的金额。该项目应根据“净敞口套期损益”科目的发生额分析填列；如为套期损失，以“-”号填列。

（10）“公允价值变动收益”项目：反映企业确认的交易性金融资产或交易性金融负债的公允价值变动额。本项目应根据“公允价值变动损益”科目的发生额分析填列。

（11）“资产减值损失”项目：反映企业确认的资产减值损失。本项目应根据“资产减值损失”科目的发生额分析填列。

（12）“资产处置收益”项目：反映企业出售划分为持有待售的非流动资产（金融工具、长期股权投资和投资性房地产除外）或处置组（子公司和业务除外）时确认的处置利得或损失，以及处置未划分为持有待售的固定资产、在建工程、生产性生物资产及无形资产而产生的处置利得或损失。债务重组中因处置非流动资产（金融工具、长期股权投资和投资性房地产除外）产生的利得或损失和非货币性资产交换中换出非流动资产（金融工具、长期股权投资和投资性房地产除外）产生的利得或损失也包括在本项目内。该项目应根据“资产处置损益”科目的发生额分析填列；如为处置损失，以“-”号填列。

（13）“营业外收入”项目和“营业外支出”项目：反映企业发生的与其生产经营无直接关系的各项利得和损失。这两个项目应分别根据“营业外收入”科目和“营业外支出”科目的发生额分析填列。

（14）“所得税费用”项目：反映企业按规定从本期损益中减去的所得税。本项目应根据“所得税费用”科目的发生额分析填列。

（15）“其他综合收益的税后净额”项目：应根据“其他综合收益”账户所属明细账分析填列。

（16）“综合收益总额”项目：反映企业在某一期间除与所有者以其所有者身份进行的交易之外的其他交易或事项所引起的所有者权益变动。

综合收益总额项目反映净利润和其他综合收益税后净额的合计金额。

（二）每股收益的计算与列报

企业应当在利润表中单独列示基本每股收益和稀释每股收益。

1.基本每股收益

企业应当用归属于普通股股东的当期净利润，除以发行在外普通股的加权平均数计算基本每股收益，计算公式为：

$$\text{发行在外的普通股加权平均数}=\text{期初发行在外普通股股数}+\text{当期新发行普通股股数}\times\frac{\text{已发行时间}}{\text{报告期时间}}-\text{当期回购普通股股数}\times\frac{\text{已回购时间}}{\text{报告期时间}}$$

已发行时间、报告期时间和已回购时间一般按照天数计算；在不影响计算结果合理性的前提下，也可以采用简化的计算方法。

2.稀释每股收益

企业存在稀释性潜在普通股的，应当分别调整归属于普通股股东的当期净利润和发行在外普通股的加权平均数，并据以计算稀释每股收益。

稀释性潜在普通股，是指假设当期转换为普通股会减少每股收益的潜在普通股。潜在普通股，是指赋予其持有者在报告期或以后期间享有取得普通股权利的一种金融工具或其他合同，包括可转换公司债券、认股权证、股份期权等。

第一，计算稀释每股收益，应当根据下列事项对归属于普通股股东的当期净利润进行调整（应考虑相关的所得税影响）：（1）当期已确认为费用的稀释性潜在普通股的利息；（2）稀释性潜在普通股转换时将产生的收益或费用。

第二，计算稀释每股收益时，当期发行在外普通股的加权平均数应当为计算基本每股收益时普通股的加权平均数与假定稀释性潜在普通股转换为已发行普通股而增加的普通股股数的加权平均数之和。

第三，计算稀释性潜在普通股转换为已发行普通股而增加的普通股股数的加权平均数时，以前期间发行的稀释性潜在普通股，应当假设在当期期初转换；当期发行的稀释性潜在普通股，应当假设在发行日转换。

第四，认股权证和股份期权等的行权价格低于当期普通股平均市场价格时，应当考虑其稀释性。计算稀释每股收益时，增加的普通股股数按下列公式计算：

$$\text{增加的普通股股数}=\text{拟行权时转换的普通股股数}-\text{行权价格}\times\text{拟行权时转换的普通股股数}\div\text{当期普通股平均市场价格}$$

第五，稀释性潜在普通股应当按照其稀释程度从大到小的顺序计入稀释每股收益，直至稀释每股收益达到最小值。

3. 每股收益列报

发行在外普通股或潜在普通股的数量因派发股票股利、盈余公积转增资本、拆股而增加或因并股而减少，但不影响所有者权益金额的，应当按调整后的股数重新计算各列报期间的每股收益。上述变化发生于资产负债表日至财务报告批准报出日之间的，应当以调整后的股数重新计算各列报期间的每股收益。

按照企业会计准则的规定对以前年度损益进行追溯调整或追溯重述的，应当重新计算各列报期间的每股收益。

（三）利润表编制方法举例

现简要举例说明利润表的编制方法。

【例 8-2】银海公司 20××年 3 月有关账户的发生额见表 8-7。

表 8-7　**银海公司有关账户发生额**

20××年 3 月

单位：元

账户名称	借方发生额	贷方发生额
主营业务收入		3 000 000
其他业务收入		400 000
投资收益		100 000
营业外收入		150 000
主营业务成本	800 000	
税金及附加	150 000	
其他业务成本	200 000	
销售费用	100 000	
管理费用	500 000	
财务费用	250 000	
营业外支出	550 000	
所得税费用	300 000	

根据以上账户记录，编制银海公司 20××年 3 月份的利润表，见表 8-8。

表8-8 **利润表**

编制单位：银海公司　　20××年3月　　单位：元

项　　目	本期金额	上期金额（略）
一、营业收入	3 400 000	
减：营业成本	100 000	
税金及附加	150 000	
销售费用	100 000	
管理费用	500 000	
研发费用	0	
财务费用	250 000	
加：其他收益	0	
投资收益（损失以“-”号填列）	100 000	
净敞口套期收益（损失以“-”号填列）	0	
公允价值变动收益（损失以“-”号填列）	0	
信用减值损失（损失以“-”号填列）	0	
资产减值损失（损失以“-”号填列）	0	
资产处置收益（损失以“-”号填列）	0	
二、营业利润（损失以“-”号填列）	1 500 000	
加：营业外收入	150 000	
减：营业外支出	550 000	
三、利润总额（净亏损以“-”号填列）	1 100 000	
减：所得税费用	300 000	
四、净利润（损失以“-”号填列）	800 000	
五、其他综合收益税后净额	0	
六、综合收益总额	800 000	
七、每股收益	略	
（一）基本每股收益	略	
（二）稀释每股收益	略	

第四节 现金流量表

一、现金流量表的含义

现金流量表是以现金为基础编制的反映企业在一定期间现金和现金等价物流入和流出情况的会计报表。企业的现金流转情况在很大程度上影响着企业的生存和发展。企业现金充裕，就可以及时购入必要的原材料和固定资产，及时支付工资、偿还债务、支付股利和利息；反之，现金周转不畅，将会影响企业的正常生产经营，甚至影响企业的生存。

现金流量表的主要作用是：

（1）对投资者或债权人而言，现金流量表能够表明企业支付股利的能力和偿债能力。

（2）对企业管理部门而言，现金流量表能够表明企业在一定会计期间内现金流入和流出的原因。

（3）现金流量表能够从一个侧面评价企业利润的质量。在实际工作中，有的企业很可能利润数额较大，但没有相应的现金流入，即销售数量可观，形成企业利润，却出现巨额的应收账款不能收回，这样的利润存在着潜在的风险。评价利润质量的高低，可以通过经营活动现金流量与本期净利润的比较来进行。

（4）现金流量表是连接资产负债表和利润表的桥梁。资产负债表能够提供企业一定时日的财务状况，并不能反映财务状况变动的原因，也不能表明这些资产、负债给企业带来多少现金，又用去多少现金。利润表反映一定期间的经营成果，但只能反映利润的构成，不能反映经营、投资和筹资活动的现金来源及使用状况。而现金流量表能够说明资产、负债变动的原因，对资产负债表和利润表起到补充说明的作用（从本质上看，现金流量表就是采用收付实现制确认损益，将权责发生制下的盈利信息调整为收付实现制下的现金流量信息，弥补了资产负债表和利润表信息的不足）。

二、现金流量表的内容和格式

（一）现金流量表的内容

1.现金

现金流量表中的现金，是指企业库存现金和可以随时用于支付的存款。在银行存款和其他货币资金中，有些是不能随时用于支付的，如不能随时支取的定期存款等，不应作为现金，而应列作投资。

2.现金等价物

现金等价物是指企业持有的期限短、流动性强、易于转化为已知金额现金、价值变动风险很小的投资。其中，期限短一般是指从购买日起三个月内到期，如可在证券市场上流通的三个月内到期的短期债券投资等。

3.现金流量

现金流量是指企业现金和现金等价物的流入和流出。为了全面揭示企业的现金流量，需要按企业各类活动的性质将现金流量分成三类：

（1）经营活动产生的现金流量，是指企业投资活动和筹资活动以外的所有交易和事项所导致的现金收入和支出，包括：经营活动所产生的现金收入，如出售商品、提供劳务等取得的现金收入；经营活动所产生的现金支出，如购买原材料、商品及支付职工劳动报酬发生的现金支出，各项制造费用、期间费用支出，税款等支出。

（2）投资活动产生的现金流量，是指企业在投资活动中所导致的现金收入和支出，包括：投资活动所产生的现金收入，如收回投资、出售固定资产净收入等；投资活动所产生的现金支出，如对外投资、购买固定资产等。

（3）筹资活动产生的现金流量，是指企业在筹资活动中所导致的现金收入和支出，包括：筹资活动所产生的现金收入，如发行债券、取得借款、增加股本等；筹资活动所产生的现金支出，如偿还借款、清偿债务、支付现金股利等。

（二）现金流量表的格式

现金流量表的格式参见表8-9。

表8-9　　**现金流量表**　　企会03表

企业名称：　　年　　月　　单位：元

项　　目	本期金额	上期金额
一、经营活动产生的现金流量：		
销售商品、提供劳务收到的现金		
收到的税费返还		
收到的其他与经营活动有关的现金		
经营活动现金流入小计		
购买商品、接受劳务支付的现金		
支付给职工以及为职工支付的现金		
支付的各项税费		
支付的其他与经营活动有关的现金		
经营活动现金流出小计		
经营活动产生的现金流量净额		
二、投资活动产生的现金流量：		
收回投资所收到的现金		
取得投资收益所收到的现金		
处置固定资、无形资产和其他长期资产所收回的现金净额		
处置子公司及其他营业单位收到的现金金额		
收到的其他与投资活动有关的现金		
投资活动现金流入小计		
购建固定资产、无形资产和其他长期资产所支付的现金		

续表

项　　目	本期金额	上期金额
投资所支付的现金		
取得子公司及其他经营单位支付的现金净额		
支付的其他与投资活动有关的现金		
投资活动现金流出小计		
投资活动产生的现金流量净额		
三、筹资活动产生的现金流量：		
吸收投资所收到的现金		
借款所收到的现金		
收到的其他与筹资活动有关的现金		
筹资活动现金流入小计		
偿还债务所支付的现金		
分配股利、利润或偿付利息所支付的现金		
支付的其他与筹资活动有关的现金		
筹资活动现金流出小计		
筹资活动产生的现金流量净额		
四、汇率变动对现金的影响		
五、现金及现金等价物净增加额		
加：期初现金及现金等价物余额		
六、期末现金及现金等价物余额		
补充资料	本期金额	上期金额
1.将净利润调节为经营活动现金流量：		
净利润		
加：计提的资产减值准备		
固定资产折旧、汽油资产折耗、生产性生物资产折耗		
无形资产摊销		
长期待摊费用摊销		
待摊费用减少（减：增加）		
预收账款增加（减：减少）		

续表

项　　目	本期金额	上期金额
处置固定资产、无形资产和其他长期资产的损失（减：收益）		
固定资产报废损失（收益以“-”号填列）		
公允价值变动损失（收益以“-”号填列）		
财务费用（收益以“-”号填列）		
投资损失（收益以“-”号填列）		
递延所得税资产减少（增加以“-”号填列）		
递延所得税负债增加（减少以“-”号填列）		
存货的减少（增加以“-”号填列）		
经营性应收项目的减少（增加以“-”号填列）		
经营性应付项目的增加（减少以“-”号填列）		
其他		
经营活动产生的现金流量净额		
2.不涉及现金收支的投资和筹资活动：		
债务转为资本		
一年内到期的可转换公司债券		
融资租入固定资产		
3.现金及现金等价物净增加情况：		
现金的期末余额		
减：现金的期初余额		
加：现金等价物的期末余额		
减：现金等价物的期初余额		
现金及现金等价物净增加额		

三、现金流量表的编制方法

现金流量表的编制方法有两种：一种为直接法；另一种为间接法。在这两种方法下，投资活动的现金流量和筹资活动的现金流量编制方法是一样的，仅仅是经营活动的现金流量编制方法不同。我国企业会计准则和会计制度要求，同时采用直接法和间接法两种方法编报现金流量表，即按直接法编制现金流量表主表，在补充资料中则按间接法将净利润调整为经营活动现金流量的信息。

（一）直接法

直接法是将利润表中的各收支项目，按收付实现制的要求，直接分项调整为实际的现金收入和现金支出。其调整计算公式如下：

$$\text{经营活动现金净流量}=\text{营业收入收现}-\text{营业成本付现}+\text{其他收入收现}-\text{销售费用付现}-\text{税金及附加付现}-\text{管理费用付现}-\text{所得税付现}$$

（二）间接法

间接法是以利润表中的本期净利润（或亏损）为起算点，调整不涉及现金的收入、费用、营业外收支，以及与经营活动有关的流动资产和流动负债的增减变动来计算经营活动现金流量的。其调整计算公式如下：

$$\text{经营活动现金流量}=\text{本期净利润}+\text{不减少现金的费用}+\text{非现金流动资产减少及流动负债增加}+\text{营业外支出}-\text{不增加现金的收入}-\text{非现金流动资产增加及流动负债减少}-\text{营业外收入}$$

（注：由于现金流量表的大部分内容在“基础会计学”课程中还未涉及，故暂不要求初学者能独立完成此表的编制）

第五节　所有者权益变动表

所有者权益变动表，是反映所有者权益的各组成部分当期的增减变动情况的会计报表。当期损益、直接计入所有者权益的利得和损失，以及与所有者的资本交易导致的权益的变动，应当分别列示。

一、所有者权益变动表的作用

所有者权益变动表，既能够为报表使用者提供所有者权益总量增减变动的信息，也能为其提供所有者权益增减变动的结构性信息，特别是能够让报表使用者理解所有者权益增减变动的根源。

二、所有者权益变动表的内容

所有者权益变动表至少应当单独列示反映下列五项内容：

（1）综合收益总额，在合并所有者权益变动表中还应单独列出归属于公司所有者的综合收益总额和归属于少数股东的综合收益总额。

（2）会计政策变更和前期差错更正的累积影响金额。

（3）所有者投入资本和向所有者分配利润等。

（4）按照规定提取的盈余公积。

（5）所有者权益各组成部分的期初和期末余额及其调节情况。

（注：由于所有者权益变动表的大部分内容在“基础会计学”课程中还未涉及，故暂不要求初学者能独立完成此表的编制）

思政案例

透过现象看本质——金正大财务造假分析

一、案例（材料）内容

党的二十大报告指出，必须坚持系统观念。我们要透过现象看本质，不断提高辩证思维、系统思维能力，用理性的思维和客观的态度来分析问题和解决问题，同时弘扬诚信文化，树立诚信意识。然而，一些上市公司为了自身利益，利用一些违反职业道德和法律法规的手段进行财务造假，造成诸多不良影响。2022年1月4日，证监会出具2022年第一张处罚决定书，山东“肥料大王”金正大生态工程集团股份有限公司（以下简称“金正大”）因财务造假被罚，公司实际控制人万连步被罚10年市场禁入。处罚决定书直指金正大多年来财务造假，虚构贸易业务和关联方往来，造假金额巨大，造成极大的社会危害。

金正大具体财务造假方式虽然相较于其他有过舞弊行为的农业上市公司更加高明，但仍可以发现一些造假痕迹。金正大具体造假手段分为4个方面：虚增交易利润、虚增发出商品、未按规定披露与关联方的交易和虚减应付票据。

1.虚增交易利润

2015年至2018年上半年，金正大及其合并报表范围内部分子公司虚构与供应商、客户和其他单位合同，在没有实物流情况下虚开发票进行资金空转。证监会处罚决定书显示：金正大2015年至2018年上半年期间累计虚增收入2 307 345.06万元，虚增成本2 108 384.88万元，虚增利润总额198 960.18万元。

2.虚增发出商品

为了解决虚增利润之后出现的大额预付账款余额和存货余额的问题，金正大通过领用暂估入库的原材料和实际已盘亏的存货虚构企业生产流程，虚增产成品254412.84万元，并通过虚假出库将原材料和存货变成在途商品，通过虚假的入库单将预付账款变为原材料。

3.未按规定披露与关联方的交易

关联方是指一方控制、共同控制另一方或对另一方施加重大影响，以及两方或两方以上同受一方控制、共同控制或重大影响的情况。关联方的交易价格、时间和方式可以根据企业需要人为操控，为企业造假提供了便利。2018年，金正大采用预付账款的方式向关联方诺贝丰支付非经营性资金554 505.44万元，却在《2018年度控股股东及其他关联方占用资金情况汇总表》中将和诺贝丰的非经营性资金往来性质披露为经营性往来。

4.虚减应付票据

2018年7月至2019年6月，金正大作为出票人和承兑人，通过4家银行给7家参与虚构交易业务的公司开具商业承兑汇票，且对其开具的商业承兑汇票没有进行任何账务处理，这期间累计虚减应付票据和其他应收款102 800万元。

资料来源：[1] 胡洁，王佳伟，王新钢.基于GONE理论的“金正大”财务造假案例研究［J］. 河北北方学院学报（社会科学版），2022（4）：69-73.［2］王晶晶，施宇轩，高垚.上市公司财务造假分析——来自金正大财务造假案例［J］. 新会计，2023（2）：33-37.

二、本案例（材料）的适用范围

本案例适用于“基础会计”课程第八章“财务报告”内容。

三、问题思考

1. 本案例（材料）蕴含的思政元素有哪些？

2. 结合案例谈谈如何识别财务造假行为。

思考与练习题

一、选择题

1.编制会计报表的依据是（　　）。

A.会计账簿　　B.有关文件

C.经济合同　　D.会计凭证

2.反映企业在某一特定日期财务状况的会计报表是（　　）。

A.利润表　　B.现金流量表

C.所有者权益变动表　　D.资产负债表

3.编制资产负债表时，根据若干个总账账户期末余额计算填列的项目是（　　）。

A.应付账款　　B.交易性金融资产

C.货币资金　　D.固定资产

4.可以根据总分类账户余额直接填列的资产负债表项目是（　　）。

A.存货　　B.应付账款

C.应付职工薪酬　　D.无形资产

5.（　　）统称为中期报表。

A.月度报表　　B.季度报表

C.半年度报表　　D.年度报表

6.下列账户中，影响资产负债表中“应付账款”项目金额的有（　　）。

A.应付账款　　B.预收账款

C.应收账款　　D.预付账款

7.存货所包括的内容有（　　）。

A.机器设备　　B.产成品

C.可辨认无形资产　　D.库存商品

8.现金流量表将现金归纳为（　　）。

A.经营活动产生的现金流量　　B.全部活动产生的现金流量

C.投资活动产生的现金流量　　D.分配活动产生的现金流量

E.筹资活动产生的现金流量

二、判断题

1.编制会计报表的过程，实质上就是对日常会计核算资料，按照一定的指标体系，进行综合加工整理并系统化的过程。（　　）

2.所有的会计报表都应该有统一的格式、内容和编制要求。（　　）

3.资产负债表中的“应收账款”项目应根据“应收账款”和“预收账款”账户所属各明细账户的期末借方余额合计数填列。（　　）

4.现金流量表所指的现金一般包括现金及现金等价物。（　　）

5.利润表是一种静态会计报表。（　　）

6.利润表中的净利润数额与资产负债表中的“未分配利润”项目的期末余额数应该相等 (　　)

三、问答题

1.简述会计报表的作用和种类。

2.会计报表的编制有哪些基本要求?

3.简述资产负债表的内容和格式。

4.简述利润表的内容和格式。

5.什么是现金等价物?什么是现金流量?

6.现金流量表的主要作用有哪些?

四、业务题

习题一

E公司20××年12月31日各账户余额情况见表8-10。

表8-10　**E公司20××年12月31日各账户余额情况**　单位:元

账户名称	借方余额	贷方余额	账户名称	借方余额	贷方余额
库存现金	22 000		短期借款		600 000
银行存款	3 100 000		应付账款		360 000
交易性金融资产	500 000		——A公司		350 000
应收账款	130 000		——B公司	40 000	
——甲公司	280 000		——C公司		50 000
——乙公司		100 000	预收账款		20 000
——丙公司		50 000	应付职工薪酬		250 000
坏账准备		10 000	应交税费		120 000
预付账款	60 000		应付股利		200 000
其他应收款	5 000		长期借款		5 337 000
原材料	1 100 000		其中:一年内到期的长期借款		1 300 000
生产成本	1 600 000		实收资本		5 000 000
库存商品	1 200 000		资本公积		500 000
固定资产	5 000 000		盈余公积		300 000
累计折旧		100 000	利润分配——未分配利润		80 000
无形资产	200 000				
累计摊销		40 000			

要求：根据上述资料编制E公司该年12月31日的资产负债表。

习题二

F公司20××年12月有关账户的发生额见表8-11。

表8-11　　F公司20××年12月有关账户的发生额　　单位：元

账户名称	借方发生额	贷方发生额
主营业务收入		6 000 000
其他业务收入		800 000
投资收益		680 000
营业外收入		400 000
主营业务成本	4 200 000	
税金及附加	150 000	
其他业务成本	600 000	
销售费用	400 000	
管理费用	600 000	
财务费用	200 000	
营业外支出	200 000	
所得税费用	330 000	

要求：根据以上账户记录，编制F公司20××年12月份的利润表。

第八章思考与练习题参考答案

第九章

账务处理程序

学习目标

◇理解各种账务处理程序的意义。

◇熟悉区分账务处理程序的种类。

◇熟练掌握各种账务处理程序的特点和处理方法。

第一节 账务处理程序概述

一、账务处理程序的意义

账务处理程序，也称会计核算组织程序或会计核算形式，是指会计凭证、会计账簿、会计报表相结合的方式，包括会计凭证和账簿的种类、格式，会计凭证与账簿之间的联系方法，由原始凭证到编制凭证、登记明细分类账和总分类账、编制会计报表的工作程序和方法等。把不同的会计凭证组织、账簿组织按不同的记账程序和方法结合在一起，就形成了不同的账务处理程序。

在会计工作中，不仅要了解如何取得原始凭证、填制记账凭证、设置和登记账簿，以及编制财务报表，还必须明确各会计凭证、会计账簿和财务报表之间的相互依赖关系。不同的凭证编制、账簿组织、记账程序和记账方法的有机结合，就构成了不同的账务处理程序，而不同的账务处理程序所需要的工作量、所耗费的各种资源在时间和空间上的分布都是不同的。

一家单位，由于其业务性质、经营规模大小和经济业务的繁简程度各异，若考虑账务处理程序在组织上的成本效益原则，那就决定了不同的单位适用的账务处理程序也有所不同。因此，结合每一家单位的特点，科学地组织账务处理程序，是会计核算中会计信息质量的内在要求，具有重要意义。

二、账务处理程序的种类

目前，我国企业、事业等单位会计核算一般采用的主要账务处理程序有以下五种：

（1）记账凭证账务处理程序；

（2）汇总记账凭证账务处理程序；

（3）科目汇总表账务处理程序；

（4）日记总账账务处理程序；

（5）多栏式日记账账务处理程序。

以上五种账务处理程序既有共同点，又各有特点。其中，记账凭证账务处理程序是最基本的一种，其他账务处理程序都是由此发展、演变而来的。在实际工作中，各单位可根据实际需要选择其中一种账务处理程序，也可将多种账务处理程序的优点结合起来使用，以满足本单位经营管理的需要。

三、账务处理程序的要求

科学、合理地组织账务处理程序是做好会计工作的重要前提之一。确定账务处理程序一般应符合以下几点要求：

第一，要与本单位的经济性质、经营特点、规模大小及业务的繁简程度相适应，有利于岗位责任制的建立和分工协作。

第二，为符合会计信息质量要求，设计和选择账务处理程序时应确保能够及时、准确、全面、系统地提供会计信息，满足各会计信息使用者对会计信息的质量需求。

第三，要在保证核算资料及时、准确、完整的前提下，尽可能地简化程序，提高会计工作效率，节约核算费用。

第二节 记账凭证账务处理程序

一、记账凭证账务处理程序的设计要求

记账凭证账务处理程序是最基本的一种账务处理程序，在这种账务处理程序下，要求直接根据记账凭证逐笔登记总分类账。

在记账凭证账务处理程序下，应当设置库存现金日记账、银行存款日记账、明细分类账和总分类账。日记账和总账可采用三栏式；明细分类账可根据需要采用三栏式、数量金额式和多栏式；记账凭证一般使用收款凭证、付款凭证和转账凭证三种格式，也可采用通用记账凭证。

二、记账凭证账务处理程序的基本步骤

记账凭证账务处理程序的基本步骤如下：

（1）根据原始凭证或原始凭证汇总表填制记账凭证；

（2）根据收款凭证和付款凭证逐笔登记库存现金日记账和银行存款日记账；

（3）根据原始凭证、原始凭证汇总表或记账凭证登记各种明细分类账；

（4）根据记账凭证逐笔登记总分类账；

（5）月末，将库存现金日记账、银行存款日记账的余额，以及各种明细分类账的余额合计数，分别与总分类账中相关账户的余额核对相符；

（6）月末，根据核对无误的总分类账和明细分类账的相关资料，编制财务报表。

记账凭证账务处理程序流程如图9-1所示。

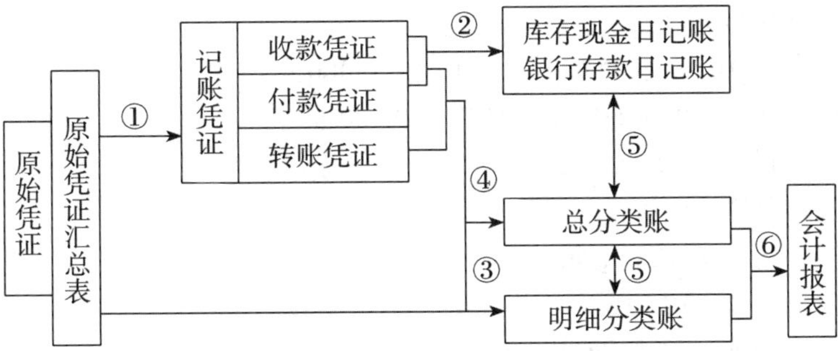

图9-1 记账凭证账务处理程序流程图

三、记账凭证账务处理程序的优缺点及适用范围

（一）主要优点

一是会计凭证和账簿格式及账务处理程序简单明了，易于理解和运用；二是由于总分类账是直接根据各种记账凭证逐笔登记的，因此总分类账能比较详细和具体地反映各项经济业务，便于查账。

（二）主要缺点

由于要根据记账凭证逐笔登记总分类账，故填制记账凭证及登记总分类账的工作量较大。

（三）适用范围

此账务处理程序一般适用于规模较小、业务量较少及记账凭证数量不多的企业采用。

此账务处理程序特别适合计算机处理，因为利用计算机可以弥补其工作量大的缺点。同时在手工记账的形式下，为了减少记账凭证的数量和登记总账的工作量，可以尽量将同类经济业务的原始凭证进行汇总，编制汇总原始凭证，再根据汇总原始凭证编制记账凭证。

四、记账凭证账务处理程序的应用

为了说明记账凭证账务处理程序的具体应用，举例如下：

（一）资料

红光公司某年8月份的有关资料如下：

（1）有关总分类账户余额见表9-1。

表9-1 **有关总分类账户余额** 单位：元

账户名称	借方金额	账户名称	贷方金额
库存现金	2 800	短期借款	240 000
银行存款	586 000	应付账款	53 600
应收账款	83 000	应交税费	38 000
原材料	290 000	长期借款	521 000
库存商品	253 000	累计折旧	54 800
固定资产	553 000	实收资本	860 400
合　计	1 767 800	合　计	1 767 800

（2）有关明细账户余额如下：

①甲材料结存400吨，单价350元，计价140 000元。

乙材料结存250吨，单价600元，计价150 000元。

②应收天山公司货款15 800元。

应收华宝公司货款67 200元。

③应付永明公司货款12 860元。

应付光华公司货款40 740元。

（3）本月发生如下经济业务：

① 1日，向红星公司购入甲材料50吨，单价350元，计17 500元，购入乙材料60吨，单价600元，计36 000元，增值税发票注明应交增值税6 955元。上述材料均已入库，货款及增值税用银行存款支付。

② 3日，从银行提现1 500元备用。

③ 4日，用银行存款支付前欠永明公司货款12 860元。

④ 5日，向光华公司购入乙材料30吨，单价600元，计18 000元，增值税发票注明应交增值税2 340元，材料已验收入库，款项暂欠。

⑤ 7日，收到银行收款通知，华宝公司归还前欠货款67 200元。

⑥ 9日，用银行存款归还短期借款20 000元。

⑦ 10日，用现金购买厂部办公用品500元。

⑧ 10日，用银行存款支付上月应交税费38 000元。

⑨ 12日，从银行借入流动资金借款120 000元，存入银行。

⑩ 13日，王二预借差旅费1 500元，以现金支付。

⑪ 14日，生产A产品领用甲材料200吨，单价350元，计70 000元；生产B产品领用乙材料50吨，单价600元，计30 000元。

⑫ 16日，本月生产用固定资产提取折旧5 200元。

⑬ 17日，从银行提现53 000元，备发工资。

⑭ 17日，以现金发放工资53 000元。

⑮ 19日，用银行存款支付广告费2 200元。

⑯ 21日，销售产品一批，货款48 000元，增值税发票注明应交增值税6 240元，款项存入银行。

⑰ 28日，结转制造费用5 200元。

⑱ 29日，结转完工产品的实际成本66 800元。

（二）会计核算组织程序

（1）根据资料（3）中的有关经济业务编制记账凭证，即编制收款凭证、付款凭证和转账凭证。为了简化编制记账凭证的手续，下面以会计分录代替记账凭证的编制，具体见表9-2。

表 9-2　　**编制记账凭证**　　单位：元

年		业务号	凭证		会计科目		余额	
月	日		字	号	一级科目	二级或明细科目	借方	贷方
8	1	1	银付	1	原材料	甲材料	17 500	
						乙材料	36 000	
					应交税费	应交增值税	6 955	
					银行存款			60 455
8	3	2	银付	2	库存现金		1 500	
					银行存款			1 500
8	4	3	银付	3	应付账款	永明公司	12 860	
					银行存款			12 860
8	5	4	转	1	原材料	乙材料	18 000	
					应交税费	应交增值税	2 340	
					应付账款	光华公司		20 340
8	7	5	银收	1	银行存款		67 200	
					应收账款	华宝公司		67 200
8	9	6	银付	4	短期借款		20 000	
					银行存款			20 000
8	10	7	现付	1	管理费用		500	
					库存现金			500
8	10	8	银付	5	应交税费		38 000	
					银行存款			38 000
8	12	9	银收	2	银行存款		120 000	
					短期借款			120 000
8	13	10	现付	2	其他应收款	王二	1 500	
					库存现金			1 500
8	14	11	转	2	生产成本	A产品	70 000	
						B产品	30 000	

续表

年		业务号	凭证		会计科目		余额	
月	日		字	号	一级科目	二级或明细科目	借方	贷方
					原材料	甲材料		70 000
						乙材料		30 000
8	16	12	转	3	制造费用		5 200	
					累计折旧			5 200
8	17	13	银付	6	库存现金		53 000	
					银行存款			53 000
8	17	14	现付	3	应付职工薪酬		53 000	
					库存现金			53 000
8	19	15	银付	7	销售费用		2 200	
					银行存款			2 200
8	21	16	银收	3	银行存款		54 240	
					主营业务收入			48 000
					应交税费	应交增值税		6 240
8	28	17	转	4	生产成本		5 200	
					制造费用			5 200
8	29	18	转	5	库存商品		66 800	
					生产成本			66 800

（2）根据收款凭证、付款凭证登记库存现金日记账和银行存款日记账，具体见表9-3、表9-4。

表9-3 **库存现金日记账** 单位：元

年		凭证		摘要	对方科目	收入	付出	余额
月	日	种类	号数					
8	1			期初结存				2 800
8	3	银付	2	从银行提取现金	银行存款	1 500		4 300
8	10	现付	1	购厂部办公用品	管理费用		500	3 800
8	13	现付	2	王二借支差旅费	其他应收款		1 500	2 300
8	17	银付	6	提现备发工资	银行存款	53 000		55 300
8	17	现付	3	发放工资	应付职工薪酬		53 000	2 300
8	31			本月合计		54 500	55 000	2 300

表 9-4　　　　**银行存款日记账**　　　　单位：元

年		凭证		摘要	结算凭证		对方科目	收入	付出	金额
月	日	种类	号数		种类	号数				
8	1			期初结存	略	略				586 000
8	1	银付	1	付购货款项			原材料		53 500	532 500
8	1	银付	1	付增值税进项税额			应交税费		6 955	525 545
8	3	银付	2	提取现金			库存现金		1 500	524 045
8	4	银付	3	付永明公司货款			应付账款		12 860	511 185
8	7	银收	1	收华宝公司货款			应收账款	67 200		578 385
8	9	银付	4	归还短期借款			短期借款		20 000	558 385
8	10	银付	5	交上月税费			应交税费		38 000	520 385
8	12	银收	2	从银行借款			短期借款	120 000		640 385
8	17	银付	6	从银行提现			库存现金		53 000	587 385
8	19	银付	7	支付产品广告费			销售费用		2 200	585 185
8	21	银收	3	销售产品			主营业务收入	48 000		633 185
8	21	银收	3	收取增值税销项税额			应交税费	6 240		639 425
8	31			本月合计				241 440	188 015	639 425

（3）根据原始凭证和记账凭证登记有关明细账。为了简化手续，在此仅列示“原材料”“应收账款”“应付账款”三个明细账，其余明细账均略，具体见表9-5、表9-6、表9-7、表9-8、表9-9、表9-10。

表 9-5　　　　**原材料明细账（一）**　　　　计量单位：吨

材料编号：　　　　金额单位：元

材料类别：　　　　最高储量：

材料名称及规格：甲材料　　　　最低储量：

年		凭证		摘要	收入			发出			结余		
月	日	种类	号数		数量	单价	金额	数量	单价	金额	数量	单价	金额
8	1			期初结余							400	350	140 000
8	1	银付	1	购入	50	350	17 500				450	350	157 500
8	14	转	2	生产A产品领用				200	350	70 000	250	350	87 500
8	31			本月发生额及余额	50	350	17 500	200	350	70 000	250	350	87 500

表 9-6　　**原材料明细账（二）**　　计量单位：吨

材料编号：　　金额单位：元

材料类别：　　最高储量：

材料名称及规格：乙材料　　最低储量：

年		凭证		摘要	收入			发出			结余		
月	日	种类	号数		数量	单价	金额	数量	单价	金额	数量	单价	金额
8	1			期初结余							250	600	150 000
8	1	银付	1	购入	60	600	36 000				310	600	186 000
8	5	转	1	购入	30	600	18 000				340	600	204 000
8	14	转	2	生产B产品领用				50	600	30 000	290	600	174 000
8	31			本月发生额及余额	90	600	54 000	50	600	30 000	290	600	174 000

表 9-7　　**应收账款明细账（一）**

户名：天山公司　　单位：元

年		凭证		摘要	借方	贷方	借/贷	余额
月	日	种类	号数					
8	1			期初结存			借	15 800
8	31			本月发生额及余额			借	15 800

表 9-8　　**应收账款明细账（二）**

户名：华宝公司　　单位：元

年		凭证		摘要	借方	贷方	借/贷	余额
月	日	种类	号数					
8	1			期初结存			借	67 200
8	7	银收	1	收回货款		67 200	平	0
8	31			本月发生额及余额			平	0

表 9-9　　**应付账款明细账（一）**

户名：永明公司　　单位：元

年		凭证		摘要	借方	贷方	借/贷	余额
月	日	种类	号数					
8	1			期初结存			贷	12 860
8	4	银付	3	付前欠款	12 860		平	0
8	31			本月发生额及余额			平	0

表9-10　　**应付账款明细账（二）**

户名：光华公司　　单位：元

年		凭　证		摘　要	借　方	贷　方	借/贷	余　额
月	日	种类	号数					
8	1			期初结存			贷	40 740
8	5	转	1	购料款及增值税未付		21 060	贷	61 800
8	31			本月发生额及余额		21 060	贷	61 800

（4）根据记账凭证逐笔登记总分类账。为了简化手续，在此仅列示“库存现金”“银行存款”“原材料”“应收账款”“应付账款”五个总分类账户，其余总分类账户均略，具体见表9-11、表9-12、表9-13、表9-14、表9-15。

表9-11　　**总分类账（一）**

会计科目：库存现金　　单位：元

年		凭　证		摘　要	借　方	贷　方	借/贷	余　额
月	日	种类	号数					
8	1			期初结存			借	2 800
8	3	银付	2	从银行提现金	1 500		借	4 300
8	10	现付	1	购买公司办公用品		500	借	3 800
8	13	现付	2	借差旅费		1 500	借	2 300
8	17	银付	6	提现备发工资	53 000		借	55 300
8	17	现付	3	发放本月工资		53 000	借	2 300
8	31			本月发生额及余额	54 500	55 000	借	2 300

表9-12　　**总分类账（二）**

会计科目：银行存款　　单位：元

年		凭　证		摘　要	借　方	贷　方	借/贷	余　额
月	日	种类	号数					
8	1			期初结存			借	586 000
8	1	银付	1	付购料及增值税款		60 455	借	525 545
8	2	银付	1	从银行提现		1 500	借	524 045
8	4	银付	3	归还前欠款		12 860	借	511 185
8	7	银收	1	收到前欠款	67 200		借	578 385
8	9	银付	4	归还银行借款		20 000	借	558 385

续表

年		凭证		摘要	借方	贷方	借/贷	余额
月	日	种类	号数					
8	10	银付	5	交上月税费		38 000	借	520 385
8	12	银收	2	从银行借款	120 000		借	640 385
8	17	银付	6	从银行提现		53 000	借	587 385
8	19	银付	7	支付广告费		2 200	借	585 185
8	21	银收	3	销售产品取得收入及增值税	54 240		借	639 425
8	31			本月发生额及余额	241 440	188 015	借	639 425

表 9-13　**总分类账（三）**

会计科目：原材料　　单位：元

年		凭证		摘要	借方	贷方	借/贷	余额
月	日	种类	号数					
8	1			期初结存			借	290 000
8	1	银付	1	购入	53 500		借	343 500
8	5	转	1	购入	18 000		借	361 500
8	14	转	2	生产产品领用		100 000	借	261 500
8	31			本月发生额及余额	71 500	100 000	借	261 500

表 9-14　**总分类账（四）**

会计科目：应收账款　　单位：元

年		凭证		摘要	借方	贷方	借/贷	余额
月	日	种类	号数					
8	1			期初结存			借	83 000
8	7	银收	1	收华宝公司款		67 200	借	15 800
8	31			本月发生额及余额		67 200	借	15 800

表 9-15　**总分类账（五）**

会计科目：应付账款　　单位：元

年		凭证		摘要	借方	贷方	借/贷	余额
月	日	种类	号数					
8	1			期初结存			贷	53 600
8	4	银付	3	付前欠款	12 860		贷	40 740

续表

年		凭证		摘要	借方	贷方	借/贷	余额
月	日	种类	号数					
8	5	转	1	欠货款及增值税款		20 340	贷	61 080
8	31			本月发生额及余额	12 860	20 340	贷	61 080

（5）月末根据总分类账、明细账、日记账及期初余额等资料编制“试算平衡表”，见表9-16。

表9-16 **试算平衡表** 单位：元

账户名称	期初余额		本期余额		期末余额	
	借方	贷方	借方	贷方	借方	贷方
库存现金	2 800		54 500	55 000	2 300	
银行存款	586 000		241 440	188 015	639 425	
应收账款	83 000			67 200	15 800	
原材料	290 000		71 500	100 000	261 500	
库存商品	253 000		66 800		319 800	
其他应收款			1 500		1 500	
制造费用			5 200	5 200		
生产成本			105 200	66 800	38 400	
固定资产	553 000				553 000	
短期借款		240 000	20 000	120 000		340 000
应付账款		53 600	12 860	20 340		61 080
应付职工薪酬			53 000		53 000	
应交税费		38 000	47 295	6 240	3 055	
累计折旧		54 800		5 200		60 000
长期借款		521 000				521 000
主营业务收入				48 000		48 000
销售费用			2 200		2 200	
管理费用			500		500	
实收资本		860 400				860 400
合计	1 767 800	1 767 800	681 995	681 995	1 890 480	1 890 480

（6）月末根据总分类账、明细账、试算平衡表等资料编制财务报表（略）。

第三节 科目汇总表账务处理程序

一、科目汇总表账务处理程序的设计要求

科目汇总表账务处理程序，又称记账凭证汇总表账务处理程序。它是在记账凭证账务处理程序的基础上形成的。这种账务处理程序的主要特点是：先根据记账凭证定期编制科目汇总表（记账凭证汇总表），然后再根据科目汇总表登记总分类账。

在这种账务处理程序下，账簿和凭证的设计与记账凭证账务处理程序的要求基本相同，不同之处就是这种账务处理程序下应设置科目汇总表。科目汇总表的基本格式见表9-17、表9-18。

表9-17　　科目汇总表格式（一）　　第××号

会计科目	1—10日		11—20日		21—31日		合　计		总账页码
	借方	贷方	借方	贷方	借方	贷方	借方	贷方	
合　计									

表9-18　　科目汇总表格式（二）

20××年××月××日至××日　　第××号

会计科目	记账凭证起止号数	本期发生额		总账页码
		借方	贷方	

二、科目汇总表账务处理程序的基本步骤

该种账务处理程序的基本步骤如下：

（1）根据原始凭证或原始凭证汇总表按不同的经济业务类型分别填制收款凭证、付款凭证和转账凭证。

（2）根据库存现金收、付款凭证逐笔序时登记库存现金日记账；根据银行存款收、付款凭证及其所附的银行结算凭证逐笔序时登记银行存款日记账。

(3) 根据记账凭证及所附的原始凭证（或原始凭证汇总表）逐笔登记各有关明细分类账。

(4) 根据各种记账凭证编制科目汇总表。

(5) 根据科目汇总表中各科目的汇总发生额登记相应的总分类账。

(6) 根据对账的具体要求，将库存现金日记账、银行存款日记账和各种明细分类账定期与总分类账相互核对。

(7) 期末，根据总分类账和明细分类账的有关资料编制财务报表。

科目汇总表账务处理程序如图9-2所示。

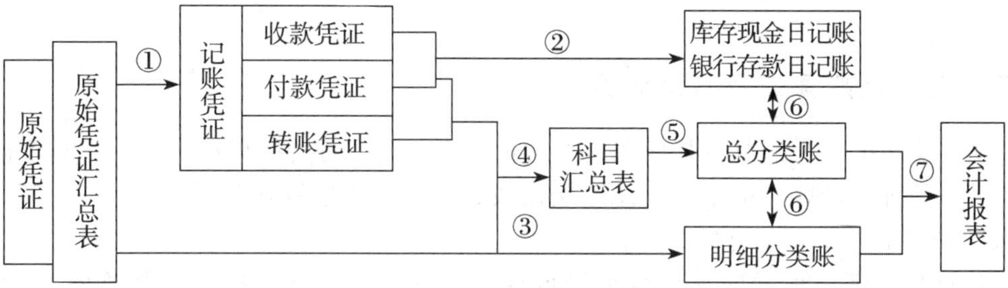

图9-2 科目汇总表账务处理程序图

三、科目汇总表账务处理程序的优缺点及适用范围

采用科目汇总表账务处理程序时，由于总分类账是根据科目汇总表登记的，因此简化了登记总分类账的工作。同时在登记总分类账之前，通过编制科目汇总表，起到了试算平衡的作用，有利于保证总分类账记录的正确性。但在科目汇总表和总分类账中，不能全面详细地反映出账户间的对应关系，因而不便于查对账目和分析经济业务的来龙去脉。因此，这种账务处理程序一般适用于规模和经济业务量较大的企业。

此外，编制科目汇总表本身也需要一定的人力和资源的投入，因此，应尽可能合理组织好科目汇总表的编制工作。为了便于编制科目汇总表，应该注意以下几点：

(1) 每一张收款凭证尽可能只填列一个贷方科目，每一张付款凭证尽可能只填列一个借方科目；转账凭证，也应尽可能填列一个借方科目和一个贷方科目，一式两联，一联作为借方科目的汇总，一联作为贷方科目的汇总。

(2) 为了便于登记总账，科目汇总表上的科目排列应按总分类账上科目排列的顺序来定。

(3) 科目汇总表汇总的时间不宜过长，业务量大的单位可每隔若干天汇总一次，一般间隔期为5天至10天，以便对科目的发生额进行试算平衡，及时了解资金运动情况，并提高编制科目汇总表的工作效率。

四、科目汇总表账务处理程序的应用（略）

第四节 汇总记账凭证账务处理程序

一、汇总记账凭证账务处理程序的设计要求

汇总记账凭证账务处理程序区别于其他账务处理程序的主要特点是：定期将记账凭证

分类编制汇总记账凭证，然后根据汇总记账凭证登记总分类账。

汇总记账凭证账务处理程序与科目汇总表账务处理程序较为相似。两者的区别是汇总记账凭证账务处理程序以汇总记账凭证代替了科目汇总表账务处理程序中的科目汇总表。

采用汇总记账凭证账务处理程序时，其账簿设置、各种账簿的格式以及记账凭证的种类和格式基本上与记账凭证账务处理程序相同，但应增设汇总付款凭证、汇总收款凭证和汇总转账凭证，以作为登记总分类账的依据。另外，总分类账的账页格式必须增设“对应账户”栏。

二、汇总记账凭证及其编制方法

汇总记账凭证分为汇总收款凭证、汇总付款凭证和汇总转账凭证三种。它是根据收款凭证、付款凭证和转账凭证定期汇总编制而成的，间隔天数视业务量大小而定，一般5天或10天汇总填制一次，每月编制一张。

汇总收款凭证应根据库存现金和银行存款收款凭证，分别按“库存现金”“银行存款”的借方设置，按对应贷方科目进行归类汇总。月末，结算出汇总收款凭证的合计数，分别记入库存现金、银行存款总分类账的借方以及其各对应账户总分类账的贷方。其格式见表9-19。

表9-19　　汇总收款凭证

借方科目：　　20××年××月　　汇收×号

贷方科目	金　额				总账页数	
	（1）	（2）	（3）	合　计	借方	贷方
合　计						
附件　（1）自____日至____日____凭证　共____张 （2）自____日至____日____凭证　共____张 （3）自____日至____日____凭证　共____张						

汇总付款凭证应根据库存现金和银行存款付款凭证，分别按“库存现金”“银行存款”的贷方设置，按对应借方科目进行归类汇总。月末，结算出汇总付款凭证的合计数，分别记入库存现金、银行存款总分类账的贷方以及其各对应账户总分类账的借方。其格式见表9-20。

表9-20

汇总付款凭证

贷方科目： 20××年××月 汇付×号

借方科目	金额				总账页数	
	(1)	(2)	(3)	合计	借方	贷方
合计						
附件 (1) 自____日至____日____凭证 共____张 (2) 自____日至____日____凭证 共____张 (3) 自____日至____日____凭证 共____张						

编制汇总收付款凭证时，应当注意库存现金和银行存款之间相互划转的业务，如果同时填制收款、付款凭证的，应以付款凭证为据。例如，将库存现金存入银行，应根据库存现金付款凭证编制；从银行提取现金，应根据银行存款付款凭证编制。

汇总转账凭证应根据转账凭证中有关账户的贷方设置，按对应借方科目进行归类汇总。月末，结算出汇总转账凭证的合计数，分别记入该汇总转账凭证所开设的应贷账户总分类账的贷方，以及其各对应账户总分类账的借方。为了便于填制汇总转账凭证，平时填制转账凭证时只能一贷多借，不能一借多贷。月终，根据汇总转账凭证的合计数分别记入总分类账中各个借方账户的借方以及该汇总凭证所列的贷方账户的贷方。如果在月份内某一贷方科目的转账凭证为数不多，也可不编制汇总转账凭证，直接根据转账凭证记入总分类账。其格式见表9-21。

表9-21

汇总转账凭证

贷方科目： 20××年××月 汇转×号

借方科目	金额				总账页数	
	(1)	(2)	(3)	合计	借方	贷方
合计						
附件 (1) 自____日至____日____凭证 共____张 (2) 自____日至____日____凭证 共____张 (3) 自____日至____日____凭证 共____张						

三、汇总记账凭证账务处理程序的基本步骤

汇总记账凭证账务处理程序的基本步骤如下：

（1）根据原始凭证或原始凭证汇总表填制记账凭证；

（2）根据收款凭证和付款凭证逐笔登记库存现金日记账和银行存款日记账；

（3）根据原始凭证、原始凭证汇总表或记账凭证登记各种明细分类账；

（4）根据记账凭证定期编制各种汇总记账凭证；

（5）月末，根据编制的汇总记账凭证登记总分类账；

（6）月末，将库存现金日记账、银行存款日记账的余额，以及各种明细分类账的余额合计数，分别与总分类账中相关账户的余额核对相符；

（7）月末，根据核对无误的总分类账和明细分类账的相关资料，编制会计报表。

汇总记账凭证账务处理程序流程如图9-3所示。

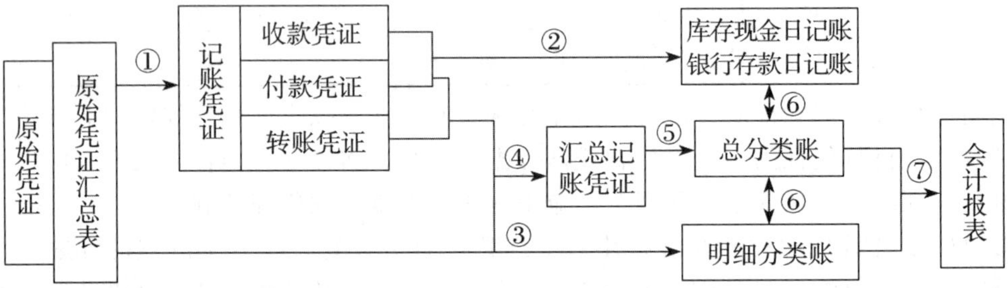

图9-3 汇总记账凭证账务处理程序流程图

四、汇总记账凭证账务处理程序的优缺点及适用范围

这种账务处理程序的主要优点是：能通过汇总记账凭证中有关科目的对应关系，了解经济业务的来龙去脉，而且可大大地简化总分类账的登记工作，因此，一般适用于规模较大、经济业务较多的企业。

采用汇总记账凭证账务处理程序，由于总分类账是根据汇总记账凭证登记的，因此简化了登记总分类账的工作。同时，收款凭证以借方科目为主，按照对应的贷方科目进行汇总；付款凭证和转账凭证以贷方科目为主，按照对应的借方科目进行汇总，使凭证的整理归类工作比较简便，并能保证数字正确无误。所以，这种账务处理程序一般适用于规模较大、业务较多的企业，但这种账务处理程序的缺点主要是总分类账的记录比较简略，难以具体反映企业的经济活动。而且，由于汇总转账凭证是根据每一账户的贷方而不是按经济业务类型归类汇总的，不利于会计分工。

五、汇总记账凭证账务处理程序的应用（略）

第五节 日记总账账务处理程序

一、日记总账账务处理程序的设计要求

日记总账账务处理程序要求把所有账目都在日记总账中进行登记。

采用日记总账账务处理程序，其账簿设置、各种账簿的格式以及记账凭证的种类和格式基本上与记账凭证账务处理程序相同，但应开设日记总账，以代替总分类账。

二、日记总账的填制方法

日记总账是将全部会计科目集中在一张账页上，根据记账凭证，将发生的经济业务逐笔进行登记，最后按各科目进行汇总，分别计算出借、贷方发生额和期末余额，它既是日记账，又是总分类账。

日记总账的填制方法是：根据收款凭证、付款凭证和转账凭证逐日、逐笔登记日记总账，对每一笔经济业务的借贷方发生额，都应分别登记到同一行对应科目的借方栏或贷方栏内。月终，结算出各科目本期借贷方发生额和余额，并核对相符。其格式见表9-22。

表9-22 **日记总账（简表）**

20××年××月 第×页

<table>
<tr><th colspan="2">年</th><th rowspan="2">凭证号数</th><th rowspan="2">摘要</th><th colspan="2">库存现金</th><th colspan="2">银行存款</th><th colspan="2">应收账款</th><th colspan="2">库存商品</th><th colspan="2">短期借款</th><th colspan="2">制造费用</th><th colspan="2">生产成本</th><th colspan="2">主营业务收入</th></tr>
<tr><th>月</th><th>日</th><th>借</th><th>贷</th><th>借</th><th>贷</th><th>借</th><th>贷</th><th>借</th><th>贷</th><th>借</th><th>贷</th><th>借</th><th>贷</th><th>借</th><th>贷</th><th>借</th><th>贷</th></tr>
<tr><td></td><td></td><td></td><td></td><td></td><td></td><td></td><td></td><td></td><td></td><td></td><td></td><td></td><td></td><td></td><td></td><td></td><td></td><td></td><td></td></tr>
<tr><td></td><td></td><td></td><td></td><td></td><td></td><td></td><td></td><td></td><td></td><td></td><td></td><td></td><td></td><td></td><td></td><td></td><td></td><td></td><td></td></tr>
<tr><td></td><td></td><td></td><td></td><td></td><td></td><td></td><td></td><td></td><td></td><td></td><td></td><td></td><td></td><td></td><td></td><td></td><td></td><td></td><td></td></tr>
<tr><td></td><td></td><td></td><td></td><td></td><td></td><td></td><td></td><td></td><td></td><td></td><td></td><td></td><td></td><td></td><td></td><td></td><td></td><td></td><td></td></tr>
<tr><td></td><td></td><td></td><td>本月发生额</td><td></td><td></td><td></td><td></td><td></td><td></td><td></td><td></td><td></td><td></td><td></td><td></td><td></td><td></td><td></td><td></td></tr>
<tr><td></td><td></td><td></td><td>本月余额</td><td></td><td></td><td></td><td></td><td></td><td></td><td></td><td></td><td></td><td></td><td></td><td></td><td></td><td></td><td></td><td></td></tr>
</table>

三、日记总账账务处理程序的基本步骤

日记总账账务处理程序的基本步骤如下：

（1）根据原始凭证或原始凭证汇总表填制记账凭证；

（2）根据收款凭证和付款凭证逐笔登记库存现金日记账和银行存款日记账；

（3）根据原始凭证、原始凭证汇总表或记账凭证登记各种明细分类账；

（4）根据记账凭证逐日逐笔登记日记总账；

（5）月末，将库存现金日记账、银行存款日记账的余额，以及各种明细分类账的余额合计数，分别与日记总账中相关账户的余额核对相符；

（6）月末，根据核对无误的日记总账和明细分类账的相关资料，编制会计报表。

日记总账账务处理程序流程如图9-4所示。

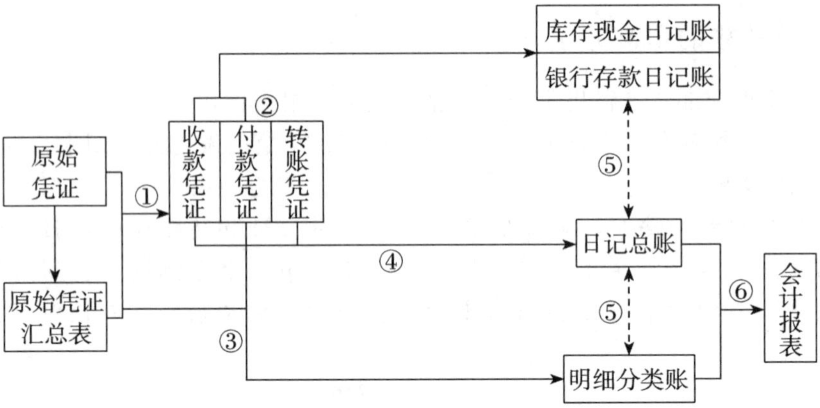

图9-4　日记总账账务处理程序流程图

四、日记总账账务处理程序的优缺点及适用范围

这种账务处理程序的主要优点是：账务处理程序较简单，日记总账按全部总账科目分借贷方设置，且直接根据记账凭证逐日逐笔进行登记，便于了解各项经济业务的来龙去脉，有利于会计资料的分析和运用。但由于所有会计科目都集中在一张账页上，总分类账的账页过长，不便于记账的分工与查阅，因而，其主要适用于规模小、经济业务简单、使用会计科目不多的企业。

多栏式日记账账务处理程序与日记总账账务处理程序类似，此处不再赘述。

五、日记总账账务处理程序的应用（略）

思政案例

北大荒精神：从“北大荒”到“北大仓”

一、案例（材料）内容

习近平总书记在党的二十大报告中提出，必须坚持守正创新，紧跟时代步伐，顺应实践发展，以满腔热忱对待一切新生事物，不断拓展认识的广度和深度，敢于说前人没有说过的新话，敢于干前人没有干过的事情，以新的理论指导新的实践。20世纪50年代，在北大荒开垦的过程中，涌现出了众多无畏艰难困苦的奋斗者。他们展现出了敢于牺牲、敢于创新、胸怀全局、坚定不移和顽强拼搏的精神。他们的努力让我们目睹了一代又一代中国人如何从零开始、一无所有，艰难创业的过程。这是一代又一代中华民族以血汗凝聚和传承的创业精神。

1947年，按照党中央“关于建立巩固的东北根据地”的重要指示，一批解放军来到这片沉睡的荒原，建立了第一批农场，有力支援了解放战争中的前线作战。中华人民共和国成立初期，百废待兴，粮食紧缺，北大荒成为发展粮食生产的重中之重。1955年1月，铁道兵部队的第一个农场——八五〇农场成立。一开始没有农具，复转官兵就从日寇遗留的地下工事里捡来炮弹皮、废铜烂铁等，自制农具。官兵们第一年就开出了14.45万亩荒地，做到了"当年开荒、当年生产、当年收益"。八五〇农场的建设，为复转官兵开发北大荒提供了经验。1958年，10万复转官兵挺进北大荒，掀起了北大荒大规模开发建设的高潮。20世纪80年代，借助黑龙江农垦区试办家庭农场的机会，一些原本吃惯了"大锅饭"的北大荒人义无反顾地走上了创业之路。葛柏林夫妇就是北大荒二代的典型。像他们一样，一个个独立的家庭农场在改革浪潮中涌现，释放巨大能量。70余载，来自四面八方的复转官兵、支边青年、大专院校毕业生和城市知青奔向这片土地，创造了一个又一个奇迹。2021年，北大荒农垦集团有限公司粮食播种面积4 457.8万亩，2020年粮食调出量405.5亿斤，占全国的20%，北大荒成了名副其实的"北大仓"。如今，北大荒正努力打造"农业领域航母"。农业生产耕、种、管、收全程机械化基本实现。同时，农场运用卫星定位、云计算技术等，对万亩良田实现精准管理。生机勃勃的土地上，80后、90后为北大荒精神注入了新的活力。民为国基，谷为民命。解决好十几亿人口的吃饭问题，始终是我们党治国理政的头等大事。确保国家粮食安全，必须立足国情农情，依靠科技进步，不断筑牢粮食安全保障的基座，把中国人的饭碗牢牢端在自己手中！

资料来源：[1] 新华社.习近平讲述的故事："北大荒"变"北大仓"[EB/OL].[2021-10-19]. http://www.news.cn/video/2021-10/19/c_1211409659.htm.[2] 王志娟，张淑丽.新时代北大荒精神融入大学生思想政治教育的路径探究[J].佳木斯大学社会科学学报，2023（2）：120-122.[3] 孟庆博.北大荒精神融入新时代大学生思政课堂价值探析[J].吉林广播电视大学学报，2022（2）：118-120.

二、本案例（材料）的适用范围

本案例适用于"基础会计"课程第九章"账务处理程序"内容。

三、问题思考

1.本案例（材料）蕴含的思政元素有哪些？

2.北大荒精神的精神内涵是什么？

思考与练习题

一、选择题

1.企业的会计凭证和账簿组织与账务处理过程相结合的方式称为（　　）。

A.账簿组织　　B.账务处理程序

C.记账工作步骤　　D.会计组织形式

2.各种账务处理程序的主要区别在于（　　）。

A.登记总账的依据和方法不同　　B.登记明细账的依据和方法不同

C.会计凭证的种类不同　　D.登记明细账的依据不同

3.科目汇总表账务处理程序和汇总记账凭证处理程序的主要相同点是（　　）。

A.记账凭证汇总的方法相同　　B.登记总账的依据相同

C.会计凭证的种类相同　　D.记账凭证都需要汇总并且记账步骤相同

4.汇总记账凭证账务处理程序适用于（　　）单位。

A.规模较小、业务不多的　　B.规模较大、业务较多的

C.事业、行政　　D.会计科目不多的

5.各种账务处理程序的相同之处表现为（　　）。

A.根据原始凭证编制汇总原始凭证

B.根据记账凭证和有关原始凭证或汇总原始凭证登记明细分类账

C.根据记账凭证逐笔登记总分类账

D.根据总分类账及明细分类账编制财务报表

二、判断题

1.同一个企业可以同时采用几种不同的账务处理程序。（　　）

2.日记账总账账务处理程序一般适用于规模小，但收支业务较多的企业单位。（　　）

3.各种账务处理程序之间的主要区别在于登记总账的依据和方法不同。（　　）

4.科目汇总表账务处理程序，是以科目汇总表作为登记总账和明细账的依据。（　　）

5.在汇总凭证账务处理程序下，记账凭证必须使用收、付、转三种格式，以便于进行汇总。（　　）

三、问答题

1.什么是账务处理程序？账务处理程序一般有哪几种？

2.试述账务处理程序的意义。

3.试比较各种账务处理程序的基本内容、特点及适用范围。

4.记账凭证账务处理程序有何特点？记账凭证账务处理程序如何？

5.汇总记账凭证的特点是什么？其账务处理程序又是怎样的？

6.科目汇总表账务处理程序有什么特点？科目汇总表账务处理程序的核算步骤是怎样的？

四、业务题

华美公司某年11月底各项资料及12月份发生的经济业务如下：

（1）各账户年初数和11月底余额见表9-23。

表9-23　**各账户年初数和11月底余额**　单位：元

账户名称	年初数	期末数	账户名称	年初数	期末数
库存现金	2 000	3 088	短期借款	60 000	60 000
银行存款	46 800	58 800	应付账款	12 900	20 100
应收票据	4 100	19 600	应付票据	10 000	20 000
应收账款	16 000	15 800	应付职工薪酬	3 500	4 500
预付账款	20 000	20 000	应交税费	4 799	1 700
库存商品	35 400	47 900	实收资本	199 000	199 000
原材料	47 200	37 200	资本公积	10 997	13 744
固定资产	197 920	197 920	盈余公积	3 924	5 277
累计折旧	60 200	65 000	利润分配	4 100	
无形资产		16 600	本年利润		27 587
合　计	309 220	351 908	合　计	309 220	351 908

其中：

①期末“库存商品”包括：

A产品240件，单价136元/件，共计32 640元。

B产品200件，单价76.30元/件，共计15 260元。

②期末“原材料”包括：

甲材料192吨，单价125元/吨，共计24 000元。

乙材料240千克，单价50元/千克，共计12 000元。

③期末“应收票据”为易通公司19 600元。

④期末“应收账款”包括：

金龙公司账款10 000元。

华新公司账款5 800元。

⑤期末“预付账款”为预付给东方公司20 000元。

⑥期末“应付账款”为应付宏达公司17 600元。

⑦其他各账户不设明细科目。

（2）12月份发生如下经济业务：

①1日，向宏达公司购入甲材料300吨，单价120元，计36 000元，增值税进项税额为4 680元，款项未付。

②2日，职工张某出差借支800元，以现金支付。

③2日，以银行存款1 500元支付甲材料运费，增值税税率9%。

④3日，甲材料按实际成本验收入库。

⑤3日，开出转账支票，支付上月应交税费1 700元。

⑥3日，易通公司的应收票据19 600元到期，已通过银行收款。

⑦4日，向万远材料厂购入乙材料300千克，单价50元，计15 000元，增值税进项税额为1 950元，价款以银行存款支付，材料按实际成本入账。

⑧4日，销售给华新公司A产品150件，单价300元，计45 000元，销项税额5 850元，款项未收。

⑨5日，收到华新公司前欠货款5 800元，已存银行。

⑩6日，生产领用甲材料200吨，共计25 000元，其中：生产A产品领用150吨，金额为18 750元；生产B产品领用50吨，金额为6 250元。

⑪7日，生产领用乙材料216千克，共计10 800元，其中100千克用于生产A产品，金额为5 000元；80千克用于生产B产品，金额为4 000元；车间领用乙材料36千克，金额为1 800元。

⑫8日，以银行存款偿付宏达公司账款17 600元。

⑬9日，张某出差回来，报销差旅费750元，交回余款50元。

⑭10日，职工李某得到困难补助1 900元，以现金支付。

⑮10日，从银行提取现金2 000元备用。

⑯13日，销售给金龙公司B产品100件，价款20 000元，增值税销项税额为2 600元，收到对方3个月期银行承兑汇票一张。

⑰14日，接到银行收款通知，收到金龙公司偿还前欠货款6 000元。

⑱15日，以银行存款支付前欠宏达公司购货款20 000元。

⑲17日，以库存现金支付行政办公用品费800元。

⑳19日，以银行存款支付销售B产品运费1 000元。

㉑20日，收到华新公司货款30 000元，已存银行。

㉒24日，东方公司发来甲材料100吨，单价125元，价款12 500元，增值税进项税额为1 625元，材料已验收入库，材料款已预付。

㉓24日，销售给金龙公司A产品150件，单价300元，计45 000元，增值税销项税额为5 850元，款项已存银行。

㉔25日，销售乙材料100千克，价值7 000元，增值税税率13%，计910元，款已收到，存入银行。

㉕25日，结转出售乙材料的实际成本5 000元。

㉖27日，以银行存款支付本月水电费1 000元，其中生产耗用800元，行政管理部门耗用200元。

㉗27日，以库存现金支付广告费1 500元。

㉘29日，计算本月应付工资22 500元，其中：A产品生产工人工资9 800元；B产品生产工人工资6 200元；车间管理人员工资3 000元；行政管理人员工资3 500元。

㉙29日，提取本月固定资产折旧费4 800元，其中：生产用固定资产折旧费4 000元，管理用固定资产800元。

㉚29日，从银行提取现金22 500元，以备发工资。

㉛30日，发放本月职工工资22 500元。

㉜30日，以银行存款支付第四季度借款利息900元。

㉝31日，按生产人员工资比例结转本月制造费用9 600元。

㉞31日，结转完工产品成本，其中：A产品200件，制造成本27 200元；B产品150件，制造成本11 445元。

㉟31日，计提教育费附加7 000元。

㊱31日，结转已销产品销售成本48 430元，其中：A产品销售成本40 800元，B产品销售成本7 630元。

㊲31日，结转本月损益类科目。

㊳31日，按本月利润总额的25%计算并结转本月应交所得税。

㊴31日，结转1—12月份的本年利润。

㊵31日，按本年税后利润的15%计提盈余公积。

要求：运用科目汇总表账务处理程序处理上述经济业务。

1.根据华美公司12月份的经济业务填制记账凭证，为简便起见，用表格形式列出会计分录。

2.根据审核无误的收款凭证、付款凭证逐日逐笔登记库存现金日记账和银行存款日记账。

3.根据记账凭证、原始凭证和原始凭证汇总表登记相关明细账（库存商品明细账、原材料明细账、生产成本明细账、应收账款明细账、应付账款明细账）。

4.编制一张科目汇总表，汇总结果应显示借贷方发生额相等。

5.月末，根据所编制的科目汇总表，登记各有关总分类账。

6.月末，将日记账、明细分类账与总分类账相互核对相符。

7.编制华美公司某年12月份总分类账户发生额及余额表。

8.根据核对无误的总分类账、明细分类账的相关资料，编制资产负债表和利润表。

第九章思考与练习题参考答案

第十章

会计工作的组织

学习目标

◇明确会计工作的组织的意义和要求。

◇了解会计工作的组织的特点、适用条件以及会计人员和会计机构的职能分工。

◇通晓会计专业技术资格的评聘条件和各自的基本职责。

◇掌握会计法、会计准则和会计制度三个层次的会计规范在会计实务中的指导作用和基本要求。

第一节 组织会计工作的意义与要求

一、组织会计工作的意义

会计工作的组织，主要是指根据会计工作特点，通过设置会计机构，配备会计人员，制定与执行会计规章制度，实施与改进会计工作的技术手段，进行会计工作与其他经济管理工作之间的协调，以保证合理、有效地进行会计工作。

会计工作是一项综合性、政策性、严密性都很强的经济管理活动，科学合理地组织会计工作，对于实现会计目标、发挥会计的职能和作用具有重要的意义。

（1）科学合理地组织会计工作，有利于提高会计工作的效率和质量。

会计反映的是社会再生产过程中各个阶段以货币表现的经济活动，具体又可表现为循环往复的资金运动。会计工作要把这些经济活动从取得、编制凭证到登记账簿，再到编制报表，连续地进行确认、计量、记录、计算、汇总和分析等，这不但涉及复杂的计算，而且包括一系列的程序和手续。各个程序之间、各种手续之间联系密切，任何一个环节出现问题都会造成整个核算结果错误，影响会计工作的顺利进行和核算结果的准确性。如果没有一套工作制度和程序，就不能科学地组织会计工作，更谈不上什么效率了，所以科学合理地组织好会计工作，建立健全会计机构，配备合格的会计人员和不断完善会计法规体系，是提高会计信息质量、提高会计工作效率的重要保证。

（2）科学合理地组织会计工作，有利于协调会计工作与其他经济管理工作的关系，充分发挥会计的职能和作用。

会计工作不但与宏观经济（如国家财政、税收、金融等）密切相关，而且与各单位内部的计划、统计、审计等工作密切相关。它们在共同的目标之下相互影响、相互促进、相互配合。会计工作必须首先服从国家的宏观经济政策，要与之保持口径一致，同时又要与各单位的计划、统计工作之间保持协调关系。只有按照一定的要求科学地组织会计工作，才能处理好会计工作同其他经济管理工作的关系。

（3）科学合理地组织会计工作，有利于巩固与健全单位内部经济责任制，促进经济效益的提高。

经济责任制是各经营单位实行内部控制和管理的重要手段，会计作为经济管理的重要组成部分，无疑要在贯彻经济责任制方面发挥重要作用。实行内部经济控制离不开会计，科学地组织会计工作可以促进单位内部各部门更好地履行自己的经济责任，有效地利用资金，增收节支，提高管理水平，从而提高经济效益，为企业尽可能地创造利润，获得最佳的资金使用效果。

（4）科学地组织会计工作，有利于国民经济宏观管理，有利于党和国家的政策、法令、制度的贯彻执行，有利于维护财经纪律。

二、组织会计工作应遵循的要求

组织会计工作应遵循的要求，是指组织会计工作必须遵循的管理工作的一般规律。它是做好会计工作、提高会计工作质量和效率必须遵守的原则。合理组织会计工作，应遵循以下几项基本要求：

（1）既要符合国家对会计工作的统一要求，又要适应各单位生产经营的特点。

合理组织会计工作，必须按照《中华人民共和国会计法》对会计工作的统一要求，贯彻执行国家的有关规定。只有按照统一要求组织会计工作，才能发挥会计工作在维护社会主义市场经济秩序、加强经济管理、提高经济效益中的作用。因而，遵守国家统一的规定是组织会计工作的首位要求。

此外，每个单位的经济活动各有特点，规模大小不一，业务繁简程度不等，对会计的信息要求也不尽相同。因此，组织会计工作要在符合国家统一规定的前提下，结合各单位自身的特点和内部管理的需要，制定具体办法和补充规定等，这样才能对本单位的会计工作作出切合实际的安排，以利于加强管理，使会计真正成为经济管理工作的一个组成部分。

（2）必须符合精简节约原则，既要保证核算工作的质量，又要节约人力、物力，提高工作效率。

会计工作十分复杂，如果组织不好，就会重复劳动，造成资源浪费，故对会计管理程序的规定，所有会计凭证、账簿、会计报告的设计，会计机构的设置以及会计人员的配置等，都应避免烦琐，力求精简，更好地发挥会计其他职能的作用。

（3）既要保证贯彻整个单位的经济责任制，又要建立会计工作的责任制度。

科学地组织会计工作，应在保证贯彻整个企业单位的经济责任制的同时，建立和完善会计工作本身的责任制度，合理分工，设立会计岗位，实现会计处理手续和会计工作程序的规范化。

第二节 会计机构

一、会计机构设置的基本原则

所谓会计机构，是指各单位贯彻执行财经法规，制定和执行会计制度，组织、领导和办理会计事务的职能机构。建立健全会计机构是保证会计工作正常进行、充分发挥会计管理作用的重要条件。各单位应当根据会计业务的需要设置会计机构；不具备单独设置会计机构条件的，应当在有关机构中配备专职会计人员。行政事业单位会计机构的设置和会计人员的配备，应当符合国家统一的行政事业单位会计制度的规定。

没有设置会计机构或者配备会计人员的单位，应当根据《代理记账管理办法》的规定，委托会计师事务所或者持有代理记账许可证书的代理记账机构进行代理记账。

二、会计机构的设置

（一）各级财政部门会计管理机构和各级政府管理机关会计机构的设置

由于我国目前普遍实行企业会计准则，我国各级管理部门的任务也随之发生了变化。我国财政部设置会计司，主管全国的会计工作，负责统一会计准则的制定。地方财政部门（各省、自治区、直辖市财政厅、局）一般设置会计处，主管本地区所属单位的会计工作，并根据会计准则及相应的行业示范性会计制度，对本部门会计工作中出现的一些问题作出解释，同时，还负责会计准则的制定、修订与解释等。另外，会计人员的继续教育以及会计师事务所的管理等其他有关事项，主要由各级财政部门组织完成。各级政府管理机关和单位的主管部门一般设置财会管理部门，负责组织、领导和监督所属单位的会计工作。由于政府机关单位在资金的取得与使用上与企业单位有着根本的区别，它们的经费来源主要由预算拨款所形成，故这些单位在设置会计机构时，只要能满足对经费的收支及时进行核算和报告的要求即可，而不必像企业单位那样考虑很多因素。当然，政府机关单位的会计机构设置，也必须考虑内部控制等基本因素，以保证各单位预算资金的安全完整和合理使用。这些会计机构的主要任务是：

（1）负责组织、领导和监督所属单位的会计工作。

（2）根据国家统一规定和要求，制定适用于本行业的会计制度。

（3）检查和指导所属单位的会计工作，帮助解决工作中存在的问题。

（4）审核、批复所属单位上报的会计报表，并汇总编制本系统的会计报表。

（5）核算本单位与财政部门以及上下级之间的缴拨款项。

（6）总结并交流所属单位会计工作的先进经验。

（二）企业和事业单位会计机构的设置

企事业单位会计机构的设置方法不尽相同。有些单位把会计工作和财务工作结合在一起统称财会处、科、股等。有的单位则是分别设置会计处和财务处，它们都是在厂长、经理、董事长或总会计师的领导下，负责办理本单位的财务会计事务，接受财政部门和有关上级财会部门的指导和监管。它们的主要任务是：

（1）进行有效的会计核算和合理的会计监督。

（2）制定并有权要求全体职工执行财务计划、财务会计制度，遵守和维护财经纪律。

（3）制定本单位的会计制度。

（4）参与编制各项经济计划、定额，签订经济合同，参加经济管理，参与经营决策。

（5）检查资产的利用情况，防止经济上的损失浪费和违法乱纪行为等。

（6）负责对所属会计人员的工作进行考核。

由于会计和财务工作都是围绕企业的资金运动展开的，二者往往相互重叠、联系紧密，所以现阶段在单位内部设置机构的时候通常将二者合并。应当指出的是，随着改革发展的深化，会计机构的理财和核算职能都应该得到进一步的强化，应当把企业财务管理和会计核算分别设为两个部门，即财务部与会计部。财务部主要负责资金的组织、运用与调节，包括筹资、投资、预算、分析以及内部资金的调配与运用；会计部主要负责资金运动的核算、监督以及会计信息的提供，包括建立会计制度、制定会计政策以及会计的核算、监督和报告等。

要想使所设置的会计机构有效地进行工作，应该按照内部控制制度的要求，在会计机构内部进行适当的分工，按照会计核算的流程设置责任岗位，配置人员并建立稽核制度，以利于防止或发现工作中的差错或失误。企业会计机构内部还可根据业务繁简分设职能小组，如目前我国大中型企业的财务会计部门内部可分设综合组、财务组、资金组、材料组、工资组、成本组、固定资产组、销售和利润组等职能组。同时，在财务会计机构内部，还可以按照会计工作的内容和会计人员的配备情况，进行合理的分工，使每一项会计工作都有专人负责，每一位会计人员都能明确其岗位职责。这些岗位可以一人一岗，也可以一人多岗，或一岗多人。对于各个岗位，要具体规定岗位的职责标准、要求和工作程序。另外，会计人员也相应划分为会计主管人员、出纳人员、固定资产核算人员、物资核算人员、成本费用核算人员、收入利润核算人员、综合分析人员、稽核人员、档案保管人员等。

三、会计机构的组织形式

会计机构的组织形式，按照部门之间会计工作分工方式的不同，可分为集中核算和非集中核算两种；按照企业与所属内部单位之间的管理体制不同，又可分为独立核算和非独立核算两种。

（一）集中核算和非集中核算

1.集中核算

集中核算，是指通过集中设置会计机构，使整个单位各部门的经济业务的会计处理均集中进行，各内部单位一般不进行完整的单独核算，只提供最原始的数据、资料和凭证，即企业经济业务的明细核算、总分类核算、会计报表编制和各有关项目的考核分析等会计工作，集中由厂（公司）级会计部门进行，其他各内部职能部门、车间、仓库的会计组织或会计人员，只负责登记原始记录和填制原始凭证并进行初步审核，并定期将原始凭证和汇总凭证送交会计部门，为厂（公司）级会计部门进一步核算提供资料。

集中核算的优点是：可以减少核算环节，简化核算手续，提高工作效率，节省核算费用，有利于及时掌握全面的经营情况和精简人员。其缺点是：企业内部各单位不能及时充分利用核算资料对本单位的经营活动进行了解、分析和考核。这种核算方式一般适合于规模较小的企业和行政事业单位。

2.非集中核算

非集中核算，又称分散核算，是指企业将与所属单位有关的主要经济业务下放到基层，即企业可以把某些业务的凭证整理、明细核算、有关会计报表，特别是适应企业内部单位日常管理需要的内部报表的编制和分析，分散到直接从事该项业务的车间、职能部门进行，如材料的明细核算由供应部门及其所属的仓库进行，但总分类核算、全厂（公司）性会计报表的编制和分析等综合性会计工作仍由厂（公司）级会计部门集中进行。厂（公司）级会计部门还应对企业内部各单位的会计工作进行业务上的指导和监督。在分散核算组织形式下，会计核算工作一部分集中进行，一部分则分散在各职能部门。车间、职能部门不仅要填制和整理凭证、设置账簿，而且要计算收入和支出、确定盈亏，并定期编制会计报表，报送财会部门。非集中核算可以是两级管理、两级核算，也可以是三级管理、三级核算。

实行非集中核算能够避免集中核算带来的弊端，有利于调动基层单位开展经济核算的积极性，但也必须合理组织和指导，才能提高会计核算的质量和及时性。这种会计核算方式一般适用于层次分明的大中型企业和要求划小经济核算范围的企业，以及内部实行承包责任制的企业。

一家企业实行集中核算还是分散核算，应视企业规模大小和经营管理的要求而决定。

集中核算和非集中核算仅仅是一种相对的划分，并不是绝对的。一个企业可以对某些业务采用集中核算，而对另一些业务采用非集中核算。究竟采用哪种形式为宜，应根据单位的特点和管理的需要，从有利于强化经营管理、加强经济核算的角度来决定。但企业无论采用哪种核算形式，企业同银行的往来、债权和债务的结算等业务，都要通过企业会计部门来管理。

（二）独立核算与非独立核算

1.独立核算

独立核算，是指对本单位的业务经营活动过程及其结果进行全面、系统的会计核算。独立核算单位通常在管理上有独立的组织形式，独立编制计划，能与有关部门签订经营合同，具有一定数量的资金，在当地银行开设账户，可对外办理结算，单独计算盈亏等。独立核算单位应单独设置会计机构，配备专职会计人员，并且有完整的会计工作组织体系，包括使用会计科目、会计凭证，设置会计账簿，编制会计报表，以及进行会计分析和会计检查。

作为独立核算单位，可以采用集中核算的形式，也可采用非集中核算的形式。

2.非独立核算

非独立核算有半独立核算和简易核算两种组织形式。

半独立核算，是指企业在自身业务经营、成本费用的管理支配上，基本上有独立处理的权限；在会计核算上能单独核算盈亏，并能编制会计报表，但对外没有经济联系权，资金由上一级部门统一掌握、调配。

简易核算，又称报账制，一般是把本单位业务经营的日常资料逐日或定期报送上级单位，由上级单位进行核算。例如，商品流通企业所属的某些购销网点由上级拨给一定数额的周转资金，一切收入均交给上级单位，所有支出向上级单位报销，所以这些单位通常被称为报账单位。简易核算单位没有完整的账簿组织，一般只办理原始凭证的填制、整理和汇总，以及商品、原材料等实物账、卡的登记，不单独编制会计报表。若是企业规模较小，业务简单，人员较少，组织管理上缺乏独立核算的条件，一般采取这种非独立核算形式。

第三节 会计人员

一、会计人员的认定

会计人员，是指根据《中华人民共和国会计法》的规定，在国家机关、社会团体、企业、事业单位和其他组织（以下统称单位）中从事会计核算、实行会计监督等会计工作的人员。会计人员包括从事下列具体会计工作的人员：（1）出纳；（2）稽核；（3）资产、负债和所有者权益（净资产）的核算；（4）收入、费用（支出）的核算；（5）财务成果（政府预算执行结果）的核算；（6）财务会计报告（决算报告）的编制；（7）会计监督；（8）会计机构内会计档案管理；（9）其他会计工作。担任单位会计机构负责人（会计主管人员）、总会计师的人员，也属于会计人员。

（一）总会计师制度

按照《中华人民共和国会计法》的规定，国有的和国有资产占控股地位或者主导地位的大、中型企业必须设置总会计师。总会计师，是指在单位负责人领导下，主管经济核算和财务会计工作的负责人。总会计师是单位领导成员，协助单位负责人工作，直接对本单位负责人负责。

对于总会计师的任职资格，根据国务院颁发的《总会计师条例》，总会计师的任职需要满足如下条件：一是坚持社会主义方向，积极为社会主义市场经济建设和改革开放服务。二是总会计师是单位经济技术干部，是专业人才，主要领导单位的财务会计工作和经济工作，掌管着单位的经济命脉和财经大权，并负有严格维护国家财经纪律的责任。因此，总会计师必须做到坚持原则、廉洁奉公。三是取得会计师专业技术资格或持有总会计师（CFO）资格证书，主管一个单位或者单位内部一个重要方面的财务会计工作的时间不少于3年。作为总会计师，必须具备领导本单位的财务管理、成本管理、预算管理、会计核算和会计监督等能力，并参与本单位重要经济事项的分析和决策。

（二）注册会计师制度

注册会计师，是指依法取得注册会计师证书，已在财政部门注册登记，并接受委托从事审计和相应的会计咨询、会计服务业务的人员。其工作机构称为会计师事务所。

根据《中华人民共和国注册会计师条例》的规定，申请担任注册会计师的人员，须具备规定的学历和一定的实际会计工作经验，经考试或考核合格，由财政部门批准注册后，才能担任注册会计师工作。

二、会计人员的权责

为了充分发挥会计人员的工作积极性，更好地完成会计工作任务，《中华人民共和国会计法》规定，会计人员的职责主要是：①进行会计核算；②实行会计监督。

会计核算的具体内容包括：①款项和有价证券的收付；②财物的收发、增减和使用；③债权、债务的发生和结算；④资本、基金的增减和经费的收支；⑤收入、费用、成本的计算；⑥财务成果的计算和处理；⑦其他需要办理会计手续、进行会计核算的事项。

另外，为了保证会计人员顺利地履行自己的职责，国家在明确会计人员基本职责的同时，也赋予了他们必要的权限：有权要求本单位有关部门、人员认真执行国家批准的计划，遵守国家财经纪律和财务会计制度，如有违反，会计人员有权拒绝付款，拒绝报销或拒绝执行，并向本单位领导人报告；对于弄虚作假、营私舞弊、欺骗上级等违法乱纪行为，会计人员必须坚决拒绝执行，并向本单位领导人或上级机关、财政部门报告；有权参与本单位编制计划，制定定额，签订经济合同，参加有关的生产经营管理会议；有权监督、检查本单位有关部门的财务收支、资产使用和财产保管、收发、计量等情况。

会计人员的权责是法律赋予的，任何人不得侵犯。如果有人对会计人员依法行使职权进行刁难、阻挠或者打击报复，都要查明情况，给予行政处分，构成犯罪的，要依法追究刑事责任。这从法律上保护并鼓励会计人员坚持原则，维护国家利益，履行自身职责，行使自身权利。

三、会计人员的专业职务

会计人员的专业技术职务分为高级资格（分设正高级和副高级会计师）、中级资格（会计师）、初级资格（助理会计师）。会计人员必须获得专业技术职务的任职资格，即会计专业技术资格。从2003年开始，确定高级会计师资格实行考试与评审相结合的评价办法，凡申请参加高级会计师资格评审的人员，实行考试与评审相结合的制度。

会计人员各级别职称分别与事业单位专业技术岗位等级相对应。正高级对应专业技术岗位一至四级，副高级对应专业技术岗位五至七级，中级对应专业技术岗位八至十级，初级对应专业技术岗位十一至十三级。

各级专业技术职务的人员都必须具备如下基本条件：

（1）遵守《中华人民共和国会计法》和国家统一的会计制度等法律法规。

（2）具备良好的职业道德，无严重违反财经纪律的行为。

（3）热爱会计工作，具备相应的会计专业知识和业务技能。

（4）按照要求参加继续教育。

会计人员参加各层级会计人员职称评价，除必须达到上述标准条件外，还应分别具备以下标准条件：

（一）初级资格（助理会计师）

助理会计师应基本掌握会计基础知识和业务技能，正确理解并执行有关的财经方针、政策和财务会计法规、制度，能独立处理一个方面或某个重要岗位的财务会计工作，具备国家教育部门认可的高中毕业（含高中、中专、职高、技校）以上学历。

（二）中级资格（会计师）

会计师应较系统地掌握财务会计基础理论和专业知识，掌握并能贯彻执行有关的财经方针、政策和财务会计法规制度，具有扎实的专业判断和分析能力，能独立负责某领域会计工作。

报考中级会计专业技术资格考试的人员，除应具备以上基本条件外，还必须具备下列条件之一：①从事会计工作满五年，具有大学专科学历；②从事会计工作满四年，具有大学本科学历或学士学位；③从事会计工作满两年，具有第二学士学位或研究生班毕业；④从事会计工作满一年，具有硕士学位；⑤具备博士学位。

（三）高级资格（副高级会计师）

副高级会计师应较系统地掌握经济与管理理论、财务会计理论和专业知识，具有较高的政策水平和丰富的会计工作经验，能独立负责某领域或一个单位的财务会计管理工作，工作业绩较为突出，有效提高会计管理水平或经济效益，有较强的科研能力，取得一定的会计相关理论研究成果，或主持完成会计相关研究课题、调研报告、管理办法或制度创新等。除应具备以上基本条件外，还必须具备下列条件之一：①具备博士学位，取得会计师职称后，从事与会计师职责相关工作满两年；②具备硕士学位，或第二学士学位或研究生班毕业，或大学本科学历或学士学位，取得会计师职称后，从事与会计师职责相关工作满五年；③具备大学专科学历，取得会计师职称后，从事与会计师职责相关工作满十年。

（四）高级资格（正高级会计师）

正高级会计师应系统掌握和应用经济与管理理论、财务会计理论与实务，把握工作规律，具备高政策水平，工作经验丰富，能积极参与一个单位的生产经营决策，能主持完成会计相关领域重大项目，解决重大会计相关疑难问题或关键性业务问题，提高单位管理效率或经济效益，同时科研能力强，取得重大会计相关理论研究成果，或其他创造性会计相关研究成果，推动会计行业发展。一般应具有大学本科及以上学历或学士以上学位，取得高级会计师职称后，从事与高级会计师职责相关工作满五年。

四、会计人员的职业道德

会计人员的职业道德，是指会计人员从事会计工作应当遵循的道德标准。会计人员在会计工作中应当遵守职业道德，树立良好的职业品质和严谨的工作作风，严守工作纪律，努力提高工作效率和工作质量。关于会计人员的职业道德，财政部发布的《会计基础工作规范》专门对会计人员的职业道德问题作出了规定，主要包括以下六个方面：

（1）敬业爱岗。会计人员应当热爱本职工作、努力钻研业务，使自己的知识和技能适应所从事工作的要求。

（2）熟悉法规。会计人员应当熟悉财经法律、法规、规章和国家统一会计制度，并结合会计工作进行广泛宣传。

（3）依法办事。会计人员应当按照会计法律、法规和国家统一会计制度规定的程序和要求开展会计工作，保证所提供的会计信息合法、真实、准确、及时、完整。

（4）客观公正。会计人员办理会计事务应当实事求是、客观公正。

（5）搞好服务。会计人员应当熟悉本单位的生产经营和业务管理情况，运用所掌握的会计信息和会计方法，为改善单位内部管理、提高经济效益服务。

（6）保守秘密。会计人员应当保守本单位的商业秘密。除法律规定和单位领导人同意外，不能私自向外界提供或者泄露单位的会计信息。

《会计基础工作规范》同时要求财政部门、业务主管部门和各单位应当定期检查会计人员遵守职业道德规范的情况，并作为会计人员晋升、晋级、聘任专业职务、表彰奖励的重要考核依据。会计人员违反职业道德的，由所在单位进行处罚。

第四节 会计法规制度

一、会计法规制度的作用

会计法规制度，是指组织和从事会计工作，处理会计事务必须遵循的法律、原则、程序和方法的总称。建立、健全并实行会计法规制度，可以保证会计工作贯彻执行党和国家有关的财经方针、政策，保证会计工作沿着市场经济方向正确运行；可以保证会计指标在全国范围内口径一致，以便于会计资料的汇总和利用，满足国民经济管理和综合平衡的需要；可以使各单位会计机构提供的会计资料和会计信息真实、及时、有用、可靠，更好地满足各个方面的需要，更圆满地完成会计的任务。

我国的会计法规制度是一个以《中华人民共和国会计法》为中心、以企业会计准则和《企业会计制度》为补充的较为完备的会计法规制度体系。

二、会计法规制度体系

会计法规制度体系主要包括会计法、会计准则和会计制度等会计核算方面的法规。

（一）会计法

《中华人民共和国会计法》（以下简称《会计法》）是会计领域的基本法。《会计法》由全国人民代表大会常务委员会制定，以国家主席令的形式发布，是我国从事会计工作、办理会计事务的法律规范，是拟定各项会计法规、准则、制度的基本法律，是我国会计法规的母法和会计核算的根本大法。

《会计法》于1985年1月21日由第六届全国人民代表大会常务委员会第九次会议通过，并于当日由中华人民共和国主席令第21号发布，自1985年5月1日起施行。为适应我国社会主义市场经济的发展和深化改革的需要，1993年和2017年我国对《会计法》进行了两次修正，于1999年进行了第一次修订，2019年财政部进行第二次修订，提出《中华人民共和国会计法修订草案（征求意见稿）》。

新修订草案的《会计法》共六章六十条，分别为总则、会计核算、会计监督、会计机构和会计人员、法律责任和附则。

《会计法》是针对会计人员工作中存在的主要问题而制定的，只对会计核算和会计监督等会计基本工作职能提出了要求规范，没有对会计人员参与经济预测和决策，进行会计控制、分析、考评等方面提出具体要求。同时作为会计核算根本大法的《会计法》具有高度的概括性和原则性，该法只针对会计工作中那些最基本的、最主要的、需要和能够辨别合法与非法界限的，并要强制执行的内容作出了规定。比如《会计法》只对会计凭证的填制和审核、账簿的登记、会计报表的编报等提出原则性要求，作为辨别合法与否的标准。至于填制、审核、登记的具体操作方法，在《会计法》中则没有必要作出具体的规定，这些问题在其他会计法规如《会计基础工作规范》中加以明确。

1999年修订后的《会计法》，补充、完善了会计核算和会计记账的基本制度和基本规则，强化了单位负责人对本单位会计工作和会计资料真实性、完整性负责的责任制，加强了对会计人员的资格管理，强化了对会计活动的制约和监督，加大了对违法行为的处罚力度，适应了当时经济和财务管理的需要。其主要表现为以下方面：

（1）明确规定了单位负责人对本单位的会计工作和会计资料的真实性、完整性负责。明确了单位负责人与会计机构各成员的工作责任关系及正确处理这些关系的法定性原则。

（2）防范会计信息失真责任体系的建立固然重要，但要发挥其作用，关键在于不断地维护和强化这个体系，故而专门规定了较为具体的禁则和罚则，即实行或不实行某种行为的界限。

（3）明确了执行主体——县级以上人民政府的财政部门，而之前对这方面的规定则不甚明确。

2019年修订草案在很多细则上进行了修改，明确了会计人员的诚信管理，对行业协会做了规定，并在很大程度上加大了处罚的力度，尤其体现在罚金的额度上，对处罚的责任人扩大了范围。

（二）会计准则

会计准则是会计核算工作的基本规范。它处于会计工作规范体系的第二个层次，主要就会计核算的原则和经济业务的会计处理方法及程序作出规定。它是我国企业会计核算工作的基本规范，它以《会计法》为指导，同时又指导会计制度，是会计制度的制定依据。

我国的企业会计标准自20世纪50年代直至20世纪90年代初，一直采用企业会计制度的形式。我国自1988年起开始研究起草企业会计准则。1992年11月，我国正式发布了企业会计准则，规定从1993年7月1日起正式施行。这是我国会计改革的一项重要举措，它标志着我国企业会计工作进入了一个新的发展时期。

我国的企业会计准则分为基本会计准则与具体会计准则两个层次。1993年实施的企业会计准则属于基本会计准则，它主要就企业财务会计的一般要求和主要方面作出原则性的规定，为制定具体会计准则和会计制度提供依据。它包括四个部分：会计核算的基本前提、会计核算的一般原则、会计要素准则、会计报表的基本内容与要求。

基本会计准则颁布之后，具体会计准则的制定被提上议事日程。1997年上半年正式发布了一项具体会计准则：《企业会计准则——关联方关系及其交易的披露》。截至2001年年底，共发布具体会计准则16项。2006年2月15日，财政部在对原基本会计准则作重大修订的基础上，发布了《企业会计准则——基本准则》和38项具体会计准则，2014年1—7月，财政部修订了基本会计准则及5项具体准则，并颁布了3项具体准则，2017年又修订了6项具体准则并颁布了1项具体准则，至此，财政部共颁布了42项具体准则，标志着我国已基本建立起既适合中国国情又与国际会计准则趋同的能够独立实施的企业会计准则体系。

（三）会计制度

从广义上讲，会计制度应该包括会计工作制度、会计人员管理制度和会计核算制度等内容，而习惯上所称的会计制度则仅指会计核算制度。

虽然我国在1992年以财政部令的形式发布了企业会计准则，并于1993年7月1日起正式执行，但由于受长期计划经济等国情的制约，全国制定及推行企业会计准则存在一些现实问题。因此，为了保障各企业的会计报表能够统一可比、层层汇总，满足国家宏观调控的需要，并规范企业会计工作，财政部采取了制定、公布分行业会计制度的办法，从而形成了企业会计准则和企业会计制度长期并存的局面。总体来说，我国先后共制定了13个行业会计制度和1个股份有限公司会计制度。这13个行业会计制度包括工业企业会计制度、邮电通信企业会计制度、施工企业会计制度、房地产开发企业会计制度、对外经济合作企业会计制度、金融企业会计制度、农业企业会计制度、民航企业会计制度、铁路运输企业会计制度、保险企业会计制度等。

新颁布的《企业会计制度》的最大特点就是统一性强。按照《企业会计制度》的要求，各行业在会计核算的一般原则上实现了高度统一；在会计科目的使用和会计报表的项目、内容上实现了高度统一；在会计处理方法和程序上实现了高度统一。各企业根据企业会计准则的要求，参照分行业会计制度，结合企业的具体情况，制定本企业会计制度，正确进行账务处理。

新企业会计准则体系实现了与国际会计准则的“实质性趋同”，随着会计准则完善和运用的不断深入，企业会计制度的模式将最终被舍弃，用准则代替制度是会计国际化发展的必然。考虑到我国国情，财政部还是审慎地保留了企业会计制度的基本内容，但不再颁布并执行单独的企业会计制度，而是将其作为企业会计准则应用指南，以《企业会计准则应用指南——会计科目和主要财务处理》的形式出现。会计准则体系的三个层次——基本准则、具体准则和应用指南均具有强制性，企业必须执行。但是与以前的企业会计制度相比，会计科目和主要账务处理不再与企业会计准则处于平行地位。当会计科目和账务处理与基本准则和具体准则相冲突时，企业应当以基本准则和具体准则的规定为准并执行。

除此之外，会计法规体系还包括一些会计规章制度以及单位内部的一些具体的管理制度。各种会计法律、法规的组成如图10-1所示。

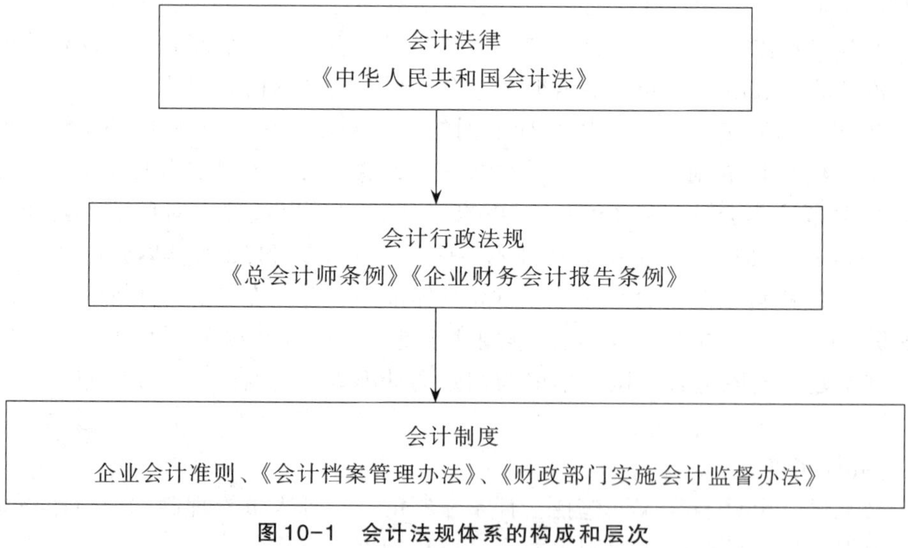

图10-1　会计法规体系的构成和层次

第五节 会计档案

一、会计档案的概念和特点

会计档案，是指国家机关、社会团体、企业、事业单位和其他组织在进行会计核算等过程中接收或形成的，记录和反映单位经济业务事项的，具有保存价值的文字、图表等各种形式的会计资料，包括通过计算机等电子设备形成、传输和存储的电子会计档案。它是记录和反映经济业务、财务收支状况及其结果的重要史料和证据，是国家全部档案的重要组成部分。

会计档案的特点是以数字为主要内容，客观记录、反映历史。①它的专业性强。会计核算是会计特有的专门手段，从凭证、账簿到报表，有一整套科学、完整的核算方法和核算程序，这种与一般档案不同的特殊内容、专门手段，使会计档案具有较强的专业性。②会计档案面广量多，凡有经济、财务活动的地方，都有数量不等的会计档案。③会计档案的共性突出。会计工作遍布社会的各个角落，但各个门类会计的基本核算方法是相同的，都会形成会计凭证、会计账簿、会计报表。④会计档案是相互制约、密切联系的。在会计核算中，首先有会计凭证，然后依据会计凭证登记会计账簿，最后根据会计账簿编制会计报表，环环相扣，密切联系。⑤会计档案形式特殊。会计凭证、账簿和报表都有特定的统一格式和项目，与一般文件不同，因此会计档案的装订、保管也有一定的特殊性。

会计档案具体包括：

（1）会计凭证，包括原始凭证、记账凭证；

（2）会计账簿，包括总账、明细账、日记账、固定资产卡片及其他辅助性账簿；

（3）财务会计报告，包括月度、季度、半年度、年度财务会计报告；

（4）其他会计资料，包括银行存款余额调节表、银行对账单、纳税申报表、会计档案移交清册、会计档案保管清册、会计档案销毁清册、会计档案鉴定意见书及其他具有保存价值的会计资料。

不适用《会计档案管理办法》的文件有：预算、计划、制度等文件材料。

二、会计档案管理的要求

各单位每年形成的会计档案，应当由单位的会计机构或会计人员所属机构按照归档范围和要求，负责定期将应当归档的会计资料整理立卷，装订成册，编制会计档案保管清册。当年形成的会计档案，在会计年度终了后，可由单位会计管理机构临时保管1年，期满之后，再移交本单位档案机构统一保管；因工作需要确需推迟移交的，应当经单位档案管理机构同意。单位会计管理机构临时保管会计档案最长不超过3年。临时保管期间，会计档案的保管应当符合国家档案管理的有关规定，且出纳人员不得兼管会计档案。

同时满足下列条件的，单位内部形成的属于归档范围的电子会计资料可仅以电子形式保存，形成电子会计档案：

（1）形成的电子会计资料来源真实有效，由计算机等电子设备形成和传输；

（2）使用的会计核算系统能够准确、完整、有效地接收和读取电子会计资料，能够输出符合国家标准归档格式的会计凭证、会计账簿、财务会计报表等会计资料，设定了经办、审核、审批等必要的审签程序；

（3）使用的电子档案管理系统能够有效接收、管理、利用电子会计档案，符合电子档案的长期保管要求，并建立了电子会计档案与相关联的其他纸质会计档案的检索关系；

（4）采取有效措施，防止电子会计档案被篡改；

（5）建立电子会计档案备份制度，能够有效防范自然灾害、意外事故和人为破坏的影响；

（6）形成的电子会计资料不属于具有永久保存价值或者其他重要保存价值的会计档案。

会计档案的保管期限分为永久、定期两类。定期保管期限一般分为10年和30年。会计档案的保管期限，从会计年度终了后的第一天算起。《会计档案管理办法》规定的会计档案保管期限为最低保管期限，各类会计档案的保管原则上应当按照办法所列期限执行（见表10-1和表10-2）。单位会计档案的具体名称如有同表中所列档案名称不相符的，应当比照类似档案的保管期限办理。

表10-1 企业和其他组织会计档案保管期限表

序号	档案名称	保管期限	备　注
一	会计凭证		
1	原始凭证	30年	
2	记账凭证	30年	
二	会计账簿		
3	总账	30年	
4	明细账	30年	
5	日记账	30年	
6	固定资产卡片		固定资产报废清理后保管5年
7	其他辅助性账簿	30年	
三	财务会计报告		
8	月度、季度、半年度财务会计报告	10年	
9	年度财务会计报告	永久	
四	其他会计资料		
10	银行存款余额调节表	10年	
11	银行对账单	10年	
12	纳税申报表	10年	
13	会计档案移交清册	30年	
14	会计档案保管清册	永久	
15	会计档案销毁清册	永久	
16	会计档案鉴定意见书	永久	

表10-2　　财政总预算、行政单位、事业单位和税收会计档案保管期限表

序号	档案名称	保管期限			备　注
		财政总预算	行政单位事业单位	税收会计	
一	会计凭证				
1	国家金库编送的各种报表及缴库退库凭证	10年		10年	
2	各收入机关编送的报表	10年			
3	行政单位和事业单位的各种会计凭证		30年		包括：原始凭证、记账凭证和传票汇总表
4	财政总预算拨款凭证和其他会计凭证	30年			包括：拨款凭证和其他会计凭证
二	会计账簿				
5	日记账		30年	30年	
6	总账	30年	30年	30年	
7	税收日记账（总账）			30年	
8	明细分类、分户账或登记簿	30年	30年	30年	
9	行政单位和事业单位固定资产卡片				固定资产报废清理后保管5年
三	财务会计报告				
10	政府综合财务报告	永久			下级财政、本级部门和单位报送的保管2年
11	部门财务报告		永久		所属单位报送的保管2年
12	财政总决算	永久			下级财政、本级部门和单位报送的保管2年
13	部门决算		永久		所属单位报送的保管2年
14	税收年报（决算）			永久	
15	国家金库年报（决算）	10年			
16	基本建设拨、贷款年报（决算）	10年			
17	行政单位和事业单位会计月、季度报表		10年		所属单位报送的保管2年

续表

序号	档案名称	保管期限			备　注
		财政总预算	行政单位事业单位	税收会计	
18	税收会计报表			10年	所属税务机关报送的保管2年
四	其他会计资料				
19	银行存款余额调节表	10年	10年		
20	银行对账单	10年	10年	10年	
21	会计档案移交清册	30年	30年	30年	
22	会计档案保管清册	永久	永久	永久	
23	会计档案销毁清册	永久	永久	永久	
24	会计档案鉴定意见书	永久	永久	永久	

注：税务机关的税务经费会计档案保管期限，按行政单位会计档案保管期限的规定办理。

三、会计档案的借阅

各单位保存的会计档案一般不得对外借出，如有特殊需要调阅档案，应严格按照规定办理相关手续。外单位或个人调阅会计档案，须持有正式介绍信，经本单位领导批准，填写“会计档案调阅登记簿”后方能调阅，调阅者不得将档案带出，未经管理人员同意，不能私自复印和摘录。本单位人员调阅会计档案，也需得到会计主管的同意。查阅或者复制会计档案的人员，严禁在会计档案上涂画、拆封和抽换。各单位应当建立、健全会计档案查阅、复制登记制度。会计档案借用单位应当妥善保管和利用借入的会计档案，确保借入会计档案的安全完整，并在规定时间内归还。

四、会计档案的销毁

各单位应当定期对已到保管期限的会计档案进行鉴定，并形成会计档案鉴定意见书。经鉴定，对仍需继续保存的会计档案，应重新划定保管期限。如保管期满，鉴定确无保存价值的会计档案，可以销毁。鉴定工作应由单位档案管理机构牵头，组织单位会计、审计、纪检监察等机构或人员共同完成。

经鉴定可以销毁的会计档案，可以按照以下程序销毁：

（1）单位档案管理机构编制会计档案销毁清册，列明拟销毁会计档案的名称、卷号、册数、起止年度和档案编号、应保管期限、已保管期限、销毁时间等内容。

（2）单位负责人、档案管理机构负责人、会计管理机构负责人、档案管理机构经办人、会计管理机构经办人在会计档案销毁清册上签署意见。

（3）销毁会计档案时，应当由单位档案管理机构和会计管理机构共同派员监销。国家机关销毁会计档案时，应当由同级财政部门、审计部门派员参加监销。财政部门销毁会计档案时，应当由同级审计部门派员参加监销。

（4）监销人在销毁会计档案前，应当按照会计档案销毁清册所列内容清点核对所要销毁的会计档案，销毁后，应当在会计档案销毁清册上签名盖章。

电子会计档案的销毁还应当符合国家有关电子档案的规定，并由单位档案管理机构、会计管理机构和信息系统管理机构共同派员监销。

必须说明的是，如下情形除外：①保管期满但未结清债权债务的会计凭证和涉及其他未了事项的会计凭证不得销毁，纸质会计档案应当单独抽出立卷，电子会计档案单独转存，保管到未了事项完结时为止。单独抽出立卷或转存的会计档案，应当在会计档案鉴定意见书、会计档案销毁清册和会计档案保管清册中列明。②正在项目建设期间的建设单位，其保管期满的会计档案不得销毁。建设单位在项目建设期间形成的会计档案，应当在办理竣工决算后移交给建设项目的单位，并按规定办理交接手续。

单位因撤销、解散、破产或其他原因而终止的，在终止和办理注销登记手续之前形成的会计档案，应当由终止单位的业务主管部门或财产所有者代管或移交有关档案馆代管，法律、行政法规另有规定的，从其规定。

五、会计档案的交接

单位之间交接会计档案时，交接双方应当办理会计档案交接手续。移交会计档案的单位，应当编制会计档案移交清册，列明应当移交的会计档案名称、卷号、册数、起止年度、档案编号、应保管期限和已保管期限等内容。

交接会计档案时，交接双方应当按照会计档案移交清册所列内容逐项交接，并由交接双方的单位有关负责人负责监督。交接完毕后，交接双方经办人和监督人应当在会计档案移交清册上签名或盖章。

电子会计档案应当与其元数据一并移交，特殊格式的电子会计档案应当与其读取平台一并移交。档案接受单位应当对保存电子会计档案的载体及其技术环境进行检验，确保所接收电子会计档案的准确、完整、可用和安全。

单位分立后原单位存续的，其会计档案应当由分立后的存续方统一保管，其他方可查阅、复制与其业务相关的会计档案；单位分立后原单位解散的，其会计档案应当经各方协商后由其中一方代管或移交档案馆代管，各方可查阅、复制与其业务相关的会计档案。单位分立中未结清的会计事项所涉及的会计凭证，应当单独抽出由业务相关方保存，并按规定办理交接手续。单位因业务移交其他单位办理所涉及的会计档案，应当由原单位保管，承接业务单位可以查阅、复制与其业务相关的会计档案。对其中未结清的会计事项所涉及的会计凭证，应当单独抽出由承接业务单位保存，并按照规定办理交接手续。

单位合并后原各单位解散或者一方存续其他方解散的，原各单位的会计档案应当由合并后的单位统一保管。单位合并后原各单位仍存续的，其会计档案仍应当由原各单位保管。

思政案例

坚守职业道德，弘扬社会主义核心价值观

一、案例（材料）内容

古文《季氏将伐颛臾》中，记录了孔子两位学生冉有、季路没有尽到做季氏家臣之本分，对季氏的所作所为不敢规劝进谏，找借口推脱自己的责任而受到孔子严厉批评的事。于会计人来讲，这些话仍然是金玉良言，苦口良药，是告诫、是警醒、是鞭策。

孔子批评学生说："周任有言，陈力就列，不能者止。"大意是"周任有句话，你有能力就担任那职位，不能胜任就该辞去"，说的是能力问题。面对严峻的形势和艰巨繁重的工作任务，会计人要想达到"职""能"相当，有充分能力完成会计任务，切实做到"能干事、会干事、干成事"，充分履行职责，就得不断地加强专业知识、专业技能、职业道德等方面的学习和提升。专业知识方面，要重点加强审计、会计、财税、金融、信息技术、政策法规及相关准则等方面的学习；专业技能方面，要重点从个人技能、智力技能、管理技能、沟通技能等方面得到提升。否则，如逆水行舟，不进则退，最终只能被淘汰出队伍。

孔子又批评学生说："虎兕出于柙，龟玉毁于椟中，是谁之过与？"意思是说"老虎和犀牛从笼子里跑出而祸害人民，（占卜用的）龟甲和（祭祀用的）玉器在匣子里被毁坏，这是谁的过错呢？"这是在说有没有责任心的问题，作为会计人，责任心强，是决定我们的工作能够完成得好的重要因素，也是成就事业、推动发展的重要保证。人们在工作中常有这样的体会，只要尽心尽责，再复杂的问题也能迎刃而解；漠视责任，再简单的工作也会出现差错。一个具有强烈工作责任心的会计人员，就会把困难想在前头，把工作做在前头，把做好本职工作当作自己应该做的事情，踏踏实实地去干、干好；一个毫无工作责任心的人，就会把工作当成负担，敷衍塞责，能不干就不干，能少干就少干，对职责范围内的事情该做的不做，该管的不管，结果就会使问题越积越多。因此，会计人要做到履职尽责，首先要知责，责随职走，心随责走。其次要尽责，当代作家余秋雨说"知责思为，尽责前行"，说的就是这个道理。七品县令徐九斤的"当官不为民做主，不如回家种红薯"，也包含着履职尽责的意义。

最后孔子批评学生说："君子疾夫舍曰欲之而必为之辞。"意思是说"君子最厌恶那些不肯说（自己）想要那样而又偏要找借口的虚伪之人"，说的是诚实做人和勇于担当。作为会计人，诚实做人，就是我们的一言一行，都要敢于对自己负责，对家庭负责，对工作负责，对社会负责；勇于担当，就是敢担责任，敢担困难，敢担风险，敢担失误，并且把担当潜移默化成一种自觉、一种履职境界、一种品质修养，最终成为会计人必备的基本素质。

古文《季氏将伐颛臾》让我们聆听到了两千多年前孔子对他的学生的谆谆教诲、循循善诱，也让我们领悟到，孔子教育其学生在做人做事上需具备的能力、责任和担当，难道不正是会计人需践行的"忠诚、责任、清廉、依法、独立、奉献"价值观吗？

资料来源：辛家贞.再读古文《季氏将伐颛臾》有感［EB/OL］.［2023-09-30］. https://www.audit.gov.cn/n6/n1558/c115713/content.html.

二、本案例（材料）的适用范围

本案例适用于“基础会计”课程第十章“会计工作的组织”内容。

三、问题思考

会计职业道德和社会主义核心价值观有何联系？

思考与练习题

一、选择题

（一）单项选择题

1.各单位要根据需要设置会计机构和配备会计人员，建立内部稽核和内部牵制制度，这是（　　）明确规定的。

A.《会计法》　　B.会计制度

C.会计准则　　D.税法

2.会计核算工作的最高层次规范是（　　）。

A.会计行政法规　　B.《会计法》

C.会计准则　　D.会计规章

3.（　　）不是总会计师的任职条件。

A.取得会计师以上专业技术资格后，主管一个单位或者单位内部一个重要方面的财务会计工作的时间不少于3年

B.要有较高的理论政策水平，熟悉国家财经纪律、法规、方针和政策，掌握现代化管理的有关知识

C.具备本行业的基本业务知识，熟悉行业情况，有较强的组织领导能力

D.具有硕士以上学历

4.按照国家有关现金管理和银行结算制度规定，办理银行结算和现金收付业务、管理库存现金和各种有价证券，登记现金日记账和银行存款日记账的工作是（　　）工作岗位的工作。

A.出纳　　B.会计主管

C.资金核算　　D.工资核算

5.初级、中级会计资格实行全国统一考试制度，高级会计师资格实行（　　）的评价制度。

A.考试制度　　B.评审制度

C.考试与评审制度相结合　　D.以上都不是

（二）多项选择题

1.会计人员的基本职责包括（　　）。

A.进行会计核算

B.实行会计监督

C.拟定本单位办理会计事务的制度和具体办法

D.参与拟订经济计划、业务计划，编制预算和财务计划并考核、分析其实际执行情况

E.办理其他会计事务

2.企业会计准则由（　　）组成。

A.会计准则指南　　B.基本会计准则

C.具体会计准则　　D.会计核算行为规范

E.行业会计制度

3.报名参加会计专业技术资格考试的人员，应具备的基本条件是（　　）。

A.坚持原则，具备良好的职业道德

B.认真执行《会计法》和国家统一的会计制度，以及有关财经法律、法规、规章制度，无严重违反财经纪律的行为

C.履行岗位职责，热爱本职工作

D.具备会计从业资格，具备教育部门认可的高中毕业以上学历

E.必须通过前一级资格考试，不得越级报考

4.会计人员应承担的职责是（　　）。

A.编制财务计划和预算　　B.遵守财经纪律

C.妥善保管会计档案资料　　D.记账、算账和报账

E.加强现金管理，做好结算工作

5.根据会计法律制度的规定，下列各项中，属于会计专业技术资格的有（　　）。

A.初级会计师　　B.高级会计师

C.中级会计师　　D.注册会计师

E.注册评估师

6.根据会计法律制度的规定，下列各项中，属于会计档案的有（　　）。

A.记账凭证　　B.会计账簿

C.年度预算　　D.原始凭证

E.财务报表

二、判断题

1.各企业、事业、行政机关等单位一般都应单独设置会计机构，但一些规模小、会计业务简单的单位，也可不单独设置会计机构。（　　）

2.出纳人员在完成收付现金、登记现金日记账等本职工作后，为充分发挥其积极性，可由出纳人员负责登记现金、债务和债权结算的总账工作。（　　）

3.集中核算就是把整个单位的会计工作主要集中在会计部门进行。（　　）

4.《会计法》是我国会计核算的根本大法，是制定其他会计法规的基本依据。（　　）

5.根据《会计法》的要求，各单位必须设置会计机构。（　　）

6.一个单位的会计工作组织是采取集中核算还是分散核算，取决于经济管理的要求。（　　）

7.担任会计机构负责人的，应具备会计师以上专业技术职务资格或从事会计工作两年以上经历。（　　）

8.总会计师是高级会计师，也是单位行政领导成员，是单位财会工作的最高领导。（　　）

9.会计主管人员办理交接手续时作为监交人员的是会计机构负责人。（　　）

三、问答题

1.何谓会计工作的组织？组织会计工作有何意义与要求？

2.什么是集中核算？什么是非集中核算？

3.如何设置会计机构？

4.会计机构有哪些工作任务？

5.会计人员具有哪些职责和权限？

6.会计法规的结构层次如何？

第十章思考与练习题参考答案

第十一章

数智会计概述

学习目标

◇了解我国会计信息化的发展历程，理解数智会计的基本含义。

◇了解数智会计面临的主要挑战及其发展前景。

第一节　数智会计的发展和含义

一、我国会计信息化的发展历程

数智会计是我国会计信息化的发展成果。会计信息化是一项系统性工程，其发展具有长期性和复杂性的特点。从时间维度分析，我国会计信息化经历了会计电算化、会计信息化和会计智能化三个阶段。数智会计是会计智能化阶段的基本产物。会计信息化三个阶段的发展内容与时间见表11-1。

表11-1　**我国会计信息化的发展历程**

发展阶段	发展内容与时间
会计电算化阶段	会计电算化实验探索阶段（1979—1981年）
	会计电算化定点化软件阶段（1982—1987年）
	会计电算化商品化软件阶段（1988—1997年）
会计信息化阶段	会计信息化产生阶段（1998—1999年）
	会计信息化初步应用阶段/网络财务（1999—2004年）
	会计信息化推进与发展/会计信息化标准建设和财务共享（2005—2015年）
会计智能化阶段	会计智能化初步阶段/局部智能化（2016年至今）

资料来源　刘勤，杨寅.改革开放40年的中国会计信息化：回顾与展望［J］. 会计研究，2019（2）：26-34.

1979年财政部资助500万元给长春一汽，用于开展会计核算试点，我国开始步入会计电算化时代。1981年会计电算化的概念首次在“财务、会计、成本应用电子计算机问题研讨会”上提出，我国进入了会计电算化探索阶段。当时我国计算机应用处于起步阶段，会计电算化尚未得到企业的高度重视。随着信息技术的发展，我国开始大量应用微型计算机，企业掀起了在会计领域应用计算机的热潮。面对激烈的市场竞争，企业必须借助信息化手段处理会计工作（刘勤和杨寅，2019）。

随着会计电算化的深入开展，企业对会计电算化的规范要求越来越高。广州、上海、北京等地企业开始研发会计软件产品，1988年“首届会计电算化学术研讨会”探讨了会计软件商品化。1989年财政部颁布《会计核算软件管理的几项规定（试行）》，明确了商品化会计软件的基本要求，我国会计软件进入商品化阶段。1998年中国软件行业协会财务及企业管理软件分会召开“向ERP进军”发布会，改变了商品化会计软件功能以会计核算为主的局面，管理型软件开始受到企业关注。同时，会计信息化的概念首次在深圳市财政局和金蝶公司联合举办的“会计信息化理论专家座谈会”上提出。2008年XBRL中国地区组织成立，我国会计信息化进入标准化阶段（刘勤和杨寅，2019）。

随着互联网的深入发展，2000年用友和金蝶分别推出网络会计软件服务，我国开始进入网络财务阶段。经济全球化使规则、流程、制度进一步趋同，上海国家会计学院2005年召开XBRL在中国应用与发展研讨会，拉开了中国会计信息化标准建设序幕。经济全球化也使企业面临着成本上升、创新不足、风险管控难度大的困境，此时新型的财务管理模式——财务共享服务应运而生。人工智能的快速发展，触发了新的应用场景。2016年德勤和Kira Systems宣布将人工智能引入会计、税务、审计等工作中，随后以“四大”为代表的会计师事务所和以金蝶、用友、元年为代表的软件厂商纷纷推出财务机器人方案，这标志着我国进入了会计智能化阶段（刘勤和杨寅，2019）。

二、数智会计的基本含义

以大数据、人工智能、移动互联网、云计算、物联网和区块链为代表的现代信息技术（简称“大智移云物区”技术）的快速发展及其在各行各业的广泛应用，标志着人类社会进入了数智化时代。数智化（Digitalization & Intelligentization）的概念最早是2015年由北京大学“知本财团”课题组正式提出，该课题组认为数智化是数字智能化与智能数字化的集合。数智化是数字化的高级阶段，是数字化与智能化的有机融合，具有数字化与智能化的双重特征。数智化是指依托数智化技术（“大智移云物区+5G”七项关键技术）培育和发展数据这一新的生产力并使之造福于社会的历史过程，它是一个漫长的持续推进过程，数智化进程可用社会的数智化程度来衡量（王秉，2023）。

关于数智会计的含义，目前理论界与实务界尚无统一定论。在会计智能化阶段，“大智移云物区”技术正在深刻地影响着会计理念、会计职能、会计信息的生成、会计工作环境、会计工作方式以及会计人才培养模式等各个方面。“财务数据共享”“互联网+智能会计”“业财融合”等新兴业态的不断涌现，传统会计工作被赋予了“数智化”新特征。2021年上海国家会计学院调研发布的影响中国会计从业人员的十大信息技术依次是财务云、电子发票、会计大数据分析与处理技术、电子会计档案、机器人流程自动化（RPA）、新一代ERP、移动支付、数据中台、数据挖掘、智能流程自动化（IPA），同时发布的2021年潜在影响会计从业人员的五大信息技术依次是深度学习与智能决策，基于法定数字货币的智能支付与结算，数据中台、业务中台与管理中台，分布式记账与区域链审计，数据治理和数据资产的管理与应用。《会计改革与发展“十四五”规划纲要》提出推动会计、会计管理工作实现数字化转型，为会计事业发展提供新引擎、构筑新优势。会计智能化是伴随着数字化时代的发展而发展的。数字化推动了企业会计智能化的发展与创新，提升了对数智会计人才的质量需求。“大智移云物区”技术在会计领域的深入应用，积极推动着高校会计人才培养模式创新。从高校会计人才培养角度分析，本书认为数智会计是指基于“大智移云物区”技术，培养兼具会计专业知识与技能、“大智移云物区”相关技术知识，能够运用数智化思维及相关技术分析会计实务问题、辅助会计管理决策、实现会计目标，进而适应数智化时代会计行业发展与企事业单位会计岗位需求的应用型、复合型会计人才。从数智技术角度分析，本书认为数智会计是指运用“大智移云物区”技术和数据分析方法，提高会计工作效率和决策质量的过程。

第二节　数智会计面临的主要挑战

数智会计能够利用大数据、人工智能、机器学习等技术，对海量的财务数据进行处理和分析，以便为企业提供更准确、及时和全面的财务信息，并支持管理层作出更合理的决策。然而，随着科技的不断发展和商业环境的变化，数智会计面临着诸多挑战，包括数据安全和隐私保护、数据质量和一致性、技术基础设施和集成、人才和技能需求、数据治理和合规性、变革管理和文化转型以及数据分析能力和决策支持等方面。面对这些挑战，会计部门需要采取相应的措施和策略，包括加强数据安全措施、建立数据质量管理框架、优化技术基础设施、培养人才和技能、建立数据治理和合规性框架、进行变革管理和文化转型，以及提升数据分析能力和决策支持等。通过有效应对这些挑战，组织可以更好地利用数智会计的优势，并实现更高效、准确和可靠的会计和财务管理。

一、数据安全和隐私保护

数智会计依赖于大量的数据收集、存储和处理，包括企业的财务数据、客户信息等。这些数据中可能包含敏感信息，如个人身份信息、商业机密等。因此，保护数据的安全性和隐私性是至关重要的。会计部门需要采取有效的措施，如加密、身份验证、访问控制等，来防止数据泄露、黑客攻击和未经授权的访问，并遵守相关的隐私法规。

二、数据质量和一致性

数智会计的有效性取决于数据的准确性、完整性和一致性。然而，数据源的多样性、数据录入错误以及数据整合过程中的问题可能导致数据质量下降。因此，会计部门需要建立数据质量管理框架和有效的数据治理流程，包括数据清理、数据校验和数据验证等，以确保数据的准确性和一致性。

三、技术基础设施和集成

数智会计需要强大的技术基础设施来支持大规模数据处理和分析。这包括高性能的计算机、存储系统和网络基础设施。此外，会计系统还需要与其他业务系统进行集成，以获取和共享数据。确保技术基础设施的可靠性、可扩展性和互操作性是一个挑战，需要合理规划和投入资源。

四、人才和技能需求

数智会计需要具备数据分析、数据挖掘、统计建模等技能的专业人员。然而，这样的人才在市场上供不应求。会计部门需要投资培养内部员工的技能，提供培训和学习机会，同时吸引并留住具有相关专业知识的人才。此外，数智会计还需要跨职能合作和沟通，将会计专业知识与技术能力相结合，形成复合型人才队伍。

五、数据治理和合规性

数智会计涉及大量数据的收集、存储和处理，因此需要建立有效的数据治理和合规性框架。这包括数据保留和备份策略、数据访问权限管理、数据安全审计等。同时，数智会计还需要遵守相关的法规和法律要求，如数据保护法、隐私法规等。会计部门需要制定和执行相应的政策和措施，确保数据的合规性和合法性。

六、变革管理和文化转型

数智会计的实施需要组织的变革管理和文化转型。这涉及改变人们的工作方式、思维方式和组织结构，以适应数智会计的要求。会计部门需要与其他部门和员工进行充分的沟通和培训，解释数智会计的好处和价值，并提供支持和指导，以促进组织成员对数智会计的接受和支持。

七、数据分析能力和决策支持

数智会计不仅仅是收集和处理数据，还需要从数据中提取洞察和知识，以支持决策制定。会计部门需要具备数据分析和解读的能力，运用统计分析、数据挖掘等技术工具，将数据转化为有价值的信息，并为组织的战略和运营决策提供支持。同时，还需要培养组织内部的数据驱动的决策文化，让决策者习惯于借助数据作出决策。

第三节 数智会计的发展前景

随着科技的不断进步和商业环境的变化，数智会计的前景非常广阔，它将通过提高会计效率和准确性、拓宽财务分析和决策支持能力、加强风险管理和内部控制、促进企业创新和战略转型、促进业务协同和合作，以及推动会计职业的发展和转型等方面，为企业创造更大的商业价值。数智会计将在未来持续发展，并成为企业成功的重要支撑。

一、提高会计工作效率和准确性

数智会计利用机器人流程自动化（RPA）、智能流程自动化（IPA）等智能化技术开展大量日常会计工作，使程序性、重复性的会计工作实现智能化，极大地提升会计信息处理效率，使大量烦琐的会计工作变得更加便捷而高效。

会计工作流程不断被简化，减少烦琐的手工操作，通过自动化数据收集、处理和报告，可以节省大量时间和人力资源，减少人为错误的发生，可以大幅度提高会计信息的可靠性和准确度，最终提升企业经营管理效率和服务质量。

与此同时，会计智能化的推进还可以使会计人员能够更加专注于分析和解读数据，为企业提供更有价值的财务信息；促进会计人员将有限精力投入到会计数据分析与信息挖掘、会计管理决策等具有更大价值的事务上，推动核算型会计转向管理决策型会计，极大地提高会计人员工作效率。例如，智能化的财务会计报告系统，可以在任意终端，对会计数据等大量数据信息进行实时统计、多维度分析，不仅有利于提高会计核算分析的精准性，还有利于对企业经营业绩进行科学预测，及时向内部管理者和外部信息使用者反馈盈亏状况，最终提高管理者的决策效率与投资者的决策质量。

二、拓宽财务分析和决策支持能力

数智会计利用大数据和数据分析技术，可以深入挖掘海量的财务数据，提供更全面、准确的分析和洞察。通过数据模型、算法和机器学习等方法，可以识别出隐藏在数据背后的关联性和趋势，为企业提供更有深度和广度的财务分析和决策支持。

三、加强风险管理和内部控制

数智会计可以通过实时监控和数据分析，提升企业的风险管理和内部控制能力。通过对财务数据的实时监测和异常检测，可以及时发现潜在的风险和问题，并采取相应的措施进行纠正。这有助于提高企业的风险感知能力和应对能力，降低潜在风险对企业的影响。

四、促进企业创新和战略转型

数智会计为企业创新和战略转型提供了重要支持。通过深度分析和洞察，企业可以更好地了解市场趋势、竞争对手和客户需求，为产品创新和业务转型提供有力的支持。数智会计还可以通过成本分析、业务模型和预测模型等手段，帮助企业评估项目的可行性和效益，为战略决策提供依据。

五、促进业务协同和合作

数智会计可以促进企业内部和外部的业务协同和合作。通过数据共享和集成，不同部门和业务之间可以更好地协同工作，共享信息和资源，实现更高效的业务流程。数智会计还可以通过平台化的数据交换和协作，促进企业与供应商、客户和合作伙伴之间的合作和协同创新，提升整个价值链的效率和竞争力。

六、推动会计职业的发展和转型

数智会计的发展将推动会计职业的发展和转型。传统的会计职能将逐渐向自动化和数据分析方向转变，会计人员需要不断提升自己的技能和知识，掌握数据分析、数据科学和信息技术等新兴领域的知识和工具。数智会计还将催生新的职业角色和工作岗位，如数据分析师、业务分析师、风险管理专家等，为会计专业人员提供更多的职业发展机会。

思政案例

高质量发展：智能会计促进企业数字化转型

一、案例（材料）内容

党的二十大报告明确指出，“高质量发展是全面建设社会主义现代化国家的首要任务。发展是党执政兴国的第一要务。没有坚实的物质技术基础，就不可能全面建成社会主义现代化强国”。智能时代背景下的大数据、云计算、区块链、物联网等信息技术通过与多学科、多领域深度融合，创造性地提供了智能、高效、便捷的技术服务，国家层面也高度重视数字经济工作，越来越多的企业将数字化转型作为未来发展的核心战略。在这样的背景下，财务会计管理作为掌握着企业重要资源与数据的核心领域，成为企业智能时代数字化转型的先行者和突破口，迎来了新一轮变革机遇。

中共中央政治局就推动我国数字经济健康发展进行了第三十四次集体学习，习近平总书记在讲话中强调：“把握数字经济发展趋势和规律，推动我国数字经济健康发展。各行各业加快推进数字化转型，是推动我国经济实现质量变革、效率变革、动力变革的题中应有之义。”因此，企业会计人员应有一个清晰的认识：数字化是必然趋势，建设智能会计是数字化时代会计发展的必然趋势。企业会计人员应有勇往直前的勇气，在企业数字化转型中发挥领航作用，建设共建共享、连接共生的智能会计系统，在企业数字化转型的思想和行动上作出表率。在未知的领域设计和实施新模式、提供新服务，开拓出一条新的数字化智能会计道路。

所谓智能会计是指覆盖会计工作全流程的智能化，它涵盖三个层面：一是基于业务与财务融合的财务共享，这是智能会计的基础。基于企业业财融合的财务共享平台，应实现数据挖掘与应用、智能分析与预测、资源配置与考核及打造合作生态圈等目标。二是基于商业智能的智能管理会计，这是智能会计的核心内容。建设商业智能的管理会计，应实现数据洞察和决策支持、资源统筹和精准配置、数字赋能和数据运营、营造环境和提高水平等目标。三是基于业财一体化的智能会计，这是智能会计的发展方向，实现促进业务发展和提高工作效率，需要形成“业务伙伴+会计专家+运行会计”的模式。

资料来源：[1] 王爱国，李瑞雪，杨傲君.智能会计如何促进企业数字化转型——一个有调节的中介效应模型 [J]. 会计之友，2023（4）：112-118. [2] 陈益丹.智能时代背景下企业财务会计数字化转型研究 [J]. 企业改革与管理，2022（24）：121-123. [3] 张延华.智能财务对会计人才的新要求 [J]. 财务与会计，2022（7）：82-83.

二、本案例（材料）的适用范围

本案例适用于“基础会计”课程第十一章“数智会计概述”内容。

三、问题思考

1. 本案例（材料）蕴含的思政元素有哪些？

2. 请你思考数智化时代企业如何实现会计工作数字化转型。

思考与练习题

一、单选题

1. 数智化会计的基本特征是（　　）。

A. 数字化

B. 智能化

C. 数字化与智能化的有机融合

D. 数据共享

2. 我国会计信息化的发展可分为（　　）个阶段。

A. 2　　B. 3　　C. 4　　D. 5

3. 数智化会计面临的挑战不包括（　　）。

A. 数据安全和隐私保护

B. 技术基础设施和集成

C. 会计制度建设

D. 人才和技能需求

二、判断题

1. 我国进入数字化会计阶段可以追溯到20世纪90年代初期。（　　）

2. 数智化会计可以促进企业内外部的协同合作。（　　）

3. 数据质量和一致性对数智化会计效果影响很小。（　　）

三、简答题

1. 简要说明我国会计信息化的发展历程。

2. 数智化会计面临的主要挑战有哪些？请举例说明。

3. 数智化会计的发展前景有哪些？

第十一章思考与练习题参考答案

主要参考文献

［1］中华人民共和国财政部．企业会计准则［M］．上海：立信会计出版社，2023.

［2］中华人民共和国财政部．企业会计准则——应用指南［M］．北京：中国财政经济出版社，2017.

［3］财政部注册会计师考试委员会办公室．2023年度注册会计师全国统一考试指定辅导教材——会计［M］．北京：中国财政经济出版社，2023.

［4］财政部会计司编写组．企业会计准则讲解2016［M］．上海：立信会计出版社，2016.

［5］企业会计准则编审委员会．企业会计准则案例讲解［M］．上海：立信会计出版社，2019.

［6］财政部会计司编写组．企业会计准则第9号——职工薪酬［M］．北京：中国财政经济出版社，2014.

［7］财政部会计司编写组．企业会计准则第30号——财务报表列报［M］．北京：中国财政经济出版社，2014.

［8］企业会计准则研究组．企业会计准则案例实解：主要经济业务操作指南［M］．北京：中国宇航出版社，2014.

［9］宋廷山，李视友，刘承伟．基础会计［M］．上海：上海财经大学出版社，2011.

［10］吴国萍．基础会计学［M］．3版．上海：上海财经大学出版社，2018.

［11］李爱红，施先旺，马荣贵．会计学基础［M］．北京：机械工业出版社，2018.

［12］颜剩勇，廖文军．基础会计学［M］．2版．大连：东北财经大学出版社，2019.

［13］杨亚娥，韩志丽.基础会计学［M］．3版.上海：上海财经大学出版社，2020.

［14］刘永泽，陈文铭.会计学［M］．7版.大连：东北财经大学出版社，2021.

［15］陈国辉，迟旭升.基础会计［M］．7版.大连：东北财经大学出版社，2021.

［16］郑振华.基础会计学［M］．北京：机械工业出版社，2022.

［17］刘勤，杨寅.改革开放40年的中国会计信息化：回顾与展望［J］．会计研究，2019（2）：26-34.

［18］王秉.何为数智：数智概念的多重含义研究［J］．情报杂志，2023（7）：71-76.

［19］李晨乔.数字化背景下财务会计的变革与挑战［J］．质量与市场，2023（12）：148-150.

［20］柴慈蕊.数字化转型对会计行业的影响探究［J］．财会学习，2023（16）：74-76.

［21］袁红，陈雪颖，熊枫，等.数字化与会计学研究：新理论、新问题与新方法——“数字化与会计：重构未来”国际学术研讨会会议综述［J］．会计研究，2022（11）：183-189.

附录

思政案例参考答案

第一章　参考答案

1.本案例（材料）蕴含的思政元素有哪些？

（1）推进文化自信自强，铸就社会主义文化新辉煌。

全面建设社会主义现代化国家，必须坚持中国特色社会主义文化发展道路，增强文化自信，围绕举旗帜、聚民心、育新人、兴文化、展形象建设社会主义文化强国，发展面向现代化、面向世界、面向未来的，民族的科学的大众的社会主义文化，激发全民族文化创新创造活力，增强实现中华民族伟大复兴的精神力量。里耶秦简中有复杂而系统的经济文书，在这其中我们可以看到秦代社会如何通过严密、细致的账簿体系来实现如此庞大国家的高度中央集权管理。里耶秦简中的复杂经济文书和严密会计账簿体系展示了秦代社会在经济管理方面的成熟和专业性，体现了古人对自身文化的自信和自豪感。同时，强大的中央集权管理也彰显了秦朝对于中央控制模式的信心。

（2）激发爱国热情，凝聚奋进力量。

爱国主义是中华民族精神的核心。千百年来，中华民族之所以历经磨难而不衰，饱尝艰辛而不屈，就是因为爱国主义精神早已融入民族的血脉。一代又一代中华儿女在爱国主义的感召下、在报效祖国的热忱中、在家国情怀的滋润里，不断拼搏奋斗，不断攻坚克难，不断勠力向前……里耶秦简案例中展示了秦代社会的强烈爱国情怀。通过严密的会计账簿体系和会计法律制度，他们追求国家财政的清晰、透明和稳定，体现了对国家财富的重视和对国家繁荣发展的渴望。中央集权管理模式展示了他们对国家统一和领土完整的执着追求。秦代人民对复杂的经济文书和会计体系感到自豪和认同，这进一步激发了他们的爱国情怀。

2.从里耶秦简中你感悟到了什么？请你谈谈如何坚定会计文化自信。

（1）会计法制是社会发展到一定历史阶段后为适应社会经济管理的需要而产生的，会计工作的法治化是国家政治和经济发展的必然要求。会计法制的发展与其所处的政治、经济和文化环境密切相关，并且它本身也是特定社会政治经济制度的重要组成部分。社会经济越是向较高阶段发展，会计的法治化程度便越高，并且越来越具体地深入到社会经济生活的各个环节，在维护和保障公私财产权益方面发挥着基础性作用。秦朝会计法制的建立和完善，对于保护以农业经济为主要形式的封建自然经济起了重要作用，它不仅是中国会计发展史上具有重大影响的历史性进步，而且也是中式会计位于世界先进之列的重要体现。

（2）从历史的传承中走来，在开拓时代中继续前行。中华民族是一个从历史的传承中走来的民族，有着悠久的历史和灿烂的传统文化，中国特色社会主义文化也继承和发展了中华民族传统文化，中国优秀传统文化是中华民族的根，是我们中华文化最显著的优势，中国自古以来就有“以史为鉴可以知兴替”的说法，中国优秀的传统文化对中华民族的发展起着至关重要的作用，激发当代青年对历史学习的兴趣，培养青年人对中国优秀传统文化的自信心和自豪感，使青年人在充分认识和理解中国优秀传统文化的基础上，继承和发扬传统文化，为中国优秀传统文化注入新鲜的血液，同时实现对中国优秀传统文化的创造性转化和创新性发展，使中国优秀传统文化焕发出生机和活力，增强中国优秀传统文化在新时代背景下的生命力，向世界展现中华文化的独特魅力。

第二章　参考答案

数字经济在弘扬传统文化方面有何优势？

数字经济在弘扬传统文化方面有许多优势，以下是其中一些主要的优势：

（1）传播速度快、范围广。数字经济基于互联网和现代通信技术，可以实现信息的快速传播和全球范围的传播，触达更多对传统文化感兴趣的人。这使得传统文化可以迅速传遍世界各地，让更多人了解和接触到传统文化。

（2）多样化呈现。数字经济提供了多样的媒体和平台，如视频、音频、图文等形式，可以将传统文化以视频、直播、数字博物馆等更加生动、丰富的方式展现出来，吸引更多年轻人和不同背景的人群参与。

（3）便于保护和长久保存。数字技术可以用于数字化保存和保护传统文化遗产。通过数字化，许多珍贵的文化遗产可以在数字空间中永久保存，避免因时间和自然因素而受损。

（4）互动性强。数字经济提供了丰富的互动体验，人们可以通过虚拟现实、增强现实等技术与传统文化进行更深入的交互和体验，增强参与感和吸引力。

（5）跨文化交流。数字经济能够促进不同文化之间的交流和对话。通过数字平台，不同国家和地区的传统文化可以互相学习、借鉴，促进文化多样性和交流。

（6）促进文化产业发展。数字经济为传统文化的产业化和商业化提供了机会。将传统文化转化为数字内容和产品，可以为文化产业的发展提供新的增长点。

总的来说，数字经济为弘扬传统文化提供了广阔的空间和新的机遇。通过充分利用数字技术和数字平台，传统文化得以焕发新的生机和活力，更好地适应现代社会的需求，实现传统文化的传承和发展。

第三章　参考答案

什么是研发费用加计扣除？对企业研发创新有什么影响？

加计扣除是企业所得税的一种税基式优惠方式，一般是指按照税法规定在实际扣除额的基础上，再加成一定比例，作为计算应纳税所得额时的扣除额。对企业的研发费用实施加计扣除，则称为研发费用加计扣除。

研发费用加计扣除政策对企业创新具有正向激励作用，主要体现在以下几个方面：

（1）刺激研发投入。研发费用加计扣除政策可以降低企业的税负，使得企业在计算税前利润时能够将一定比例的研发费用额外计入扣除，这将直接刺激企业增加在研发领域的投入。降低税收负担可以提高企业在研发方面的预算，从而推动更多创新项目的开展。

（2）激发企业创新动力。加计扣除让企业感受到研发的回报增大，从而增加研发项目的预期收益，激发企业不断创新求变。在税收优惠的推动下，企业更有动力投入资金和资源来开发新技术、新产品，以保持市场竞争力，并寻求在行业内取得领先地位。

（3）帮助企业聚集研发资源。税收优惠可以吸引更多资金和人才流向研发部门，使企业集中资源推动核心技术创新。为了最大限度地享受研发费用加计扣除的优惠，企业往往会优化研发过程和管理，提高研发效率和产出。这可能会促使企业采用更高效的研发方法和流程，以便更好地满足创新需求。

（4）促进产学研合作。为了扩大研发规模和共享研发成果，企业可能会选择与其他企业、研究机构或高等院校进行合作。研发费用加计扣除政策可以促进产学研合作，增加创新资源的共享，进一步加强行业内的合作与交流。一些高校和科研院所可以通过与企业合作研发来分享税收优惠，推动产学研之间的技术交流。

（5）鼓励长期投入。允许企业用未来收益抵销损失，鼓励持续的研发支出。亏损补减可抵减企业未来的应纳税额，鼓励企业持续加大研发投入力度。

（6）帮助企业应对研发风险。税收优惠可以减轻企业研发活动的失败风险，使企业更敢于开展高风险的创新研究。

（7）提升区域或国家的创新能级。在区域或国家层面，这一政策可以提高整体的研发投入强度，推动经济加快向创新驱动转型。税收优惠政策能够让企业更加看重创新，将创新融入企业文化，鼓励员工提出新的创意和解决方案。这有助于形成积极的创新氛围，推动企业的长期发展。

第四章　参考答案

1.本案例（材料）蕴含的思政元素有哪些？

党的二十大报告提出要发展绿色低碳产业，加快节能降碳先进技术研发和推广应用，倡导绿色消费，推动形成绿色低碳的生产方式和生活方式。远景鄂尔多斯零碳产业园实现100%绿色零碳能源供给，生产的电池都将获得“零碳绿码”，集成了绿色能源的生产和消费，成为绿色工业革命的基础单元，每年能减少二氧化碳排放1亿吨，对推动能源清洁低碳高效利用、发展绿色低碳产业、实现双碳目标具有重要意义。

2.请思考什么是零碳产业园。制造业企业如何推动能源革命，加快生产方式绿色转型？

零碳和碳中和是可以画等号的，指的是碳净零排放，零碳并不是不可以产生碳排放，而是要实现净零排放。零碳产业园，是指在一个产业园区内，直接或间接产生的二氧化碳排放总量，在一定周期内（通常为一年），通过清洁技术支持、碳回收技术、能源存储交换等方式全部予以抵消，从而全年实现碳元素“零排放”的现代化产业园区。零碳产业园首要的就是低碳能源系统，依靠储能系统以及数字化的能耗、碳足迹管理系统，全面追踪能耗与碳排放，实现园区零碳排放的完美闭环。随着双碳战略的深入，注定会有越来越多的零碳产业园拔地而起，助力我国实现“双碳”目标。

制造业在推动能源革命和实现生产方式绿色转型方面扮演着重要角色。以下是一些方法和措施，可以帮助制造业加快这一转型过程：

（1）采用清洁能源。制造业可以选择使用可再生能源，如太阳能、风能或水力能源，以替代传统的化石燃料能源。通过安装太阳能电池板、风力发电机等设备来为工厂供电，减少对化石燃料的依赖。

（2）能源效率提升。制造业可以通过更新设备和采用高效能源技术来提高能源利用效率；优化制造流程，减少能源浪费，并且确保设备充分利用并处于高效状态。此外，还可以通过应用智能照明系统等来减少用电量。

（3）绿色供应链管理。制造业可以与供应商合作，建立绿色供应链管理体系。选择环保材料和产品，优先考虑能源效率较高的供应商，并鼓励他们采取可持续发展的做法。同时，制定供应链透明度标准，确保供应链各环节都符合环保要求。

（4）技术创新。制造业可以积极推动技术创新，开发和采用新的绿色技术。例如，引入智能制造、物联网技术和人工智能等，优化工厂运行和能源管理，降低能源消耗和碳排放。

第五章 参考答案

1.本案例（材料）蕴含的思政元素有哪些？

（1）坚持实事求是的思想路线。

实事求是，是马克思主义的根本观点，是中国共产党人认识世界、改造世界的根本要求，是我们党的基本思想方法、工作方法、领导方法。马克思主义政党最重要的理论品格，就是坚持一切从实际出发，理论联系实际，实事求是，在实践中检验真理和发展真理，不断推进实践基础上的理论创新。这种与时俱进的理论品格，是我们党始终保持蓬勃生命力、创造力的关键所在。在毛泽东发起的寻乌调查中，实事求是是一项核心原则。毛泽东强调要实地走访、实地了解，真实掌握农民的生产、生活和思想状况，从而对中国革命和农村问题作出科学的判断和决策。

（2）群众路线是党的生命线和根本工作路线。

群众路线是我们党的生命线和根本工作路线，是我们党永葆青春活力和战斗力的重要传家宝。回望建党百年历史，中国共产党之所以能够保持先进性和纯洁性、不断发展壮大并始终充满生机活力，一个重要原因就是坚持群众路线。新时代新阶段，坚持群众路线，就要坚持以人民为中心，牢记并恪守全心全意为人民服务的根本宗旨，树牢群众观点，贯彻群众路线，尊重人民首创精神，坚持一切为了人民、一切依靠人民，从群众中来、到群众中去，始终保持同人民群众的血肉联系，始终接受人民批评和监督，始终同人民同呼吸、共命运、心连心。寻乌调查注重发扬群众的积极性和主动性，充分调动群众的力量，实行群众参与的调查方式，听取群众的意见和建议，真正做到人民群众当家作主。

（3）坚持人民至上：人民是党的力量之源和胜利之本。

人民性是马克思主义的本质属性，人民立场是中国共产党的根本政治立场。为人民而生，因人民而兴，始终同人民在一起，为人民利益而奋斗，是我们党立党兴党强党的根本出发点和落脚点。自成立以来，我们党团结带领人民进行革命、建设、改革，根本目的就是让人民过上好日子，无论面临多大挑战和压力，无论付出多大牺牲和代价，这一点都始终不渝、毫不动摇。寻乌调查的目的是了解农民状况，关心他们的利益和需求，为解决农民的实际问题提供依据，体现了以人民为中心的思想。

2.作为一名会计人员，为什么要实事求是？怎样做到实事求是？

会计行业不坚持实事求是的思想路线，会给社会、经济领域造成极大危害。

首先，直接损害国家经济利益，造成大量税收流失。尤其是那些做假账、出具虚假财务报告的行为，扰乱了市场经济秩序，败坏了社会风气，许多贪污受贿、偷税漏税、挪用公款等经济违法犯罪活动以及腐败现象，几乎都与财会人员做假账分不开。

其次，会计违法犯罪或不称职，将影响单位生存发展。违法的财会人员，自身要受到法律的追究和制裁，相关的领导也必将受到牵连。这样的单位，其发展必然受到影响。会计人员不能尽职尽责、坚持原则、秉公办事，干群关系就会紧张，难以形成凝聚力，这对一个单位的影响是难以估量的。

最后，会计人员自身的形象受到损伤。走向犯罪，受到制裁，这是谁也不想看到的结果。而那些碌碌无为、不求上进、只能充当附属者的会计人员，属于不称职者。这种不称职的财会人员，在当今市场经济竞争激烈的背景下，随时都面临淘汰或下岗失业的处境。

所以，我们在今后的工作中要自觉坚定实事求是的信念、增强实事求是的本领，时时处处把实事求是牢记于心、付之于行，把实事求是贯穿到各项工作中去，经常、广泛、深入开展调查研究，努力把真实情况掌握得更多一些、把客观规律认识得更透一些，为做好各项工作、担当作为打下扎实基础。

第六章　参考答案

儒家文化和会计职业道德为何均强调诚信？

儒家文化和会计职业道德均强调诚信，这是因为诚信在两者中都扮演着至关重要的角色，并对社会和个人产生深远影响。

儒家文化与诚信的关系：

（1）儒家文化是中国传统文化的重要组成部分，强调人与人之间的正直、诚实、忠诚等品德。在儒家的伦理体系中，诚信被视为立身立命的基本准则，是做人做事的根本要求。诚信被认为是建立和谐社会、维护社会秩序的基石。

（2）孔子强调“君子不器”，意指君子的品德高尚并不仅仅表现在才能和技艺上，更重要的是诚信、忠诚、善良等内在的美德。诚信是儒家伦理思想中的核心美德之一。

会计职业道德与诚信的关系：

（1）会计作为负责记录和报告财务信息的职业，必须遵循高度的诚信原则。诚信意味着要诚实、正直地记录和报告企业的财务情况，不得伪造数据、掩盖事实或故意误导他人。

（2）会计职业需要保持客观中立，维护财务信息的真实性和公正性。诚信对于确保财务报告的可信度和准确性至关重要，这直接关系到企业的信誉和投资者的信任。

（3）会计职业需要守住商业机密和客户隐私，对于与工作相关的敏感信息必须保密。

综合来看，儒家文化和会计职业道德强调诚信，彰显了诚信在不同文化和职业中的重要性。诚信是社会稳定与繁荣的基础，也是维护职业声誉与职业道德的不可或缺的品质。同时，诚信也有助于建立相互信任的社会关系，推动社会的和谐发展。

第七章　参考答案

作为会计从业人员，如何为国家和社会做贡献？

作为会计从业人员，可以通过以下方式为国家和社会做贡献：

（1）诚信执业，遵守职业道德规范，不进行违规操作，为维护经济秩序和健康的市场环境作出贡献。

（2）遵守税法，帮助企业和个人合理缴纳税款，不协助逃避税收，为国家财政收入作出贡献。

（3）加强会计培训，培养更多合格的会计人才，提高整个会计行业的专业水平。

（4）重视会计监督，发现企业财务报告中的问题，制止虚假会计行为，维护投资者利益。

（5）开展志愿活动，向非营利组织和中小企业提供免费或低价会计咨询服务，回馈社会。

（6）积极参与行业组织，推动会计准则的完善，为经济社会发展提供支持。

（7）加强与政府合作，为制定财税政策提供专业建议，促进国家经济持续健康发展。

（8）坚持学术研究，推动会计理论创新，为企业和政府决策提供支持。

总之，会计工作与国计民生密切相关。作为会计从业人员，只要恪守职业道德，发挥专业优势，就能为国家和社会进步作出应有的贡献。

第八章　参考答案

1. 本案例（材料）蕴含的思政元素有哪些?

党的二十大报告指出，必须坚持系统观念，透过现象看本质，用理性的思维和客观的态度来分析问题和解决问题。金正大连续多年通过虚增收入利润、虚增发出商品、未按规定披露与关联方的交易和虚减应付票据等手段粉饰财务报表，并且金额巨大，最终被揭露，并受到证监会的处罚。这警示我们要透过现象看本质，不能仅看表面华丽的数据，更要透过数据看到背后的交易是否真实存在。党的二十大报告还指出要弘扬诚信文化，树立诚信意识，这要求企业诚信经营，真实、准确地披露自己的财务信息，杜绝财务造假行为。

2. 结合案例谈谈如何识别财务造假行为。

审计人员在审计财务报告时，不能只看报表数据，而要查验企业银行流水、交易合同和购销凭证相互关系等验证报表中数据的真实性。金正大未按规定披露与关联方的交易情况，甚至虚增资产、漏记负债，这些造假手段如果单独查看财务报表无法发现端倪，但通过核查企业银行对账单及购销合同等凭证就能发现。虚构贸易业务相当烦琐，需要编制假合同、编造假供应商和购货方、虚开销售发票和伪造银行单据等一整套造假工序，这样才能让整个贸易业务看起来是正常运行的。因此，任何一个环节出现问题都会露出破绽。此外，还需将企业的财务报表与其母公司编制的合并财务报表进行对比分析，用于判定这一企业的盈利基础是否真实可靠，利润来源是否合理。因此，审计人员在对企业收入和利润进行判定时，应充分调查其与关联方之间的业务往来情况，将该部分剔除可以判断收入与利润的真实性。

第九章　参考答案

1.本案例（材料）蕴含的思政元素有哪些?

（1）坚持守正创新。

必须坚持守正创新。我们从事的是前无古人的伟大事业，守正才能不迷失方向、不犯颠覆性错误，创新才能把握时代、引领时代。我们要以科学的态度对待科学、以真理的精神追求真理，坚持马克思主义基本原理不动摇，坚持党的全面领导不动摇，坚持中国特色社会主义不动摇，紧跟时代步伐，顺应实践发展，以满腔热忱对待一切新生事物，不断拓展认识的广度和深度，敢于说前人没有说过的新话，敢于干前人没有干过的事情，以新的理论指导新的实践。

（2）以满腔热忱对待一切新生事物。

党的二十大报告强调："紧跟时代步伐，顺应实践发展，以满腔热忱对待一切新生事物，不断拓展认识的广度和深度，敢于说前人没有说过的新话，敢于干前人没有干过的事情，以新的理论指导新的实践。"新生事物往往体现着社会发展的新方向和新趋势，蕴含着世界发展和人类进步的积极成果。以什么样的态度对待新生事物，是一个关系如何认识世界和改造世界的重大问题。以满腔热忱对待一切新生事物，彰显我们党把握时代大势、引领时代潮流的历史主动精神。

（3）始终保持艰苦奋斗精神。

我们党生于忧患、成长于忧患、壮大于忧患，一路走来遭遇过许多艰难险阻、生死考验。但我们党没有被磨难压倒，而是逢山开路、遇水架桥，克服一个又一个困难，取得一个又一个胜利，锤炼出不怕苦、能吃苦，敢于和善于在艰苦环境中奋斗、创造、开拓的精神品质。习近平总书记指出："我们党在革命、建设、改革各个历史时期都遇到了种种艰难险阻，我们的事业成功都是经过艰辛探索、艰苦奋斗取得的。"我们党之所以历经百年而风华正茂、饱经磨难而生生不息，就是凭着那么一股革命加拼命的强大精神。艰苦奋斗精神，为我们党筚路蓝缕奠基立业提供了强大精神力量。

2.北大荒精神的精神内涵是什么？

（1）不畏艰险、顽强拼搏的艰苦奋斗精神。

勇于艰苦奋斗，立足于北大荒人的发展现实，在具体的表现中，不断拓展北大荒人创业精神，始终坚持自力更生、顽强拼搏的奉献精神，坚持以苦为荣，秉持良好的乐观精神。北大荒自古以来就是一片荆棘之地，沼泽遍布。它位于我国东北边疆地区，夏季酷暑难耐，冬季寒冷干燥。在北大荒建设初期，这里人迹罕至，没有房屋、粮食及生产工具供给拓荒者，生活环境极其艰苦。面对恶劣的自然环境和艰苦的生活环境，拓荒者并没有放弃和退缩。几代拓荒者脚踏荒原，爬冰卧雪，排干沼泽，战胜重重困难，用数十年时间将这片曾经无人问津的荒原"北大荒"打造成全国重要的粮食基地"北大仓"。

（2）解放思想、勇闯新路的勇于开拓精神。

勇于开拓精神是北大荒精神的重要组成部分，是北大荒精神的基石。一批批的知识分子、科技人员、退役士兵、支边青年在党中央的号召下，踏上了前往祖国东北边疆地区的旅程。这些拓荒者在建设中发挥自己所学的知识和才能，兴建水库，开发田地，将一片片的荒地开垦为沃土。改革开放后，拓荒者响应政府的号召，率先对生产工具进行革新，创新经营管理方式，实现了粮食产量的增收，促进了农业现代化发展。

（3）不计得失、勇于牺牲的无私奉献精神。

无私奉献精神是北大荒不断发展的重要保证，是北大荒人精神的灵魂。有的拓荒者由于不熟悉地形误入沼泽，被沼泽吞噬，献出了自己的生命，有的拓荒者由于长期劳作、营养不良而身患重病，在北大荒献出了自己的生命。北大荒人用自己的经历充分诠释了无私奉献的精神，体现了北大荒人付出一切的决心。

第十章　参考答案

会计职业道德和社会主义核心价值观有何联系？

会计作为财务信息的记录、处理和报告者，扮演着维护财务诚信和社会公平的重要角色。会计职业道德和社会主义核心价值观之间有密切的联系。

（1）诚实守信：社会主义核心价值观强调诚实守信的品德，而会计作为负责记录和报告企业财务信息的人员，应当保持诚实和透明，不夸大或掩盖财务数据，确保信息的真实可信。

（2）公平公正：社会主义核心价值观强调公平公正，会计在进行财务处理和报告时应当遵循公平的原则，不偏袒特定个体或利益集团，保持客观中立，确保财务信息的公正性。

（3）敬业奉献：社会主义核心价值观鼓励人们敬业奉献，会计应当对自己的职业负责，认真履行职责，尽职尽责，保障财务信息的准确性和及时性。

（4）创新进取：社会主义核心价值观提倡创新进取的精神，会计在适应时代变革和技术发展中，应当不断提高自身专业水平，采用先进的会计技术，提高财务管理效率。

（5）社会责任：社会主义核心价值观强调社会责任，会计在履行职业职责的同时，还应该考虑企业对社会、环境的影响，推动企业发展与社会效益的有机结合。

（6）诚信自律：社会主义核心价值观对诚信自律提出了要求，会计从业人员应当严守职业道德规范，不参与财务造假或其他不正当行为，保持良好的职业操守。

综上所述，会计职业道德与社会主义核心价值观相辅相成，共同构建了一个诚实守信、公平公正、敬业奉献、创新进取、社会责任、诚信自律的会计从业人员形象。这有助于保障财务信息的真实可信，促进企业和社会经济的健康发展。

第十一章　参考答案

1.本案例（材料）蕴含的思政元素有哪些?

（1）高质量发展。

高质量发展需要高质量决策，而高质量决策需要高质量会计服务的支撑。随着“大智移云物区”等数字技术并行涌现，数字经济成为促进各国经济进步的新动力，并促使越来越多的企业进行数字化转型。企业财务管理工作必须立足于对智能时代以及信息技术发展的准确认识和深刻体会，主动适应内外部环境变化，依据科学的管理理念、先进的信息技术，积极推动财务会计工作的适应性变革和数字化转型，积极打造共建共享、智慧运营、智能创新的一体化价值管理平台，提升数字化经营能力，在更大范围内推动企业各层面经营数据互联互通，更深程度挖掘数据价值、更高效率辅助管理决策和管理监督，更高层次驱动发展创新，真正实现智能时代下企业财务会计工作的数字化转型和高质量发展。

（2）与时俱进，培养创新意识。

快速发展的人工智能、大数据等数智科技革命对会计学专业的转型升级提供了极好的契机，会计学专业从传统的核算反映型向智能决策型转型已成必然。会计人员需根据会计制度的改革、会计理论的更新以及智能科技的出现，加强学习、不断超越，从而跟上时代发展的步伐。创新是一个民族进步的灵魂，是一个国家兴旺发达的不竭动力。21世纪是人才竞争、科技竞争和创新意识竞争的时代，创新能力和创新精神的培养已经成为新时期对高素质人才的迫切要求。因此，学生需要从现在开始培养创新意识，培养财务人员应该具有的职业创新性，利用现有的互联网技术优势提高会计工作质量，作出高质量决策。

2.请你思考数智化时代企业如何实现会计工作数字化转型。

（1）依托数字赋能，优化财务会计体系。

通过数字化技术，企业可以实现财务数据的自动采集、处理和分析，提高财务数据处理效率和准确性。依托数字化赋能，企业可以实现财务数据的集中化存储，使得数据更为一致、易于管理和利用。同时，企业可以实现财务数据的标准化处理和管理，提高财务数据的可比性和分析效果，促进财务决策的科学化和精细化。

（2）借助智能技术，强化财务实时管控。

以大数据为核心的人工智能时代，财务会计工作的改革重心是实现财务实时管控，即财务信息的实时反映、实时控制、实时监督能力，财务人员应用自动化技术和移动终端，及时获取并处理业务信息，实现财务操作与业务操作同步自动执行，及时掌握财务状况和趋势，提高财务决策的响应度和决策水平。

（3）建设共享中心，优化财务组织形式。

财务共享中心借助智能信息技术，整合公司内外部财务资源并进行统一运营，完成不同会计主体流程标准化改造，基本实现会计核算标准化、自动化。企业通过数字化财务共享中心的建设和运营，能够突破现有物理位置和运营成本的限制，为企业内所有客户提供专业化财务工作服务，促使财务工作协同发展，同时通过简化优化组织结构达到降低运营成本、提高工作效率的双重目的，切实增强企业管控力。

（4）强化智能手段，提升监督职能质效。

大数据下的财务监督可以实现对公司全业务、全流程的海量数据进行全景式扫描，监督对象从财务系统结果数据拓展到了业务流程过程信息。通过信息系统内嵌精准严谨的内控规则，可以自动识别异动数据，准确定位异常单据，实时发现业务活动异常情况，及时作出风险预警，在线消除内部可防范的风险，有效提高财务监督工作的针对性与时效性。

（5）紧跟技术发展，提高人员综合素养。

建设与智能化、数字化时代背景相匹配的企业财务会计体系，关键在于锻造与之相适应的高素质财会队伍。人工智能时代的财务人员不仅要具备基础财会知识，熟练使用ERP等软件，树立管理会计理念，全面适应企业财会工作转型需要，更要在大数据时代背景下做好知识更新与提升，学会使用智能化工具对企业财会数据进行深度挖掘和有效使用，因时因势地开展工作。企业需要立足于智能时代做好财会人才的培养与选拔，推动财务人员培养、成长方式转型，注重培养复合型财务人员。